meike rensch-bergner

das uschi-prinzip

von allem nur das beste

Knaur Taschenbuch Verlag

Besuchen Sie uns im Internet:
www.knaur.de

Originalausgabe

Ein Unternehmen der Droemerschen Verlagsanstalt
Th. Knaur Nachf. GmbH & Co. KG, München

Umschlaggestaltung: ZERO Werbeagentur, München
Umschlagabbildung: Verena Lenzen
Satz: Ventura Publisher im Verlag
Druck und Bindung: Nørhaven Paperback A/S
Printed in Denmark
ISBN 3-426-77759-2

2 4 5 3 1

Inhalt

»Ein Mädchen ist immer auf der Suche
nach dem Richtigen.
Aber zwischendurch
kann sie viel Spaß mit den Falschen haben.«

Cher

Noch'n Ratgeber? Eine Art Vorwort

Ich hasse Ratgeberbücher. Was soll ich meine Zeit verschwenden, indem ich schlaues Gefasel lese, moralinsaure Weisheiten, die mich zu Tode langweilen, weil sie noch nicht einmal als spannende Geschichten erzählt werden? Anstelle eines Happy Ends reden die immer nur von harter Arbeit. Und wo bleibt der Spaß dabei? Ich schwöre euch, ich wollte gar kein blödes Ratgeberbuch schreiben, als ich anfing, mich an den Computer zu setzen.

Es war so viel in den vergangenen Monaten passiert – mein Leben hatte sich komplett verändert. Die Misserfolge gehörten auf einmal der Vergangenheit an, und ich verwandelte mich in eine strahlende Schönheit, der die Welt zu Füßen liegt und der alles nur so zufliegt. Erst traute ich dem Erfolg nicht, aber ich konnte nicht umhin festzustellen, dass sich mein Leben fundamental verändert hatte. Ich wollte es aufschreiben. Nicht mehr und nicht weniger. Einfach für mich, damit ich mich später an diese wichtige Phase in meinem Leben erinnern könnte. Wollte es aufschreiben, abspeichern und gut.

Aber dann passierte etwas Seltsames: Während ich so vor mich hin schrieb, merkte ich, dass es bei meinen Erlebnissen immer wiederkehrende Aspekte gab. Es war, als würde eine Art Prinzip dahinter stecken. Ich fing an, mir die Geschichten genauer anzusehen – und plötzlich stellte ich fest, dass hinter meinen mir bis dahin unerklärlichen Erfolgen in den vergangenen Monaten eine Art Regelwerk steckte. Ich nannte es »Das Uschi-Prinzip« und drückte das, was ich aufgeschrieben hatte, ein paar Freundinnen in die Hand. Sie waren entsetzt. »Du hast mich heimtückisch dazu gezwungen, einen Ratgeber zu lesen, wo ich doch Ratgeberbücher hasse!«, war die mehrheitliche Reaktion. Ein Ratgeber? Ich? Die Geschichten, die ich aufgeschrieben hatte, waren für sie wie ein Ratgeber? Das fand ich erstaunlich. Aber noch viel erstaunlicher fand ich, dass es meinen Freundinnen offensichtlich gefiel: Während sie weiterlasen, bekam ich zwischendurch immer mal wieder Kurznachrichten wie »Woher weißt du das nur alles?« oder »Ich lach mich schlapp!« auf mein Handy geschickt. Das brachte mich auf die Idee, meine Geschichte zu veröffentlichen. Also habe ich wohl doch einen Ratgeber geschrieben.

Die Reaktionen meiner Freundinnen hatten mich dazu ermutigt, alles, was ich gelernt hatte, mit anderen zu teilen. Trotzdem war ich unsicher. Schließlich waren meine Erkenntnisse doch gar nichts Neues. Wie kann ich, eine ganz normale 35-jährige Frau – die weit entfernt davon ist, die Weisheit mit Löffeln gefressen zu haben – den Leuten erklären, wie die Welt funktioniert? Und außerdem: Gibt es nicht schon tausend Bücher zum Thema Erfolg und Glück? Na klar! Und? Hat eines von ihnen irgendetwas bewirkt?

Kann es das überhaupt geben? Einen einfachen Weg zum ewigen Wohlbefinden? Ich glaube, nein. Und doch bin ich der festen Überzeugung, dass wir auf der Welt sind, um uns weiter zu entwickeln und dabei Spaß zu haben. Ich verspreche keinen Glückskick, keinen »Erfolg in zwei Stunden« und auch nicht den Traummann, der für euer Glück zuständig ist. Ich verspreche euch nur mehr Spaß und Zufriedenheit für euer Leben.

Was ich mir immer wünschte, war ein Buch, das irgendwie kein Ratgeber war und mir trotzdem Orientierung bot. Die Bibel? Na ja, irgendwie konkreter und aus meiner Lebenswelt sollte es schon sein. Und trotzdem, zu konkret mag ich es auch nicht. Ich mag es nicht, wenn mir jemand sagt: »So oder so ist die Welt«, »Das ist richtig und das ist falsch«, und schlimmer noch: »Wenn du dich an meine Ratschläge hältst, wird dir der Himmel auf Erden sicher sein.« Kann sein, dass meine Abneigung gegen Ratschläge daher kommt, dass immer der Wachturm neben dem Teller lag, wenn ich meine Oma im Schwarzwald besuchte. Ich mag Ratschläge einfach nicht besonders.

Aber ich liebe Begleitung. Ich liebe es, wenn mir jemand die Hand hält, während ich mich in Abenteuer stürze, sich mit mir berät, wenn ich nicht mehr weiter weiß, und meine Irrungen und Wirrungen toleriert, wenn ich mal wieder mit dem Kopf durch die Wand will. Selbstverständlich erwarte ich anschließend – wenn der Kopf zerschrammt ist – Trost, Mitleid und Verbandsmaterial. Ihr ahnt schon, was ich meine? Ich liebe Freundinnen. Sie sind meine Begleiterinnen auf dem Weg durchs Leben, sie sind meine Weggefährtinnen beim Lernen. Ich habe ein paar sehr gute Freundinnen, die mit mir jederzeit durch dick und dünn gehen würden. Aber was ich mir zum vollkommenen Glück noch wünschte, war eine Art Freundin in Papierform.

Eine Warnung noch vorweg: Ich weiß auch nicht, was richtig oder falsch ist. Ich kann euch nicht vorschreiben, was ihr aus eurem Leben machen sollt. Ihr seid diejenigen, die an jeder Wegeskreuzung wieder Entscheidungen treffen müssen. Ich kann euch einen Weg zeigen, das Ziel müsst ihr schon selbst bestimmen.

Ist das nicht toll? Alles steht euch offen! Ich weiß, ich weiß, das klingt jetzt wieder postmodern und geht euch eigentlich gegen den Strich. Da lauft ihr in die Buchhandlung, legt ein paar Euros auf den Tisch und wollt ein Standardrezept zum Glück kaufen – und ich weigere mich, euch einfache Lösungen zu bieten. Gemein.

Seid nicht enttäuscht. Das, was ich für euch bereithalte, ist noch viel besser als das Standardrezept zum Glück: Ich lade euch dazu ein herauszufinden, wer ihr seid und was ihr wollt. Ich mache euch

Mut, neue Dinge auszuprobieren, und begleite euch dabei. Ihr seid die Chefinnen – wer könnte das besser, als jede von euch selbst?

Wie funktioniert dieses Buch? Nun, lest es durch und amüsiert euch. Lest es ein zweites Mal und probiert Dinge aus, die euch besonders ansprechen. Lasst es nicht im Bücherregal verschwinden, sondern macht es zu eurer ständigen Begleiterin. Lest immer mal wieder die Prinzipien oder nutzt das Buch als Orakel. Als Orakel? Ja klar, stellt eurer »neuen Freundin« eine Frage, klappt das Buch zufällig an einer Seite auf und lasst euch überraschen, welche Antworten »Das Uschi-Prinzip« euch gibt.

Was solltet ihr mitbringen für diese Abenteuerreise? Packt etwas Mut ein, denn manche Vorschläge könnten euch zunächst etwas haarsträubend und absurd erscheinen. Vergesst nicht eine große Portion Neugierde, um fremde Sitten zu erkunden und Menschen von scheinbar anderen Planeten zu studieren. Denkt an etwas Durchhaltevermögen und packt auf jeden Fall eine Menge Humor dazu. Ihr solltet in der Lage sein, über euch selbst zu lachen. Aber macht euch keine Sorgen: Ihr habt genug dabei. Alles, was ihr braucht, ist vorhanden. Ihr tragt bereits alles in euch – und falls etwas fehlt, dann werdet ihr es unterwegs geschenkt bekommen. Verlasst euch drauf.

Also, entdeckt eure »innere Uschi« und werdet erfolgreich in allen Lebens- und Liebeslagen! Ich drücke euch jedenfalls die Daumen dafür und wünsche euch vor allen Dingen eines: Viel Spaß – und von allem nur das Beste!

Eure
Meike Rensch-Bergner, April 2004

1\.
Dein neues Leben beginnt – jetzt!

Los geht's!

Jetzt ist Schluss mit der Jammerei! Ab sofort stürzt du dich ins Leben. Schluss mit den Herzensbrechern und Schluss mit deinen verzweifelten Blicken in den Spiegel. Du bist toll! Du bist eine Königin! Die Männer fliegen auf dich und holen dir die Sterne vom Firmament! Du hast Spaß! Du genießt das Leben! Du nimmst dir das, was dir zusteht! Sollen sich die Kerle doch um deine Gunst bemühen. Du rennst keinem mehr hinterher, nur weil er dir den Himmel auf Erden verspricht. Das Leben ist ein leckerer Eisbecher und die Kerle sind der Klecks Sahne obendrauf. Nicht mehr und nicht weniger!

Fängt dich einer an zu ärgern, schießt du ihn auf den Mond. Der Nächste, bitte! Lässt dich einer warten, hakst du ihn ab. Der Nächste, bitte! Zeigt dir ein anderer die kalte Schulter, lass ihn stehen. Der Nächste, bitte!

Du bist nicht klein und zierlich? Na und? Du bist nicht blond und vollbusig? Hast keine großen braunen Rehaugen? Na und? Du glaubst, dass dir die Erfüllung all deiner Wünsche nicht zusteht? So ein Quatsch! Die Welt liegt dir zu Füßen, du musst sie nur erkennen und annehmen.

Es steht alles bereit. Ob du es glaubst oder nicht: Eine Königin bist du schon jetzt. Endecke deine innere Uschi und verändere dein Leben. Sei stolz, eine Uschi zu sein, benimm dich königlich und werde erfolgreich in allen Lebenslagen. Weil es dir zusteht! Alles nur noch Friede, Freude, Eierkuchen? Nee, das wäre langweilig. Uschis bevorzugen es aufregend! Lass dich überraschen.

Entscheide dich für ein königliches Leben

Das Ziel ist klar: Ich möchte, dass es euch gut geht. Dass ihr zufrieden und wie ein Honigkuchenpferd strahlend durch die Welt spaziert, dass ihr wisst, wer ihr seid und was ihr wollt und dass ihr bekommt, was ihr euch wünscht.

Dazu benötigt ihr: die Überzeugung, dass es euch zusteht – und eine gewisse Achtsamkeit für den Weg. Ich möchte euch zeigen, wie wichtig es ist, aus sich selbst Kraft zu schöpfen und auf sich selbst aufzupassen. Dann werden Dinge möglich, die ihr euch in euren kühnsten Träumen nicht vorstellen könnt. Und das Wundervolle dabei: Es ist ganz einfach und macht auch noch Spaß. Na, ist das nichts?

Ich fordere euch dazu auf, über euren Tellerrand zu schauen, euren Horizont zu erweitern und verrückte Dinge zu tun. Wie könnt ihr wissen, was ihr mögt, wenn ihr es nicht ausprobiert habt? Wenn ihr fortan ein reiches Leben haben wollt, dann kostet es manchmal etwas Überwindung: Ihr müsst eure Vorurteile unter die Lupe nehmen, merkwürdige Leute studieren, um zu sehen, was ihr von ihnen lernen könnt, komische Tipps ausprobieren und für vieles mehr Neugierde und Offenheit aufbringen. Gar nicht so einfach, oder? Schließlich ist es doch schön bequem, so wie es im Moment ist. Ihr wollt, dass euer Leben aufregend, reich und toll ist? Ihr wollt glücklich, zufrieden und erfolgreich sein? Ihr wollt doch Königinnen sein, oder? Ja, Mädels, dann müsst ihr zumindest eines tun: Ihr müsst euch aufraffen und Neues ausprobieren.

Der Lohn für diese Anstrengungen funkelt und glitzert: Wenn ihr mehr und mehr nach den Uschi-Prinzipien lebt, dann wird sich euer Leben Schritt für Schritt nach euren Wünschen verändern. Irgendwie flutscht es besser. Dinge fallen euch zu, Träume erfüllen sich und Menschen jubilieren, wenn sie euch sehen. Ihr wacht auf und werdet zu den Klassefrauen, die ihr bereits seid. Endlich erkennt dann auch die Welt, was sie an euch hat. Egal, um was es geht, egal, was ihr tut, ihr werdet insgesamt zufriedener und erfolgreicher sein. Was müsst ihr dafür tun? Tja, ganz von allein kommt der Himmel auf Erden natürlich nicht, aber es ist eigentlich ganz einfach. Beginnt mit dem ersten Schritt. Lest »Das Uschi-Prinzip« und sucht euch die Vorschläge aus, die euch am ehesten ansprechen, und legt los: Experimentiert! Spielt mit dem Leben, habt Spaß und probiert Dinge aus, die ihr vielleicht vorher für völlig abwegig gehalten habt, und stellt fest, dass die Uschi-Prinzipien funktionieren. Sitzt nicht rum und lamentiert – entscheidet euch für ein königliches Leben und legt los!

2. Das Uschi-Prinzip – was zum Teufel ist das?

Uschis sind überall

Wer sind eigentlich die Uschis? Gute Frage. Was denkt ihr, wenn ihr den Namen Uschi hört? Vermutlich denkt ihr, ebenso wie ich es früher getan habe, an schreckliche Frauen. Wenn ihr nicht gerade eine Tante Uschi habt oder eure Mutter so heißt, liegt es nahe, eine »Uschi« als eine Zusammenfassung für nicht wirklich schmeichelhafte Komplimente zu sehen. Ihr begegnet einer schlimmen Frau und denkt: »Was ist das denn für eine schreckliche Uschi?« Jede von euch hat sicherlich ihr eigenes, ganz persönliches Bild von einer Uschi, denn Uschis sind Frauen, die ihr irgendwie nicht mögt. Sie verkörpern eine bestimmte Art von Weiblichkeit, die euch wahnsinnig macht.

Aber glaubt mir, immer wenn uns etwas richtig juckt, dann ist da etwas dran. Immer dann, wenn ich mich über jemanden besonders aufrege, dann liegt es daran, dass er oder sie mir in einem Punkt ähnlich ist, den ich an mir selbst nicht besonders mag. Egal, wer also eure persönlichen Uschis sind, es sind Frauen, mit denen ihr bisher alles andere als befreundet sein wolltet. Frauen, die euch auf die Nerven gingen, und Frauen, die für euch alles andere als Vorbilder waren. Das ist jetzt vorbei. Ab jetzt sind die Uschis eure Vorbilder – seid gespannt, was ihr alles von ihnen lernen könnt!

Ihr denkt vielleicht: »Ausgerechnet diese schlimmen Uschis soll ich mir als Vorbild nehmen?« So ging es mir am Anfang auch. Bis ich mich mit meinen Freundinnen auf die Abenteuerreise begab, war ich voller Vorurteile über dieses und jenes. Ich hatte eine klare Position zu bestimmten Personen und Dingen und fühlte mich ganz wohl in meiner Welt voller Schubladen.

Auf der Abenteuerreise musste ich aber immer wieder lernen, dass genau diese Vorurteile mich daran hinderten, mein volles Potenzial zu entfalten. Sie beschränkten meinen Horizont: Bei vielen Dingen zog ich es noch nicht einmal in Erwägung, sie auszuprobieren, weil mir schon im Vorfeld klar war, dass sie außerhalb meiner Welt lagen. Irgendwann lernte ich, dass ich den wirklich großen Schritt von meinem kleinen, bescheidenen und irgendwie unvollständigen Dasein hin zu einem erfüllten Leben als Königin nur machen kann, wenn ich mutig Sachen ausprobiere, die ich eigentlich ganz fürchterlich finde.

Haben Uschis mehr Spaß im Leben?

Wir sind emanzipiert, erfolgreich, unabhängig und selbstbewusst. Aber sind wir auch glücklich? Weit gefehlt! Unsere Mütter kämpften für die Emanzipation der Frauen, damit wir es einmal besser haben als sie. Und nun? Nun haben wir den Salat.

Manchmal wünschen wir uns, anders zu sein. Wie wäre es, wenn wir eine weniger gute Ausbildung, einen Nine-to-Five-Job hätten und wenn unser Leben nicht so komplex wäre? Wir wären schon längst mit einem wundervollen Mann verheiratet, der uns auf Händen trägt, uns jeden Wunsch von den Augen abliest und bei Bedarf die Fußnägel lackiert; wir säßen zutiefst befriedigt vor unserer Schrankwand, wären stolz auf unsere Geschirrsammlung und ließen uns vom Fernseher berieseln, bis die Kinder schreien oder der werte Gatte noch mit einem Bier verwöhnt werden möchte. Eigentlich verachten wir diese Lebensform – und doch sind wir klammheimlich ein wenig neidisch auf die Welt der Uschis.

Wir kennen die Uschis schon unser ganzes Leben lang. Als Kinder hatten sie mehr Taschengeld als wir, weil sie es vorzüglich verstanden, mit Papa so lange zu flirten, bis sie bekamen, was sie wollten. Als Teenies bekamen sie unsere Traumjungs, die sie elegant um ihren Finger wickelten, und wir verstanden einfach nicht, was die Typen an diesen Weibern fanden. Auch jetzt werden wir von den Uschis nicht verschont. Jedes Mal, wenn wir einen Getränkekasten selbst in unser Auto stemmen, stehen sie neben uns, seufzen einmal kurz, und plötzlich wimmelt es nur so von Kavalieren, die das selbstverständlich für sie übernehmen. Überall gibt es Uschis, die uns das Leben schwer machen, indem sie sich selbst das Leben leichter machen und uns mit diesem Verhalten zeigen, wie viel auf unseren Schultern lastet. »Was hat sie, was ich nicht habe?«, seufzen wir.

Ich war neidisch. Ja, ich gebe es zu. Ich war neidisch auf Frauen, denen vieles in den Schoß fällt, die sich bedenkenlos nehmen, was sie haben wollen oder es sogar bekommen, ohne sich großartig darum zu bemühen. Ich wünschte mir eben diese Leichtigkeit und die dazugehörigen Erfolge. Ganz im Geheimen beneidete ich sie, obwohl ich sie nach außen hin natürlich verachtete. Ich war anders und fand mich auch irgendwie toller – aber neidisch war ich trotzdem.

Wir wollten nie genauso werden wie die Uschis. Die Schrankwand wollen wir nicht haben und die Fußnägel können wir uns schließlich selbst lackieren, aber ein verbissenes Monster im Karrierekostümchen wollen wir auch nicht sein. Wir wollen doch nur das Leben leicht nehmen, einfach nur wir selbst sein, einen netten Mann finden, erfüllten Sex genießen und zufrieden unseren Job machen und vielleicht noch ein paar Kinder in die Welt setzen. Ist das denn zu viel verlangt?

Schon als Kind wusste ich genau, was eine Uschi ist, und ich erkenne sie heute noch auf den ersten Blick: Sie tragen schreckliche Klamotten und schnappen uns die begehrtesten Männer vor der Nase weg. Damals hatten sie natürlich eine Dauerwelle! Wieso stehen die Typen nur auf diese Frauen? Was machen sie mit den Männern, dass alle nach ihrer Pfeife tanzen, willenlos werden und den Uschis jeden Wunsch von den Augen ablesen? Aber noch viel gemeiner sind die Uschis, die man nicht sofort an den Äußerlichkeiten erkennt. Sie sehen völlig normal aus, man könnte sogar mit ihnen befreundet sein, wenn man nicht plötzlich merken würde, dass ihnen Dinge in den Schoß fallen, von denen wir noch nicht mal zu träumen wagen.

Uschi zieht die Konsequenz

Unsere Mütter wollten uns beibringen, wie man die Geschirrspülmaschine repariert und wie man »seinen Mann im Leben steht«. Burschikos und patent wie wir waren, fanden wir das natürlich toll. Doch das wirklich Relevante brachten sie uns nicht bei. Schlimmer noch: Sie *wollten* es uns nicht beibringen. Sie lehnten es aus Prinzip ab, uns zu zeigen, wie es funktioniert, die weiblichen Reize einzusetzen, und wie man erfolgreich mit den Kerlen umspringt. Sie fanden all das, was sie von ihren Müttern gelernt hatten, was von Generation zu Generation von Mutter an Tochter weitergereicht wurde, überholt und völlig daneben. Das alte Frauenbild warfen sie über den Haufen, weil es nicht ihren emanzipierten Vorstellungen entsprach. Irgendwie hatten sie ja Recht, und wir sind ihnen auch dankbar, was sie alles für uns erkämpft haben. Trotzdem haben wir das Gefühl, dass uns etwas fehlt.

Unsere Mütter hatten ganz klare Vorstellungen davon, welche

Werte sie uns für das Leben mitgeben wollten – und unsere Väter hielten sich bei der Erziehung oft zurück. Was hätten sie schon gegen die Argumente unserer Mütter sagen sollen, schließlich liebten sie uns und wollten doch auch nur unser Bestes. Also rackerten sie sich ab und schafften das Geld ran, damit wir eine gute Ausbildung bekamen. Aber um das, was uns irgendwie fehlt, zu entwickeln, hätten wir einen Vater gebraucht, der uns nicht nur eine Ausbildung finanziert, sondern der all das Mädchenhafte in uns bestätigt, was unsere Mütter ablehnten. Einen Vater, der die Prinzessin in uns weckte und bestärkte und der unserer Mutter auch mal Paroli bot, wenn sie versuchte, einen erfolgreichen »Mann« aus uns zu machen. Einen Vater, der das Mädchen in uns bewunderte und uns durch seine Liebe zu einer stolzen Frau hätte reifen lassen. Wäre mein Vater in dieser Hinsicht präsenter gewesen, dann wäre vielleicht auch ich auf seinen Schoß geklettert, hätte den weiblichen Klimperblick bei ihm geübt und hätte ihm so mehr Taschengeld aus den Rippen geleiert. Immerhin ist Papa der erste und wichtigste Mann in unserem Leben. Bei ihm hätten wir eine Menge lernen können, wenn er mitgespielt und unsere Mütter es toleriert hätten.

Jetzt sind wir hier, Jahre später, haben mindestens eine Ausbildung abgeschlossen und sind vor vielen Jahren von zu Hause ausgezogen. Wir sind gebildet, stehen unseren Mann im Job und wissen immer noch nicht, wie das geht: Eine Frau zu sein – oder schlimmer noch, wir haben es verlernt. Wir haben uns die letzten Jahre auf den Job konzentriert oder in einer Beziehung ausgeruht. Es war gar nicht wichtig, immer mal wieder zu kontrollieren, wie unser Marktwert ist, denn es zählten ja ganz andere Dinge. Und nun? Nun wünschen wir uns beim Einschlafen sehnsüchtig, dass nicht eine Wärmflasche, sondern ein Mann unsere kalten Füße wärmen würde. Wir fragen uns: Woher sollen wir den Mann nur bekommen? Die Uschis haben damit kein Problem. Wo sie gehen und stehen, werfen sich ihnen die Männer zu Füßen. Und wir? Wir gucken mit unserem schlauen Näschen in die Röhre. Gemein. So soll es doch wohl nicht weitergehen?! Nein! Jedenfalls wollte ich das nicht. Irgendwann beschloss ich: Ich will es lernen. Ich will erfolgreich und glücklich sein! Ich will auch meinen Spaß haben! Ich werde eine Uschi!

Ich ... eine Uschi???

Das war natürlich starker Tobak: Was für eine verrückte Idee, sich ausgerechnet diese Uschis zum Vorbild zu nehmen.

Aber irgendwie lag es auch nahe. Wenn ich mich über irgendetwas ganz fürchterlich aufrege, dann hat das meistens einen Grund. Dann ist irgendetwas Wertvolles und Wahres an der Idee. Kennt ihr das? Bestimmt. Und wenn es mich so sehr wurmt, wenn ich richtiggehend neidisch auf diese Uschis bin – was bleibt mir anderes übrig, als sie wenigstens versuchsweise zu imitieren? Es kostete viel Überwindung, aber glücklicherweise musste ich es ja nicht allein ausprobieren ...

Im Laufe der Zeit, nach einer langen, lustigen Experimentierphase, wurde es geradezu ehrenhaft, eine Uschi zu sein. Meine Freundinnen und ich entdeckten, dass wir immer besser wurden. Auf einmal ging alles viel leichter. Wir hatten wesentlich mehr Spaß und Erfolg als früher. Uns wurde klar, dass wir Klassefrauen sind. Den Namen Uschi führten wir wie einen königlichen Titel. Auf einmal gab es diese schlimmen Frauen, die wir Uschis nannten – und es gab uns. Deswegen heißen auch alle Frauen in diesem Buch »Uschi«. Es gehört schon einiges dazu, sich stolz eine Uschi zu nennen, aber da wir mutig und humorvoll sind, lieben wir diesen Titel. Und schwups war ein Trend geboren – auf einmal wollten viele meiner Freundinnen Uschis werden. Immer mehr Frauen schlossen sich uns an. Wir waren zunächst erstaunt. So war das eigentlich nicht geplant. Aber wieso eigentlich nicht? Wir hatten einen Weg gefunden, erfolgreicher und zufriedener zu werden. Wieso sollten wir diese Tricks nicht anderen Frauen verraten? Wollt ihr jetzt auch eine Uschi werden? Prima! Wie ihr es anstellen könnt, verrate ich in diesem Buch.

Uschi probiert aus!

Es begann mit den Uschis und es endete mit diesen verflixten Ratgebern, die in den meisten Bücherregalen meiner Freundinnen stehen. Ihr wisst schon: »Die Regeln«, »Männer sind vom Mars …«, »Bestellungen beim Universum« und so weiter (im Anhang dieses Buches findet ihr eine Literaturliste, in der ich alle genannten Titel noch einmal ausführlicher vorstelle).

Das Neue war aber: Wir probierten es aus. Vieles, was wir in diesen Ratgeberbüchern lasen, fanden wir zwar äußerst seltsam und kicherten darüber, aber schließlich probierten wir es aus. Habt ihr das schon mal versucht? Bisher ging es mir so, dass ich bei dem Impuls, endlich mein Leben in die Hand zu nehmen, eine Buchhandlung betrat, in verschiedenen Ratgebern schmökerte und den passenden käuflich erwarb, um ihn zu Hause nur zum Teil zu lesen. Danach wanderte er entweder ins Bücherregal oder in eine unauffällige Ecke, denn nicht jeder Besucher muss wissen, was ich so lese.

In den meisten dieser Bücher fand ich vielerlei Anregungen und

Übungen. Manchmal nahm ich auch einen Stift zur Hand, um ein paar der üblichen Psychotests zu machen. Klar doch, ich mache doch auch immer jeden Psychotest in einer Frauenzeitschrift. Aber letztlich gehe ich mit ihnen um, wie mit Horoskopen: Ich lese sie, glaube nicht wirklich daran und vergesse sie wieder. Und ich schätze, genau so, wie ich Ratgeber und Psychotests bisher immer nur gelesen und dann wieder vergessen habe, geht es wohl den meisten Frauen.

Als ich mit meinen Freundinnen auf der Abenteuerreise war, fingen wir an, diese verflixten Ratgeber ernst zu nehmen. Wir taten so viele verrückte Dinge, dass es auf eine verrückte Idee mehr oder weniger auch nicht mehr ankam. Erst nahmen wir uns die Uschis zum Vorbild und dann die Ratgeber ernst. Und schon waren wir mitten drin in neuen Abenteuern.

Einiges fanden wir beim Ausprobieren toll, anderes ganz furchtbar. Aber erst, als wir es versuchten, konnten wir uns eine Meinung darüber bilden und entscheiden, was wir davon in unser neues Leben aufnehmen wollten. Nach und nach kristallisierten sich überraschende Erkenntnisse heraus. Wir hatten eine Mini-Erleuchtung nach der anderen, bis eine ganze Lichterkette daraus wurde.

Nicht so wie die Uschis – aber von ihnen lernen

Mädels, auch wenn ihr das Gefühl habt, etwas verlernt zu haben oder wenn ihr schon immer zu emanzipiert wart, um praktische Dinge auszuprobieren – frau kann es lernen. Wir müssen nicht so werden wie die dauergewellten Uschis aus den Speckgürteln der Großstädte, aber wir können uns eine Menge von ihnen abschauen, um unsere Handlungsspielräume zu erweitern. Wir müssen nicht immer so sein wie sie – aber wir können es uns leisten, hin und wieder in ihre Trickkiste zu greifen. Glaubt mir, meine Freundinnen, die Uschis und ich, wir haben diese Frauen und ihre Tricks studiert. Tagelang, wochenlang, monatelang. Und wir haben so lange ausprobiert und rumprobiert, bis wir die Uschi-Prinzipien entlarvt, verstanden und in Worte gefasst hatten. Unermüdlich forschten wir, zum Wohle der Frauen.

Wir haben es am eigenen Leib erfahren: Alle können das Uschi-Prinzip lernen und anwenden! Es funktioniert! Es kostet am Anfang etwas Überwindung, Ratschläge zu beherzigen, die wir unser Leben lang als unsinnig abtaten, aber wir fühlen uns wie Königinnen, wenn wir feststellen, dass sie funktionieren.

3. Die sieben Uschi-Prinzipien

Here they are, we proudly present – Die Uschi-Prinzipien:

1. Sei eine Königin!
2. Lebe nach dem Lustprinzip!
3. Wünsch dir was!
4. Sei geheimnisvoll!
5. Leg endlich los!
6. Lass andere für dich arbeiten!
7. Geh niemals ohne Glitzer!

Das Uschi-Prinzip funktioniert in allen Lebenslagen. Wir beginnen uns wie Königinnen zu fühlen, wenn wir die Regeln verstanden haben und sie leben. Sobald wir unsere »innere Uschi« entdeckt und integriert haben, bekommen wir endlich das, was uns zusteht. Das Sahnehäubchen: Das Leben wird um ein Vielfaches angenehmer, weil wir machen, was wir wollen, uns nehmen, was uns zusteht, und auf uns aufpassen, damit wir dabei keine Schrammen abkriegen. Das Uschi-Prinzip verschafft uns Selbstbewusstsein im wahrsten Sinne des Wortes. Aber genug drumrum geredet, auf zum ersten Prinzip:

Uschi-Prinzip Nr. 1: Sei eine Königin!

Obwohl dieses Prinzip nicht das erste war, das wir begriffen, ist es doch eindeutig das Wichtigste. Es ist eine erstaunliche Tatsache, aber die Leute reagieren auf das, was du ausstrahlst. Wenn du dich verhältst, »als ob« ein beliebiges Etwas bereits eingetreten ist, das du dir wünschst, dann nimmst du damit die Zukunft vorweg. Wenn du dich wie eine Königin benimmst, wirst du auch wie eine Königin behandelt. Wenn du so tust, als wären bestimmte Wünsche bereits in Erfüllung gegangen, dann fliegen dir die Dinge nur so zu. Es ist kein Unterschied zu merken, und die Leute nehmen dich ernst. Denk an das Märchen von des Kaisers neuen Kleidern oder den Hauptmann von Köpenick. Der Glaube versetzt Berge.

Wie das funktioniert? Ganz einfach: Wir müssen nur akzeptieren, dass es keine objektive Beurteilung einer Situation gibt. Selbst objektiv messbare Größen sind relativ. Ist eine Körpergröße von 1,80 Meter groß oder klein? Es kommt auf den Standpunkt an. Ich war fasziniert, als ich begann zu verstehen: Wir können uns unsere Wirklichkeit aussuchen! Wir gestalten und verändern die Wirklichkeit sogar mit unseren Gedanken.

Nachdem ich diese Erkenntnis verdaut hatte, wunderte ich mich, weshalb ich auf dieses Prinzip nicht schon viel früher gekommen war. Was hatte ich mir das Leben erschwert, indem ich mich klein machte und mich selbst ausbremste! Auf dem Weg zur Uschi haben meine Freundinnen und ich herausgefunden, dass wir deswegen immer wieder schlecht von Männern behandelt wurden: Weil wir es zuließen. Mehr noch, weil wir es vielleicht sogar irgendwie wollten. Wir suchten uns treffsicher diejenigen aus, die uns garantiert enttäuschten, und bestätigten damit eine uralte vorgefasste Meinung über uns selbst. »Das ist doch Unsinn!«, denkt ihr jetzt. »Wer will denn schon schlecht behandelt werden?« Tja, natürlich niemand. Aber obwohl wir irgendwie wussten, dass es Unsinn ist, wiederholten wir ständig genau die gleichen Situationen. Anschließend saßen wir da wie das heulende Elend und lamentierten stundenlang zusammen mit unseren Freundinnen über den Kerl oder die Schlechtigkeit der Welt. So ein Quatsch!

Wir beschlossen uns zu ändern, und es war schnell offensichtlich, dass es sich nicht nur um eine kleine Veränderung handeln würde. Fortan wollten wir nicht mehr nur die Krümel, nein, wir wollten den ganzen Kuchen. Erste scheue Formulierungsversuche dieses Prinzips rankten sich um unsere eher kindlichen Vorstellungen von einer Prinzessin. Welche Frau träumt nicht von einem Reifrock-Kleid, wie Sissy es hatte? Vermutlich ist dieser Traum einer der Gründe, wieso Frauen überhaupt heiraten. Einmal im Leben wollen wir wie eine Prinzessin, wie die schönste und einzig wichtige Frau der Welt behandelt werden. Eines Tages hatte ich ein wunderbares Rendezvous, bei dem ich mich wie Grace Kelly fühlte. Dadurch merkte ich, dass mit der Prinzessin der entscheidende Schritt noch lange nicht getan ist. Aus Grace Kelly wurde Gracia Patricia, aus einer Prinzessin wird eine Königin, eine Frau, die wirklich Macht hat und diese auch souverän handhabt. Das wollte ich auch! Ich wollte königlich sein und fing an, mich wie eine Königin zu benehmen. Es war verblüffend: Der Mann sprang sofort darauf an und behandelte mich königlich, wie ich es verdiente. So einfach war das also, damit war das Prinzip schnell klar. Ich beschloss auf der Stelle: Jetzt bin ich in jeder Situation eine Königin! Ab jetzt wollte ich mich nur noch mit mir würdigen Dingen, Menschen und Situationen umgeben. Jawohl!

Manchmal hatten wir Uschis Angst, dass wir mit diesen neuen Verhaltensweisen arrogant wirken könnten. Alte Ängste kamen in uns hoch: Wir sind es nicht wert, man darf sich nicht in den Vordergrund drängeln, man muss bescheiden sein … Uuuuuhhhhh! Und? Haben diese Ängste mich weitergebracht? Nein. Also auf zu neuen Ufern, ich will jetzt das, was mir zusteht – genau wie in der l'Oreal-Werbung: »Weil Sie es sich wert sind!«, heißt es dort. Die wissen schon, was Frauen wünschen.

Uschi-Prinzip Nr. 2: Lebe nach dem Lustprinzip!

Als ich mit den Uschis in die Abenteuerphase meines Lebens eintrat und wir auf einmal neben all dem Spaß und Feiern merkten, dass wir fundamentale Dinge lernten, verstand ich plötzlich, wieso meine Lieblingsformulierung »Wo sitzt die Lust?«, die zugegebenermaßen etwas komisch klingt, den Nagel genau auf den Kopf traf. Die meiste Energie ist dort, wo die Lust sitzt, also bei den Dingen, die richtig Spaß machen. Wenn man weiß, was man will, dann sollte man es auch leben – auch wenn bisher nur zu achtzig Prozent klar ist, was man denn genau möchte. Also probiert euch aus. Spielt, genießt die Leichtigkeit und lasst es richtig krachen.

Allerdings braucht es ein wenig Mut: Ich fordere euch auf, hin und wieder Regeln zu brechen, euch Spaß zu gönnen in Momenten, in denen das normalerweise nicht üblich ist, euch neue Situationen zu suchen, die ihr vorher vielleicht abgelehnt habt. Es ist nicht üblich – und vor allen Dingen nicht erwachsen – einfach zu machen, worauf ihr Lust habt. »Huuuuuuh, wenn das jeder machen würde«, höre ich schon die Leute sagen. Ihr kennt sicherlich eine ganze Reihe Killerphrasen: »Das hat noch nie funktioniert«, »So etwas geht bei uns nicht« etc. Es sind Killerphrasen, selten überprüfte Glaubenssätze. Wer sagt denn, dass sie gelten? Überprüft es! Denn was spricht dagegen, sich das Leben leichter und schöner zu machen? Das Leben nach dem Lustprinzip ist eine prima Sache. Oder kann mir irgendjemand auch nur einen einzigen logischen Grund nennen, warum man es sich schwer machen sollte? Nein? Eben!

Es gibt keinen Instant-Erfolg – aber probiert es aus und genießt die Veränderung: Nicht immer, aber immer öfter. Einer Königin steht es zu, den lieben langen Tag Spaß zu haben. Wenn sie entdeckt hat, dass Dinge, die sie mit Spaß erledigt, fertig werden und eine ausgezeichnete Qualität haben, dann kann die Königin einfach gar nicht mehr anders, als hauptsächlich Dinge zu tun, die Spaß machen. Weil sie es sich wert ist. Also macht die Lust zu eurem Leitmotiv!

Uschi-Prinzip Nr. 3: Wünsch dir was!

Knappheit ist ein ökonomisches Konstrukt. Schaut euch genau in der Welt um und sucht Beweise für Knappheit. Ihr findet keine stichhaltigen Beweise? Ja genau, es ist nicht zu wenig vorhanden, insgesamt ist genug für alle da, es ist nur eine Frage der Verteilung. Knappheit ist nur eine grundlegende Annahme unserer Gesellschaft, um uns zu wirtschaftlichen Verhaltensweisen zu bringen. Ich komme aus einer Kaufmannsfamilie und studierte brav Betriebswirtschaft, deswegen zweifelte ich ökonomisch sinnvolles Handeln aufgrund von Knappheit nie an. Aus Knappheit entstehen Konkurrenz und Wettbewerb. Wirklich doofe Konsequenzen. Man muss sich unheimlich anstrengen, um etwas zu bekommen, konkurrieren und kämpfen. »Nur die Stärksten kommen durch«, ist der Lieblingsspruch meines Vaters. Puh!

In den letzten Jahren begegnete ich einem neuen Weltbild. Ich war ganz verwirrt, denn solche Gedanken, wie ich sie kennen lernte, passten so gar nicht zu dem, was ich in meinem Elternhaus gelernt hatte: Das Universum sorgt für uns! Es ist genügend für alle da. Wenn du weißt, was du willst und es dir wünschst, dann bekommst du es auch! Ich erinnere mich an den Lieblingssatz meiner Mutter vor Weihnachten: »Wünschen, Kind, wünschen kannst du dir alles …« Natürlich bedeutete dieser Satz, dass ich mir nicht allzu viele Hoffnungen machen sollte, es am Ende auch zu bekommen.

Wenn man in so einem Weltbild aufgewachsen ist, dann verlernt man im Zuge des Erwachsenwerdens das Wünschen irgendwann. Man begnügt sich mit den Krümeln und vergisst das Träumen. So ein Quatsch! Ich wollte aber das Träumen nicht aufgeben und ich hatte es satt, von den Bröseln zu leben. Tief in meinem Innern fühlte ich, dass für mich mehr drin war im Leben. Die Anzeichen mehrten sich. Ich traf immer öfter Leute, die ganz anders dachten als meine Eltern. Mir begegneten großzügige Menschen, die das Leben locker sahen und denen vieles einfach so in den Schoß fiel. Also beschloss ich, auch wieder Wünsche und Träume zu haben, mich zu fragen, was ich wirklich will, und einfach mal davon auszugehen, dass es sich schon erfüllen würde. Ich fing klein an – erst einmal zur Probe.

Es war auf einmal ein Leichtes, »Parkplätze beim Universum zu bestellen«, denn das hatte ich bereits von Bärbel Mohr gelernt. Es funktioniert relativ simpel: Immer, wenn man irgendwo einen Parkplatz sucht (und es gibt in manchen Städten Wohngegenden, in denen man eher einen 1000-Euro-Schein auf der Straße findet als eine freie Parklücke), wünscht man ihn sich vom Universum: »Liebes Universum, bitte organisiere mir gleich direkt vor meiner Haustür einen Parkplatz. Das wäre ganz wunderbar, danke!« Ich probierte es aus – und es klappte! So gut wie immer, das kann kein Zufall sein! Seitdem ist mir klar: Wenn die Sache mit dem Parkplatz so reibungslos klappt, wieso soll das in anderen Lebenslagen nicht auch funktionieren? Was es dazu braucht, ist eine positive Einstellung, man muss einfach nur glauben, dass einem die Erfüllung der Wünsche auch wirklich zusteht. Dass man es verdient hat, das zu bekommen, was man wirklich haben will. Wenn nicht, kommt der universale Lieferservice ein paarmal vergeblich und gibt irgendwann auf, wenn ihr die Tür nicht öffnet, um die Lieferung in Empfang zu nehmen. Es ist nicht leicht, Dinge anzunehmen. Aber wenn ihr einmal damit anfangt und seht, dass es funktioniert, wird es euch bei jedem Mal etwas leichter fallen. Ich wiederhole mich gern: Wenn ihr euch wie eine Königin benehmt, werdet ihr auch wie eine Königin behandelt. Also sagt, was ihr wollt, und es wird sich erstaunlicherweise meist jemand finden, der das gern für euch arrangiert. Wünsch dir was!

Uschi-Prinzip Nr. 4: Sei geheimnisvoll!

Vor einiger Zeit wollte ich unbedingt »Jungs-Spiele« lernen. Ich wollte verstehen, wie Machtkämpfe ablaufen. Meine Hypothese dazu war, dass wir Mädchen auf dem Schulhof eben andere Spiele spielten als die Jungs und dass wir heute einigen Nachholbedarf haben, wenn wir in den Chefetagen mitmischen wollen. Ich bekam von einem Verehrer, dem ich von meiner neuen Faszination erzählte, ein Buch über strategisches Denken geschenkt. Puh, war das anstrengend zu lesen! Ich fand es total langweilig. Es berührte mich überhaupt nicht, dabei war ich doch meiner Lust gefolgt und wollte es lesen.

Ich fragte mich, woher diese Lustlosigkeit kam, und merkte immer wieder, dass ich schon gegen den Buchtitel einen Widerwillen hatte: »Strategisches Denken«! Langsam fragte ich mich, ob es wohl sein könnte, dass Frauen nicht strategisch sind.

Ich dachte eine Weile auf diesem Problem herum, ohne eine Lösung zu finden. Als meine Freundinnen und ich die Uschis entdeckten, merkten wir, dass Frauen sehr wohl strategisch sein können. Die Uschis setzen ihre Vorteile radikal ein, sodass ihnen die Männer aus der Hand fressen. Wir sahen uns das eine Weile an und konnten nicht umhin, die Uschis dafür zu bewundern.

Es liegt also nicht an *den* Frauen insgesamt. Nicht alle Frauen haben ein Problem mit strategischem Denken. Ich fing an, mich zu beobachten, ob ich nicht manchmal strategisch vorging. Und siehe da, ich tat es auch – ständig. Allerdings hatte ich wohl Skrupel, denn ich dummes Ding verriet meine Strategie meinem Gegner immer direkt. So war sie zwar nicht wirkungsvoll, aber mein Gewissen war rein. Welch ein Unsinn! Ich schielte also wieder zu den Uschis, um herauszufinden, was sie anders machten.

Das vierte Prinzip war nicht leicht zu entdecken, denn vordergründig tun die Uschis dumm, obwohl sie verdammt raffiniert sind. Vordergründig sah es zunächst so aus, als würden sie ihre Strategien offenlegen oder zumindest so einfache wählen, dass jeder sie sofort durchschaute. Witzigerweise war es für meine Freundinnen und mich sehr einfach, diese Strategien zu erkennen – aber die Männer durchschauten sie nicht. War das wirklich so? Durchschauten die Männer tatsächlich die Strategien der Uschis nicht? Wir waren uns nicht sicher. Vielleicht handelte es sich nur um uralte Rituale zwischen Männern und Frauen, und die Männer taten einfach so, als ob sie die Strategien nicht verstanden.

Die Uschis verhalten sich immens raffiniert. Egal, was sie tun, sie lassen die Männer darüber im Unklaren, woran sie mit ihnen sind. Sie geben ihnen das Gefühl, dass es *möglich* wäre, alles von ihnen zu bekommen – aber genau das enthalten sie ihnen in den meisten Fällen vor. Männer reagieren auf Uschis mit Begehren, Neugier und Sehnsucht. Wow, das wollten wir auch haben, und auf einmal verstanden wir, wie die Uschis das machen. Im entscheidenden Moment ziehen sie sich zurück, verändern ihr Verhalten oder machen irgendetwas für die Männer völlig Unberechenbares. Sie sind geheimnisvoll. Sie lassen die Männer stets im Unklaren darüber, ob sie sie wollen. Sie schenken ihnen ein Lächeln, drehen sich im nächsten Augenblick um und schauen nach anderen. Sie machen einen Schritt vorwärts, dann wieder einen zurück. Die Männer sind verrückt nach ihnen. Daher kommt also der Ausspruch von der »Logik der Frauen«. Männer verstehen diese Logik einfach nicht, finden sie aber äußerst reizvoll.

Ihr fragt euch jetzt vielleicht, wie die Uschi-Prinzipien zusammenpassen. Widerspricht es sich nicht, seine Wünsche auszusprechen und trotzdem strategisch geheimnisvoll zu sein? Aber nein! Männer lieben es, wenn Frauen geheimnisvoll sind, aber sie lieben es genauso, Frauen Wünsche zu erfüllen. Auf die richtige Mischung kommt es an! Übt dieses Verhalten bei den Männern, und ihr werdet sehen, dass ihr es leicht auf andere Bereiche eures Lebens übertragen könnt. Ihr werdet euch wundern, was auf einmal alles möglich ist.

Was haben wir aus unseren Beobachtungen gelernt? Denke strategisch, steuere auf dein Ziel los, aber verrate deine Strategie nicht! Sei unberechenbar. Nutze die Energien der Sehnsucht und der Neugier, damit deine Wünsche in Erfüllung gehen. Sei geheimnisvoll!

Uschi-Prinzip Nr. 5: Leg endlich los!

Ooooh, was sind wir Frauen oft perfektionistisch. Egal, ob wir von den ehrgeizigen, fleißigen Frauen reden oder von denen, die mit etwas erst gar nicht anfangen, weil das Ergebnis vielleicht nicht perfekt sein könnte. Perfektionismus ist das beste Mittel, um sich selbst im Weg zu stehen und jede Tatkraft erfolgreich zu lähmen.

Aber für uns geht es ums Handeln. Was hilft das ganze Denken, wenn wir unsere Ideen nicht ausprobieren? Erst wenn ich etwas versucht habe, weiß ich auch wirklich, ob ich es mag oder nicht. Geht mal etwas daneben, habe ich mich in einem Kerl geirrt oder war ich doch mal etwas zu vorschnell: Macht nichts! Ich verkrieche mich nicht mehr in Frust und Selbstmitleid, sondern skandiere laut und mutig: Der Nächste, bitte!

Seit Jahren schlage ich mich mit dem verflixten Wort »scheitern« herum. Ein sehr deutscher Begriff. In Amerika steht ein Unternehmer nach einer Pleite wieder auf und versucht, das nächste Geschäft hochzuziehen. In Deutschland bekommt man in der Regel nicht noch eine Chance – man gilt als gescheitert. Was unsere Gesellschaft dabei übersieht, ist, dass es um das Lernen geht. Wozu sind wir auf der Welt, wenn nicht, um zu lernen? Vielleicht denkt ihr bei Lernen an die Schule, und eure Zehennägel kräuseln sich. Aber ich finde es toll: Es bedeutet Veränderung und Weiterentwicklung – es macht das Leben erst richtig spannend!

Es ist eine Frage der Bewertung von Fehlern. In unserem Inneren sitzt die Überzeugung, dass Fehler etwas Schlechtes sind. In der Schule wurden die Fehler rot angestrichen, und viel zu selten wurden wir für gute Ideen gelobt. So sind wir zu dem Glauben gelangt, dass wir hart an unseren Schwächen arbeiten müssen, um »Fehler« auszumerzen, statt der Lust zu folgen und unsere Stärken weiterzuentwickeln. Wir haben diese Art des Denkens aus der Schulzeit gelernt und können es tagtäglich um uns herum beobachten. Aber genau so verhindern wir unsere Entwicklung. Wir nehmen uns damit den Spaß am Leben und die Chance, neue, vielleicht verrückte Wege auszuprobieren, die uns weiterbringen. Schrecklich!

Ich rufe dazu auf, den Perfektionismus einfach zu entsorgen! Natürlich sollt ihr weiterhin das, was ihr tut, mit der nötigen Achtsamkeit und Sorgfalt machen. Aber bremst euch nicht aus, nehmt euch nicht selbst die Energie. Legt einfach mal los und lasst eurer Kreativität freien Lauf. Aber Vorsicht, solche Projekte fühlen sich an wie Verliebtsein – ihr könntet süchtig danach werden.

Uschi-Prinzip Nr. 6: Lass andere für dich arbeiten!

Jetzt kommt eine wirkliche Königinnen-Disziplin: Lass andere für dich arbeiten! Ob ihr es glaubt oder nicht: Männer macht es glücklich, wenn sie etwas für uns tun dürfen. Sie fühlen sich dann, als hätten sie einen Säbelzahntiger für uns erlegt. Als Lohn reicht ihnen dafür schon unsere Anerkennung und die schlichte Tatsache, dass sie in unserer Gunst stehen.

Na, das ist doch prima! Machen wir ihnen also die Freude und gewähren ihnen die Gunst, uns zu erfreuen. Welche Frau hätte da nicht ein paar Ideen, angefangen von den leidigen Getränkekisten, die in den vierten Stock müssen, über eine komplette Wohnungsrenovierung, die seit Jahren überfällig ist, den merkwürdigen Tücken ihres Autos oder Computers, die verstanden und repariert sein wollen. Nicht zu vergessen: regelmäßige Essenseinladungen oder sonstige romantische Events, mit denen wir uns gern verwöhnen lassen.

Das einzige Problem ist, dass *wir* uns im Weg stehen. Eigentlich ist es doch unglaublich: Da gibt es hordenweise Männer, die an unserer Tür kratzen und um Einlass betteln. Sie wollen unser Leben leichter, reicher und schöner machen, aber wir hören weg und lassen die Tür beharrlich geschlossen. Wir sind stolz darauf, dass wir alles allein können. Wir preisen unsere Selbstständigkeit und jammern sonntags, dass wir Spazierengehen hassen, weil wir nicht bei jedem Schritt über ein Pärchen stolpern wollen. Wieso schauen wir nicht einfach mal nach, was da an unserer Tür kratzt?

Geben fällt mir sehr viel leichter als Nehmen. Egal, ob es sich um Komplimente, Geschenke oder ein einfaches Dankeschön handelt. Ich werde verlegen und spiele die Geste herunter, statt sie wertzuschätzen. Ich weiß, dass das irgendwie kränkend für mein Gegenüber ist, denn er meint es nur gut mit mir, aber ich tue mich eben schwer mit dem Annehmen. Ein Lernprojekt. Meine Güte, haben unsere Mütter *daran* gedacht, als sie für die Emanzipation kämpften? Haben sie sich ausgemalt, dass sie nun – mit Freude – alles selbst machen müssen? Oder haben sie nur in einigen Lebensbereichen für Gleichberechtigung gekämpft, sich aber in anderen weiter bedienen lassen? Unsere Mütter kämpften gegen die herrschenden Bedingungen – *wir* kämpfen mit uns selbst.

Meine Mutter ist nicht Alice Schwarzer, aber ich war als Kind immer ziemlich beeindruckt davon, dass sie und nicht mein Vater die Spülmaschine reparieren kann. Allerdings: Ich will in meinem Leben gar keine Spülmaschine reparieren! Nein, ich will etwas anderes! Ich will eigenständig und emanzipiert sein, will meinen Job machen und Freundinnen haben. Und gleichzeitig will ich mindestens einen Mann, der mir Dinge abnimmt, die ihm eindeutig leichter fallen, mehr Spaß machen oder die er einfach für mich tut, weil es ihn freut, mich glücklich zu sehen. Ist das ein Widerspruch? Nein, wieso denn? Wenn ich mich wie eine Königin verhalte, dann werde ich auch wie eine Königin behandelt, und deswegen lebe ich mit Vergnügen das sechste Uschi-Prinzip: Lass andere für dich arbeiten!

Uschi-Prinzip Nr. 7: Geh niemals ohne Glitzer!

Die Uschi-Prinzipien scheinen sich manchmal vordergründig zu widersprechen. Wie kann man den großen, schillernden Auftritt wagen und gleichzeitig geheimnisvoll sein? Tja, das ist die Kunst!

Das siebte Prinzip fordert euch auf, mutig zu sein. Macht euch sichtbar. Tretet ins Rampenlicht und lernt, den großen Auftritt zu lieben. Genießt den Ruhm und seid bereit, den Applaus huldvoll anzunehmen. Seid mutig und fallt ruhig auf, dann werdet ihr auch nicht vergessen.

Bevor ich zur Uschi wurde, war mein Maßstab für Make-up klar: je unauffälliger, desto besser. Aber einer echten Uschi steht keine Bescheidenheit. Auf unserem Weg zur Uschi veränderte sich unser Geschmack: Wir standen mehr und mehr zu unseren weiblichen Seiten. Wir lernten es schätzen, unsere Vorteile ins rechte Licht zu rücken. Wir glitzerten, wo es nur ging, und unsere Ausschnitte wurden bei jedem Ausgehen ein wenig größer. Wir entdeckten unsere Weiblichkeit, die Vorzüge von sexy Klamotten und langen Haaren, und wir gingen niemals ohne Glitzer. Wir fingen an, den großen Auftritt zu genießen. Hallo, hier sind wir! Jahrelang hatte ich Turnschuhe getragen, weil ich mit Absätzen den deutschen Durchschnittsmann überrage. Ha, damit ist jetzt Schluss, ab sofort stöckele ich durchs Leben und finde mich toll dabei.

Nach einiger Zeit hatten wir das ganze Tamtam nicht mehr nötig. Wir hatten unsere innere Uschi entdeckt und einen eigenen, weiblichen Stil entwickelt. Wir hatten entdeckt, dass wir wie Königinnen behandelt werden, wenn wir uns wie Königinnen benehmen. Wir brauchten den äußerlichen Glitzer nicht mehr, weil wir innerlich glitzerten. Wir machten uns sichtbar, verhielten uns königlich und bekamen endlich das, was uns zusteht. Egal, ob innerlich oder äußerlich, wir stehen nicht mehr in der zweiten Reihe und verraten allen, wie es geht: Geh niemals ohne Glitzer!

Regeln sind da, um sie zu brechen

Haben euch die Prinzipien schon überzeugt? Noch nicht ganz? Nun, das macht nichts, wir sind ja auch noch ganz am Anfang. Denn jetzt werde ich euch unsere Geschichte erzählen. Wie wir unsere innere Uschi entdeckten, zu Uschis wurden, die Uschi-Prinzipien entwickelten und schließlich herausfanden, was wir daraus lernen und in unser Leben aufnehmen wollten.

Zuvor möchte ich aber einen wichtigen Hinweis nicht versäumen: Meine Freundinnen und ich haben immer wieder hin und her diskutiert, wie strikt unsere Regeln und Prinzipien eingehalten werden müssen. Wir wussten genau, dass wir weiterkommen würden, wenn wir uns an die Prinzipien halten würden, und trotzdem war es nicht immer möglich. Der berühmte Kampf zwischen Kopf und Bauch setzte ein und, ach, so oft siegte der voreilige Bauch: Wir schlugen unsere guten und vernünftigen Vorsätze in den Wind und manövrierten uns in Situationen, die kurzfristig Freude bereiteten, aber langfristig wieder nur Tränen brachten.

Wieso konnten wir die alten Gewohnheiten nicht einfach ablegen? Weil es wohl nur zu menschlich ist, wenn man hin und wieder schwach wird. Unsere Geschichte handelt also auch von Regelbrüchen und Irrtümern. Ich glaube, dass das ein ganz normaler Weg ist, und fände es euch gegenüber nicht fair, diese allzu menschlichen Eskapaden zu verschweigen. Euch gegenüber brauche ich ausdrücklich *nicht* geheimnisvoll zu sein. Ich bin zu dem Schluss gekommen, dass diese irrationalen Brüche der Prinzipien wohl für jede von uns wichtig waren. Meine Freundinnen und ich hatten eine vorangegangene Lektion noch nicht gelernt und mussten sie eben so lange wiederholen, bis wir sie wirklich verinnerlicht hatten. Und glaubt mir, wir sind noch weit davon entfernt, die perfekten Uschis zu sein. Aber treu dem Prinzip Nr. 5 »Leg endlich los« weiß ich, dass Perfektion Kraftverschwendung ist. Deshalb lege ich einfach schon mal damit los, euch an unseren Lernerfahrungen teilhaben zu lassen. Viel Spaß damit!

4.
Der Beginn meines Lebens als Uschi

Mein erstes Uschi-T-Shirt

»Was für eine Uschi!«, stöhnte ich arrogant. Meine Lieblingsfreundin blickte mich erstaunt an. Sie hatte mir gerade von ihren Problemen im Job erzählt und war irritiert, dass ich nicht konzentriert genug zuhörte. Statt dessen starrte ich fasziniert auf den Eingang des Cafés, in dem wir saßen. Dort hatte soeben eine Frau den Raum geentert, die ich wirklich schrecklich fand: Sie hatte lange Locken mit so vielen Strähnchen drin, dass man ihre Haarfarbe nicht mehr identifizieren konnte. Diese warf sie theatralisch nach hinten und stolzierte auf dicken Plateausohlen durch die Gegend. Nicht nur ihr Parfum verriet, zumindest was meine Vorlieben betrifft, eine immense Geschmacksverirrung. Meine Freundin drehte sich um, um zu sehen, was mich so faszinierte. »Ach *das* ist eine Uschi!«, sagte sie und fing an zu kichern. »Ich fragte mich in letzter Zeit öfter, was du mit ›diesen Uschis‹ meinst – aber jetzt ist mir alles klar.« Inzwischen stand »diese Uschi« in der Mitte des Raumes, rollte mit den Augen und wartete ungeduldig auf den Mann, der hinter ihr das Café betrat. Er war mit ungefähr hunderttausend Einkaufstaschen beladen, stellte diese eilfertig ab, hechtete zu seiner Freundin, um ihr das Kaninchenfelljäckchen abzunehmen und ihr den Stuhl zurechtzurücken. Der Kerl war sichtlich im Stress.

Wir versuchten unser Gespräch wieder aufzunehmen, aber die Uschi hinter uns beherrschte den Raum. Mit lauter Stimme säuselte sie am Nebentisch ihrem Begleiter zu, wie toll sie ihn finden würde. Im gleichen Atemzug verkündete sie, dass sie es sich anders überlegt und anstelle eines Kaffees doch lieber die Speisekarte hätte. Ihr Begleiter sprang kreuz und quer durch den Raum, um ihr die gewünschte Karte sofort zu bringen. Wir konnten gar nicht mehr anders als zuzuhören. Erstens hatte diese Frau eine extrem durchdringende Stimme, und zweitens war das, was sie so von sich gab, einfach zu komisch: Wie sie Kurtaxe im Urlaub für ein Taxi gehalten hatte und nun plante, ihren Freunden zur Hochzeit ein Fleischerbeil zu schenken. Wir amüsierten uns prächtig und schwankten zwischen arroganter Abneigung und Faszination.

Zu dieser Zeit war es gerade ziemlich angesagt, merkwürdige Schriftzüge wie »Zicke« auf einem T-Shirt zu tragen. Meine Freundin und ich fanden solche Zicken-T-Shirts eigentlich total blöd. Das Problem mit derartigen Modeerscheinungen ist, dass nur die allerersten, die diesen Trend ins Leben rufen, wirklich cool sind. Tragen es auf einmal alle, oder noch schlimmer, gibt es derartige Kleidungsstücke auf Volksvergnügen-Kaufständen zu erwerben, dann ist es definitiv ausgeschlossen, mit einem Zicken-Shirt herumzulaufen. Aber die Mode begann gerade erst, und wir hatten eine Idee: Wir verließen schleunigst das Café, eilten zum nächsten Copyshop und ließen uns T-Shirts mit dem Schriftzug »Uschi« auf unserem Busen machen. Es sah fantastisch aus. Wir wählten ein knapperes Modell als sonst, dass uns gekonnt tussihaft aussehen ließ und den glitzernden Schriftzug auf unserem Busen ordentlich zur Geltung brachte.

Mit diesen T-Shirts stürzten wir uns noch am gleichen Abend ins Nachtleben und machten eine verblüffende Entdeckung: Die Männer reagierten auf unser Outfit wie der Pawlowsche Hund auf die Klingel. Sie fingen regelrecht an zu sabbern. Sage und schreibe neunzig Prozent der Männer liefen die Augen über, und sie grunzten uns ein »Uschi« entgegen, das ungefähr in dem Tonlaut rüberkam wie »Geil, fick mich«. Die restlichen zehn Prozent versuchten witzig zu sein, indem sie uns darauf hinwiesen, dass angeblich ein Buchstabe am Anfang fehlte. Ungelogen, das war tatsächlich die Reaktion von hundert Prozent der Männer. Es gab keinen, der aufgrund seines Alters, seines Konto- oder Bildungsstandes bzw. sonstiger Qualitäten auf einen derartigen Kommentar zu unserem geschmückten Busen verzichtete. Man muss vielleicht dazusagen, dass meine Freundin und ich nicht eben wenig Busen haben und mit einer stattlichen Körpergröße und einer ausgeprägten Vorliebe zu hohen Absätzen natürlich leicht zu sehen sind.

Das Uschi-Prinzip Nr. 7: »Geh niemals ohne Glitzer!«

Mit meinen 1,75 Metern überrage ich die deutsche Durchschnittsfrau um 8 Zentimeter und bin genauso groß wie der deutsche Durchschnittsmann. Ist das nicht tragisch? Ich hatte mich eigentlich schon seit meinem Wachstumsschub in der Pubertät damit abgefunden, dass ich niemals klein, zierlich und zerbrechlich sein würde. Aus diesem Grund akzeptierte ich es, meine Getränkekisten selbst zu tragen. Damit ist jetzt Schluss: Ich zeige mich. Ich falle auf und stolziere durch die Welt, damit sie meine Größe bewundert.

Nach diesem Abend hatten wir etwas Erstaunliches dazugelernt: Wir hatten herausgefunden, wie leicht sich Männer aus der Reserve locken lassen, wenn frau nur ein kleines bisschen erfinderisch ist und sich etwas traut! Gut, die Reaktion der Männer war noch nicht das Nonplusultra, aber so viele Männer wie an diesem Abend hatten wir bisher beim Ausgehen noch nie kennen gelernt.

Der Öffentlichkeitstest bewies: Der Name Uschi hatte Kultcharakter! Und weil mit diesen T-Shirts eigentlich alles begann, nannten wir uns fortan gegenseitig nur noch Uschi und fassten die nun folgende Lebensphase, in der wir unglaublich viel lernten und Mega-Spaß hatten, konsequenterweise zu den »Uschi-Prinzipien« zusammen. Aber keine Sorge, damit war es noch nicht getan. Das eigentliche Abenteuer sollte gerade erst beginnen …

Zwei Uschis finden sich

Um euch zu erklären, wie es mit meiner Freundin und mir weiterging, muss ich noch einmal kurz in der Zeit zurückspringen: Als wir uns vor ein paar Jahren über einen Chat kennen lernten, lebte sie in Hamburg und ich in Berlin. Wir lebten nicht nur in verschiedenen Städten, sondern genau genommen auch auf verschiedenen Planeten: Ich irrte als Single durchs Leben, sie war verheiratet. Irgendwann besuchte ich sie in Hamburg und traf dabei auf eine Frau mit Mann, Haus und Einbauküche. Ich war nicht sicher, was ich von diesen Lebensumständen halten sollte. Ihren Nagellack fand ich spießig, aber da ich zu dieser Zeit knapp über dreißig und mit meiner beruflichen Entwicklung etwas unzufrieden war, wurde ich gleichzeitig neidisch. Ihr Leben war so fertig, so perfekt. Auf einmal wollte ich auch einen Mann und dazu noch eine reizende Tochter mit einem Haarspängchen. Die Einbauküche und das spießige Drumherum vergaß ich einfach und träumte meinen »Wüstenrot-Traum«: Eine romantisch verfallene Scheune auf dem Land, in der nächsten Einstellung schon mühelos renoviert, ich im Garten mit dem Laptop am Arbeiten, die reizende Tochter auf der Schaukel …

Ich bin experimentierfreudig. Weil ich in Berlin ohnehin nicht besonders glücklich war, beschloss ich, nach Hamburg zu ziehen und ein neues Leben zu wagen. Ein Jobangebot nahm ich zum Anlass – den Mann für die Erfüllung meines Traumes würde ich schon noch finden. Jedenfalls dachte ich das. Und immerhin hatte ich in Hamburg bereits eine Freundin, die auf den ersten Blick schon alles das hatte, was ich mir wünschte.

Was soll ich sagen? Es kam alles ganz anders: Wenige Wochen nach meinem Umzug durfte ich hautnah miterleben, wie meine Busenfreundin von ihrem Mann verlassen wurde. Damit legte ich erst einmal auch meinen eigenen Wüstenrot-Traum auf Eis und kümmerte mich um meine verlassene, traurige Freundin. Mit einem Schlag war sie genau wie ich wieder ein klassisches Mitglied der »Generation Ally«: Gut ausgebildet, beruflich einigermaßen erfolgreich, alleinstehend und vor allen Dingen über dreißig. Bevor ich sie kennen lernte und zu ihr nach Hamburg zog, lebte ich in Berlin. Berlin ist wie alle Großstädte voller Singles. Leider bleiben es dort auch viele, denn in Berlin war es zumindest zu meiner Zeit in, nur auf Partys zu gehen, wo man garantiert nicht flirtete. Wir trugen eine Unisex-Mode und waren wahnsinnig künstlerisch-intellektuell. Gut, es gab hin und wieder Paare, aber ich glaube, das lag vor allen Dingen daran, dass die meisten von uns noch Kohleheizung hatten. Da war es einfach praktisch, sich im Spätsommer in jemanden mit einer modernen Heizung zu verlieben.

Wie gesagt, auch meine Freundin war mit einem Schlag wieder ohne Kerl. Und nach einer gebührenden Trauerzeit fing sie plötzlich an, sich zu verändern. Ich beobachtete diese Veränderung mit großer Skepsis, denn sie legte plötzlich etwas seltsame Verhaltensweisen an den Tag.

Wir hatten uns bis dahin noch nie gestritten. Aber als sie sich ein halbes Jahr nach ihrer Trennung veränderte, fing es an, in unserer idyllischen Freundschaft zu knirschen. Was war geschehen? Sie hatte beschlossen, Spaß zu haben. Unter Spaß verstand sie, in äußerst fragwürdigen Clubs tanzen zu gehen und einen noch viel fragwürdigeren Kleidungsstil zu entwickeln. Ganz abgesehen von ihren seltsamen neuen Freundinnen. Ich war entsetzt: jetzt wurde sie ja tatsächlich zu einer Uschi!

Natürliche wusste ich vom Hörensagen von derartigen Etablissements, in denen sich meine Freundin Uschi jetzt mit Vorliebe herumtrieb. Jedes Kind hat schon von Ballermann 6 gehört, und irgendwie bekommt man, auch wenn man sich nicht die Bohne für solche Dinge interessiert, mit, dass es ähnliche Kneipen auch auf deutschem Boden gibt. Ich hatte natürlich noch nie einen Fuß in einen derartigen Schuppen gesetzt. Selbst das Wort »Schuppen« hatte ich zwanzig Jahre lang nicht mehr in diesem Zusammenhang benutzt. Ich brauchte es auch gar nicht – schließlich waren derartige Etablissements weit entfernt von meinem Alltag. Ich war studiert, arrogant und kultiviert. Heute muss ich sagen: Wie langweilig! Meine privaten Aktivitäten waren irgendwie die Fortsetzungen des Makramees meiner Mutter – auch wenn ich das so nie gesehen hätte: Kino, Kaffeetrinken, Fitness-Studio …

Eines abends erzählte meine Freundin von ihrem neuen Freizeitvergnügen: Sie berichtete mir von regelmäßigen Besuchen in diesen Tanz-Schuppen und von ihrem neuen Freund, den ich – obwohl ich ihn nur aus ihren Erzählungen kannte – schon mal präventiv schrecklich fand. Sie erzählte begeistert von irgendwelchen Klamottenläden, in die ihre neuen Freundinnen sie schleppten. In der Tat war mir schon aufgefallen, dass sie ihr Outfit geändert hatte, und ich fand es, untertrieben gesagt, scheußlich. Ich war fassungslos über ihre Veränderung, wir hatten einen hitzigen Wortwechsel, schwiegen uns drei Wochen lang an und vertrugen uns dann wieder. Wir einigten uns darauf, dass ich nicht alles akzeptieren muss, was sie mag, es mir aber zumindest einmal anschauen sollte, bevor ich vorschnell urteilte – im Gegenzug durfte ich sie vor allen Leuten Uschi nennen. Also setzte ich mich über meine Vorurteile hinweg und ließ mich von ihr überreden, mit zum Karaoke in so einen Schuppen zu gehen. Ich singe gern und dachte, dass ich kurz Milieu-Studien betreiben und singen konnte, um dann früh wieder nach Hause zu gehen. Augen zu und durch, das war meine Devise.

Das erste Mal Uschi

Der Abend verlief völlig anders als geplant. Mittags schob ich Panik, weil ich keine Ahnung hatte, was ich anziehen sollte. Auf meine Nachfrage hin meinte meine Freundin Uschi, die mittlerweile völlig »uschig« aussah, »egal, Hauptsache sexy«. Ich krempelte meinen intellektuell-kultivierten Kleiderschrank um, fand zwar haufenweise New-Economy-taugliche Sneakers, aber weit und breit nichts, was irgendwie sexy war. Schließlich entschied ich mich (ich gestehe und bin beschämt) für einen kurzen Rock im Burberry-Muster und einen schwarzen Rollkragenpullover. Keine Ahnung, wieso. Ich dachte, dass das die richtige Wahl sein könnte. Aber weit gefehlt. Keine Frau zeigte in diesem Schuppen so wenig Haut wie ich.

Uschi stellte mir an diesem Abend ihren neuen Freund vor. Einen Soldaten. Ich war entsetzt! Nein, ich meine jetzt nicht einen knackigen 20-Jährigen, den man einfach vernaschen muss, nur weil er eine reizende Uniform trägt und den Nacken sexy rasiert hat. Nein, ich meine einen, der sich bei diesem Verein namens

Bund auch noch verpflichtet und tatsächlich die Nationalhymne als Melodie auf seinem Mobiltelefon hat. Und das sollte nun der neue Mann an Uschis Seite sein? Auf einmal war mir klar, weswegen sie sich so merkwürdig verändert hatte. Sie lebte wieder in einer komplett anderen Welt als ich. Ich kam mir vor wie bei einer Expedition durch unbekannte Kontinente. Irgendwie fand ich alles schrecklich.

Ich redete nur das Notwendigste mit dem Soldaten und seinen Kumpels. Dieses »Wahre-Liebe-gibt-es-nur-unter-Männern-Gehabe«, die Sauferei und das Gegröle gingen mir gewaltig auf die Nerven. Allerdings war einer seiner Freunde schon sehr niedlich. Es schien ihn zu reizen, dass ich arrogant mit verschränkten Armen in der Ecke stand, statt mich wie alle anderen tanzend, grölend oder saufend zu amüsieren. Er sprach mich an, schaffte es sogar, mich zum Tanzen zu bringen, und als Uschi und ihr Freund gehen wollten, blieb ich sogar diesem Mann zuliebe in diesem unmöglichen Schuppen! Ich will es kurz machen, wir knutschten irgendwann – und so war ich schon lange nicht mehr geküsst worden!

Das Uschi-Prinzip Nr. 2: »Lebe nach dem Lustprinzip!«

In einem schrecklichen Laden rumstehen, knutschen – und dann noch mit einem meiner unwürdigen Mann? Ihr findet das furchtbar? Das kann ich verstehen! Aber als er vor mir stand und mich mit seinem frechen Grinsen verzauberte, gab mir mein Bauch die eindeutige Anweisung, mich nach dem Lustprinzip zu verhalten. Glücklicherweise, denn diesen Abend möchte ich auf keinen Fall missen!

Die nächsten Tage verbrachten Uschi und ich mit Auswerten. Endlich hatten wir wieder eine gemeinsame Grundlage, um über ihre Erlebnisse der vergangenen Wochen zu sprechen. Immer wieder fragten wir uns, wieso diese Soldaten eigentlich so anturnen. Unsere Lern- und Selbsthilfegruppe zum Thema »Leben, Lieben und die Männer« war geboren.

Jede Uschi braucht ihre Selbsthilfegruppe

Seid ihr gerade über die Selbsthilfegruppe gestolpert? Ein scheußliches Wort! Es erinnert irgendwie an die guten, alten Siebzigerjahre und die Hobbys unserer Mütter. Aber andererseits passte es auch, denn was mit uns passierte und was wir damit machten, war eigentlich wie eine Therapie ohne Therapeutin. Wir diskutierten über das, was wir erlebten, und versuchten es zu verstehen. Damit es nicht allzu schlimm klang, sagten wir »SHG« statt Selbsthilfegruppe.

Glücklicherweise hatten Uschi und ich uns wieder vertragen. Es fühlte sich wirklich nicht schön an, mit meiner Lieblingsfreundin verstritten zu sein. Aber sie war mir die Wochen zuvor einfach so fremd geworden. Ich dachte erst, wir hätten uns nie wieder etwas zu sagen. Jetzt, nachdem ich mich wenigstens für einen Abend auf ihre Welt eingelassen hatte, hatten wir wieder gemeinsame Themen.

Uns konnte wirklich nichts Besseres passieren: Was kann es Schöneres geben, als aufregende, neue Dinge mit der besten Freundin immer wieder von vorn und von hinten auseinander zu nehmen und im Detail zu besprechen? Ich liebe diese Auswertungsgespräche. Genau das zeichnet uns Frauen doch aus. Männer lieben es, über Sport, Autos und Baumärkte zu sprechen. Wir lieben es, den vorangegangenen Abend bis ins letzte Detail zu analysieren. So sind wir nun einmal.

Unsere erste SHG war klasse! Wir saßen im Café, tranken Milchkaffee um Milchkaffee, erzählten uns unsere Soldatenerfahrungen, kicherten wie Teenager und versuchten zu verstehen, was auf einmal passiert war. Ich hatte an besagtem Abend so viel Spaß gehabt wie schon lange nicht mehr. Irgendwie komisch, schließlich hatte ich den Abend damit begonnen, mit vor der Brust verschränkten Armen dazustehen, und war der festen Absicht, mich nicht zu amüsieren. Wie hatte dann genau das Gegenteil davon passieren können?

Spaß ist, was Uschi selbst draus macht!

Uschi erklärte es mir: Ich hatte mich von der Stimmung in dem Schuppen anstecken lassen, und das war der erste Schritt gewesen. Es war natürlich hilfreich, dass dieser entzückende Mann mich zum Lachen und Tanzen brachte. Aber er allein kann es nicht gewesen sein. Die Atmosphäre in diesem Schuppen war ansteckend. Ich musste nur einen winzig kleinen Schritt tun und gehörte dazu. Der Kerl half mir bei diesem ersten Schritt; die folgenden waren dann ganz leicht.

Meine Freundin Uschi war bereits wiederholt in diesem Laden gewesen und hatte gelernt, dass es nur des inneren Entschlusses bedarf, Spaß zu haben – und schon hat man auch Spaß. Sie erklärte mir, dass es genau diese innere Einstellung braucht, um sich zu amüsieren: »Will ich tanzen, dann sollte ich tanzen – egal, ob mir dieses Lied nun sehr gut, gut oder nur mäßig gefällt. Der Spaß kommt dann schon beim Tanzen.«

Als sie dies sagte, fiel es mir wie Schuppen von den Augen. Natürlich, das war es! Ich muss meine Vorurteile und Schubladen wenigstens für einen Moment vergessen, um mich auf den Spaß einzulassen. Die Entscheidung, ob ich an diesem Abend Spaß haben will oder nicht, treffe ich. Natürlich hätte ich auch mit dem Gefühl der Überlegenheit nach Hause gehen können, in dem Glauben, mit meinem Diplom, dem schwarzen Rollkragenpullover und den verschränkten Armen besser zu sein als das anwesende Publikum. Aber ich hätte keinen Spaß dabei gehabt. Es liegt wirklich an mir: Ob ich Spaß habe oder nicht, entscheidet niemand außer mir. Ich mache meine Laune selbst, die Leute um mich herum, die Musik und die Atmosphäre des Schuppens sind nur Rahmenbedingungen. Sehe ich das in dem Moment anders, liegt es an mir, meine negativen Werturteile über den Haufen zu werfen und mich einfach dafür zu entscheiden, Spaß zu haben – und, schwups, habe ich Spaß.

Das Uschi-Prinzip Nr. 3: »Wünsch dir was!«

Toll, oder?! Letztlich heißt das, dass ich mein Leben selbst in die Hand nehme. Ich wünsche mir Spaß – bzw. ich beschließe, Spaß zu haben – und schon habe ich Spaß. Es ist wie die Bestellungen bei einem Versandhaus, das postwendend liefert: »Einmal Spaß mit einem Schuss Erotik, bitte«, und das Universum liefert ein Lied mit Rhythmus, der in die Beine geht, und dazu einen netten jungen Mann, der beim Tanzen rüberzwinkert. Ihr glaubt es nicht? Probiert es aus!

Niemals wäre ich auf diese Erkenntnis gekommen, wenn ich nicht meine Selbsthilfegruppe gehabt hätte. Fortan vertraute ich Uschi wieder, und unser Kriegsbeil war begraben. Wir hatten in der SHG mindestens so viel Spaß wie an dem Abend vorher. Na, wenn das nichts ist!

5.
Mittendrin
im
Uschi-Rausch
★

Vollblut-Uschis rüschen sich auf

Beim ersten Besuch in diesem Schuppen blieb es nicht. Es begann nun auch für mich eine ausdauernde Partyphase. Parallel dazu passierte das mit den T-Shirts. Es passte irgendwie ganz gut zusammen, denn obwohl ich gemerkt hatte, wie die Typen auf den Namenszug auf meinem Vorbau reagierten, war es mir doch peinlich, dieses T-Shirt an »normalen« Abenden, bei denen man auf adäquate Männer treffen konnte, zu tragen. Die garantierte Wirkung des T-Shirts schüchterte mich immer noch ein. Als Uschi und ich die Vorzüge der inadäquaten Männer entdeckten, mit denen man richtig Spaß haben konnte, zogen wir es vor, diese T-Shirts nur noch zu tragen, wenn wir gemeinsam in einen dieser merkwürdigen Schuppen gingen. Schließlich war mir mittlerweile klar, dass Rollkragenpulli und Business-Rock nicht ganz die richtige Aufmachung waren, um so richtig loszulegen.

Die T-Shirts waren sexy und erleichterten die Bekanntschaft ungemein. Endlich trauten sich Männer, uns große, stattliche Frauen anzusprechen. Das war etwas Neues! Die T-Shirts waren also unsere erste »Uniform« für unser Leben als Uschi. Die garantierte Wirkung, jeden, aber auch wirklich *jeden* Mann kennen lernen zu können, den wir wollten, weil tatsächlich *alle* auf die T-Shirts reagierten, verblüffte uns. Wir begannen das Abenteuer damit, uns nicht auf uns, sondern auf unsere T-Shirts zu verlassen. Doch nach kurzer Zeit hatten wir die, zugegebenermaßen etwas stumpfsinnige Reaktion der Männer satt und fingen an, mit den Klamotten zu experimentieren. In diesem Moment entdeckten wir sozusagen die Uschis als Vorbild. Wir beschlossen, sie systematisch zu studieren. Schnell hatten wir raus, worauf es ankam – damit war klar: Den Inhalt unseres Kleiderschrankes konnten wir vergessen. Wir brauchten ein komplett neues Outfit, wenn wir fortan genauso viel Spaß mit Männern haben wollten wie die Uschis.

Frauen lieben es, einzukaufen – insbesondere, wenn frau ihr Leben ändern will und sich dafür einen neuen Look zulegt. Wir wollten Spaß und fingen an, unseren neuen Uschi-Look zu lieben. Logische Konsequenz war ausgedehntes Shopping. Wir wuchsen über uns hinaus, wir betraten Geschäfte, die wir vorher nur verächtlich übersehen hatten: Billig-Schuhläden mit schlimmen Modellen – garantiert nicht aus Leder. Türkische Kuriositätenläden mit allerlei geschmacklosen Dingen, die plötzlich einen ungekannten Reiz auf uns ausübten. Wir kauften hohe Schuhe, die nur aus Schnüren bestanden – und das auch noch im Multicolorschlangelederimitat. Wir kauften Glitzer in jeglicher Konsistenz für das Körperstyling, Temporary Tattoos und anzügliche Düfte. Wir schämten uns noch nicht einmal, schlimme Musik zu kaufen und beim abendlichen Aufrüschen zu hören.

Das Uschi-Prinzip Nr. 7: »Geh niemals ohne Glitzer!«
Zeige dich und zeig, was du hast. Setze alle Reize ein, die du zu bieten hast, mach dich sichtbar und unübersehbar. Ob Glitzer, ob lange Mähne oder großes Dekolleté. Wer wagt, gewinnt!

Vorglühen

Aufrüschen ist wichtig, aber das Vorglühen gehört dazu. Uschi nannte das gemeinsame Stylen vor dem Ausgehen, bei dem wir uns einen kleinen charmanten Schwips zum Enthemmen zulegten, »Vor-Glühen«. Ihr seid zwar Mädchen, aber ihr wisst schon, einen Diesel kann man nicht einfach so starten, auch er muss vorglühen. Wenn wir etwas machen, dann machen wir es konsequent. Und dazu gehörte auch, sich vor der Party noch etwas anzutüdeln, um lockerer zu werden.

Arrogant-gebildet-und-kultiviert wie ich bis dahin war, hatte ich Alkohol natürlich immer nur des Geschmacks wegen getrunken und verachtete insgeheim die Ich-betrink-mich-Party-Konsumenten. Als ich längere Zeit überhaupt keinen Alkohol trank, vermisste ich ihn überhaupt nicht. Nichts zu trinken hatte allerdings den Nachteil, dass ich jede Party vor Mitternacht verlassen musste, weil ich die Witze überhaupt nicht mehr komisch fand. Uschi nannte mich zu dieser Zeit »Spaß-Bremse«. Arrogant wie ich damals war, nahm ich das sogar als Kompliment.

Als wir unsere innere Uschi entdeckten, ließen wir uns auf viele Experimente ein. Für mich war es ungewohnt, mich mit Alkohol zu lockern. Nicht nur ungewohnt – schließlich war es jahrelang *ungewollt* gewesen. Ich wollte nicht die Kontrolle verlieren. Nicht bewusst natürlich, aber es gab diesen Kontrollwunsch. Wieso auch nicht? Ich lebte in einem Lebensgefühl, dessen Grundlage es war, dass wir unser Schicksal selbst in die Hand nehmen können und dass wir alles unter Kontrolle haben müssen. Frauen müssen sich wahrscheinlich zusammennehmen, um sich rational und effizient in der von Männern geprägten Welt zu behaupten. Dazu brauchen sie Kontrolle. Ich genoss es, gute Voraussetzungen zu haben. Eine gute Ausbildung und Erziehung sollten Grundlage für meinen

Erfolg sein – nur, wo war der Erfolg? Und was ist eigentlich Erfolg? In Bezug auf Männer hatten mir diese Voraussetzungen jedenfalls nicht viel gebracht. Im Gegenteil, immer mehr beschlich mich das Gefühl, dass die guten Voraussetzungen und das damit verbundene Lebensgefühl sogar eher hinderlich waren. Ich hatte immer mehr den Eindruck, mir selbst im Wege zu stehen. Nicht umsonst konnte ich über Ally McBeal und Bridget Jones lachen.

Das Uschi-Prinzip Nr. 5: »Leg endlich los!«
Was soll das mit der Kontrolle? Wir sind nicht perfekt und wir haben nicht immer alles im Griff. Wenn wir erst losgehen, wenn wir perfekt sind, dann bleiben wir zu Hause sitzen und ärgern uns. Weniger ist mehr und ein kleiner Schwips kann sehr charmant sein.

Eines der vielen Experimente, auf die ich mich in dieser Lebensphase einließ, war der Alkohol. Natürlich hatte ich nicht vor, mich ab sofort jeden Abend hemmungslos zu betrinken, aber wenn Uschi und ich ausgingen, gehörte es einfach dazu. Wenn schon, denn schon – wir sind ja alle erwachsen.

Bevor wir ausgingen, glühten wir also vor, das heißt wir tranken schon bei einer von uns beiden zu Hause etwas. Eine praktische Idee, ist der »Schnaps« doch zu Hause wesentlich billiger als unterwegs. Wir nannten das auch konsequenterweise »Schnaps«. Ich mochte Sekt noch nie, weil er mir immer Magengrummeln verursachte, und Uschi fand in dieser Phase heraus, dass Sekt einen scheußlichen Kater hinterlässt. Deswegen verlegten wir uns auf härtere Sachen. Jägermeister, Wodka, Tequila … alles, was direkt ins Blut geht. Das Vorglühen hatte aber neben der finanziellen Ersparnis noch eine weitere Funktion: Wichtiger Bestandteil des Vorglühens war das Finish des Stylings. Der züchtige Knopf an der Bluse wurde geöffnet und der neueste Glitzer oder das neueste »Out-of-Bed-Styling-Gel« wurde probiert und getauscht. Toll! Das brachte uns ganz schön in Stimmung.

Das ganze Leben ist ein Fest

Ich fragte mich damals oft, an was mich unser Verhalten erinnerte. Wieder einmal brachte mich meine Freundin Uschi auf die entscheidende Erkenntnis: Wir verhielten uns wie beim Karneval.

Fast jeder, der einmal beim Karneval war, kennt die Magie dieser »5. Jahreszeit«. Völlig normale, sympathische und ansonsten eher unauffällige Menschen feiern plötzlich, was das Zeug hält. Sie haben Spaß. Und was für welchen!

Eigentlich gibt es nur drei Rezepte, um beim Karneval Spaß zu haben. Erstens: Man verkleidet sich. Zweitens: Man trinkt etwas. Und drittens: Man entscheidet sich, Spaß zu haben. Nichts anderes taten wir.

Das Verkleiden dient dazu, dass man sich vorstellt, ein anderer Mensch zu sein. Natürlich glaubt man nicht wirklich, an diesem Tag ein Matrose, eine Nonne oder eine Indianerin zu sein. Aber es ist eine Art Maske. Man zeigt nicht sein wahres Gesicht, sondern findet den Mut, sich anders zu verhalten als sonst, indem man vorgibt, jemand anderes zu sein. Dabei ist die Wahl der Verkleidung sicherlich kein Zufall. Legt ihr euch ein Bettlaken mit zwei Löchern für die Augen über, um ein Gespenst darzustellen, fällt die Kontaktaufnahme wahrscheinlich nicht so leicht. Wenn ihr euch bei einer Karnevalsveranstaltung in Uschi-Dingen weiterbilden wollt, würde ich auf jeden Fall zu einer sexy Verkleidung raten. Egal, ob ihr euch für ein Frauenkostüm entscheidet und dafür Klamotten auswählt, deren Offenherzigkeit im Brustbereich ihr im wirklichen Leben niemals auch nur in Betracht ziehen würdet, oder ob ihr ein an sich männliches Kostüm sexy verfremdet – an Karneval ist alles erlaubt! Werdet das aufregendste Cowgirl von Köln und lebt eure innere Uschi aus. Ihr werdet eine Menge Spaß dabei haben.

Das Uschi-Prinzip Nr. 7: »Geh niemals ohne Glitzer!«

Glaubt ja nicht, das Verkleiden wäre etwas für Kinder! Weit gefehlt! Verkleiden ist etwas ganz Wunderbares. Wenn wir in eine neue Rolle schlüpfen, dann können wir für ein paar Stunden ein anderer Mensch sein. Auch wenn wir natürlich kein anderer Mensch sind, sehen wir anders aus und werden dementsprechend anders behandelt.

Natürlich liegt es nahe, sich konsequenterweise ein Kostüm auszusuchen, in dem wir wunderschön und begehrenswert aussehen – auch wenn wir uns im Alltag gar nicht so viel Glitzer trauen würden. In besonderen Situationen ist Besonderes erlaubt. Genießt die Wirkung und erlebt, was der Glitzer mit euch macht!

Beim Karneval ist es ähnlich wie in den schlimmen Schuppen: Wenn ihr als Einzige nüchtern bleibt, dann seid ihr als Spaßbremse vorprogrammiert: Ihr versteht die Witze einfach nicht und findet das Verhalten der euch umgebenden betrunkenen Menschen einfach schrecklich. Also trinkt ein paar Gläser mit, und auf einmal sehen die Menschen um euch herum gar nicht mehr so schrecklich aus. Ihr seid bereit, richtig Spaß zu haben.

Der dritte Punkt ist eigentlich der wichtigste: Ihr müsst euch dazu entschließen, Spaß zu haben. Ohne diese Entscheidung nützen weder Verkleidung noch Alkohol. Es liegt an euch. Ihr habt die Wahl, ihr bestimmt, ob euer Ausflug zum Karneval ein spaßiger Erfolg wird oder ob ihr dort verspannt und angewidert soziologische Studien betreibt.

Es ist wirklich erstaunlich, wie einfach das Leben ist. Wenn ich die Uschi-Abenteuer, die wir in den Schuppen erlebten, so einfach auf den Karneval übertragen kann, was hält mich davon ab, diese Verhaltensweisen auf den Rest meines Lebens zu übertragen? Ich rede jetzt nicht von Dauerdelirium und Matrosenkostüm. Ich meine einzig und alleine den dritten Punkt: Ich entscheide, ob ich mein Leben genieße oder nicht. Diese Erkenntnis haut mich jedes Mal wieder um.

Die Geheimnisse der Uschis

Nachdem wir wochenlang Uschis optisch kopiert und mächtig Spaß in den unmöglichen Schuppen gehabt hatten, begannen wir zu verstehen, was jenseits der Stylingsünden der Trick der Uschis war:

Möglicherweise sind Uschis dumm. So sicher sind wir uns da aber mittlerweile nicht mehr. Ich meine genau die Frage, ob Verona Feldbusch dumm oder extrem clever ist. Die Uschis mögen nicht so gebildet sein wie wir, nicht so viel verdienen und vor allen

Dingen haben sie keinen Geschmack. Aber die Uschis haben es raus, wie man mit Männern umgeht. Sie wissen, wie Männer ticken, und spielen mit ihnen. Das Allertollste dabei ist, dass es den Männern auch noch gefällt. Neudeutsch nennt man das dann eine Win-Win-Situation, beide haben etwas davon.

Uschis haben völlig verinnerlicht, dass es Männern Spaß macht, zu erobern und zu dienen. Sie nutzen diese Triebe und lassen sich von vorn bis hinten bedienen. Es macht ihnen dabei nichts aus, dass sie möglicherweise die meisten Sachen auch selbst hinbekommen würden – wahrscheinlich machen sie das alles den Rest der Woche, wenn sie allein sind, sowieso selbst. Sie wissen, dass sie sich immer mal wieder hilflos und dumm geben müssen, um den Männern das Gefühl zu vermitteln, wirklich wichtig zu sein.

Und es macht den Uschis überhaupt nichts aus, dass sie dabei vordergründig nicht sonderlich gut wegkommen. Sie tun so, als wären sie nicht wichtig, aber im Grunde genommen dreht sich alles nur um sie. Männer wollen sich toll fühlen – genau wie wir Frauen. Erstaunlicherweise sind wir gegenseitig dazu in der Lage, uns dieses schöne Gefühl zu geben. Indem wir Frauen uns »erniedrigen«, erhöhen wir die Männer. Ich schreibe das Erniedrigen in Anführungszeichen, denn ich habe eine zu lange Feministinnenvergangenheit hinter mir, um diesen Gedanken so einfach zu schlucken. Ich schildere euch mal ein Extrembeispiel, wie eine Uschi sich benimmt, mit einem Dialog in einem schlimmen Schuppen:

Mann: Hi, wie heißt du?
Uschi: Uschi, und du?
Mann: (sagt seinen Namen)
Mann: Und, was machst du so?
Uschi: (kichert) Ich arbeite im Büro …

Normalerweise endet die Unterhaltung an dieser Stelle, denn niemand will beim Ausgehen wirklich Details wissen. Frauen fragen vielleicht, um zu sehen, ob der Mann ein adäquater Kandidat ist. Wieso Männer das fragen, weiß ich nicht – ich nehme an, sie brauchen einfach irgendetwas, um den Mut aufzubringen, mit uns ins Gespräch zu kommen, und das ist ja an sich schon löblich. Dieses Exemplar wollte es aber noch genauer wissen:

Mann: Und was machst du da so?
Uschi: Ach, ich arbeite mit dem Computer …

Oh, dachte ich in dem Moment. Das war vielleicht zu hoch gegriffen. Schließlich könnte es ja sein, dass ich einen Handwerker vor mir hatte, dessen echte Muskeln ich zwar schätzte, der sich aber nicht trauen würde, mehr mit mir anzufangen, weil ich mit Computern umgehen kann. Aber ich schaffte es, die Situation wieder auszubügeln ohne zu lügen.

Mann: Aha, und was genau?
Uschi: Ooooch … nur Tippen.
Mann: Willst du was trinken?
Uschi: Oh, ja gern! (lächelt) Ein Mädchenbier wäre ganz wunderbar.

Ich schwöre, der Dialog verlief genauso und endete an dieser Stelle. Je doofer, je doller.

Mädchenbiere sind übrigens diese an sich überflüssigen Biere aus Übersee, die, weil sie nicht sonderlich stark nach Bier schmecken, entweder mit einer Zitrone oder anderen Geschmacksmitteln verändert werden und vorzugsweise von Mädchen getrunken werden. Uschi und ich lieben es, Bier aus Flaschen zu trinken, was nicht wirklich damenhaft ist. So ein Mädchenbier ist daher ein guter Kompromiss zum Sekt, denn das ist wenigstens eine Sorte Bier, die Männern nicht schmeckt. Ganz hinreißend sieht es übrigens auch aus, wenn ihr ein Getränk mit Strohhalm zu euch nehmt. Was kann man hübsch am Strohhalm nuckeln und dabei mit hochgezogenen Augenbrauen nach oben schauen. Passt nur auf, dass ihr davon nicht *zu* betrunken werdet.

Ihr glaubt das nicht? Ach, ich habe noch einige Beispiele zu diesem Thema. Männer lieben etwas einfältige Frauen und unsinnige Geschichten. Es geht ihnen nicht um den Inhalt, sie wollen nur eine Frau kennen lernen, bei der sie sich toll fühlen. O.k., ich lege noch eine Story nach.

Wenn meine Lieblingsfreundin Uschi und ich ausgingen, wurden wir schon oft gefragt, ob wir Schwestern sind. Also, wenn wir uns so ansehen, finden wir, dass wir uns überhaupt nicht ähneln, aber wir sind beide sehr groß und haben blonde, schulterlange Haare. Nun denn, vielleicht sehen Männer nur Umrisse, so genau weiß man das ja nicht.

Irgendwann beschlossen wir, auf die Frage, ob wir Schwestern sind, zu antworten, dass wir Zwillinge sind und beide Uschi heißen. Wir lieben es einfach, Dinge so sehr zu überreizen, bis sie sich selbst ad absurdum führen. Aber weit gefehlt, auch das wurde ernsthaft von Männern geglaubt. Nicht wenige fragten zwar »Wirklich?«, ließen sich aber gern die haarsträubende Geschichte von uns Zwillingen erzählen, die Ursula und Ulrike heißen, aber beide Uschi gerufen werden. Unglaublich! Wir forderten das Schicksal noch weiter heraus und toppten die Geschichte noch mit mehreren Variationen: Mal erzählten wir, wir wären siamesische Zwillinge und an den Brüsten getrennt. Den Blick der Männer könnt ihr euch sicherlich vorstellen. Ein anderes Mal erzählten wir, wir wären Zwillinge, aber ganz besondere, denn ich wäre ein Jahr vor meiner Schwester geboren ... Es ist wirklich nicht zu fassen! Ich glaube, Männer hören gar nicht zu, oder aber sie können in solchen Momenten nicht denken, weil ihr Blut gerade woanders gebraucht wird.

Was wollte ich mit den Beispielen erzählen? Ach ja, den Uschis macht es nichts aus, ein wenig dumm zu erscheinen. Sie verfolgen einen einzigen Zweck: sich zu amüsieren und einen Mann auszuwählen. Dazu ist etwas zur Schau getragene Dummheit ausgesprochen hilfreich, denn sonst könnte das, was sie mit den Männern veranstalten, leicht als Manipulation angesehen werden. Im richtigen Leben, sprich, mit den adäquaten Männern, fiel es uns aber nach wie vor schwer, uns tatsächlich dumm zu stellen. Das funktionierte auch in den meisten Fällen gar nicht. Unsere männlichen Freunde, die uns schon seit Jahren kannten, wären doch reichlich irritiert gewesen, hätten wir urplötzlich die Uschi raushängen lassen. Wir übten also zunächst weiter mit unseren Testmännern in den unmöglichen Schuppen, denn es war uns klar, dass uns die Tricks der Uschis erst völlig in Fleisch und Blut übergegangen sein mussten, bis wir in der Lage wären, sie elegant in unser normales Leben zu übertragen. Manipulation würden unsere schlauen Freunde sofort enttarnen – das wollten wir nun auch nicht.

Uschi kriegt, was Uschi will

Manipulation ist das richtige Stichwort. Irgendwie passt das nicht zu uns höheren Töchtern. Wir bilden uns etwas darauf ein, anders als die Männer zu sein. Wir wollen nicht kämpfen, sondern verstehen. Wir haben es nicht nötig, mit billigen Tricks zu kämpfen. Manipulation passt nicht in unser Weltbild.

Die Strategien der Uschis empfinden wir als manipulativ. Wenn wir davon ausgehen, dass die Uschis quasi Nobelpreisträgerinnen im Fach »Männer« sind, dann ist »Dummstellen« Manipulation. Wir arrogant-gebildeten-kultivierten Damen sind also in dreierlei Hinsicht behindert: Wir verstehen kaum etwas von Männern, wir finden uns nicht dumm und wir lehnen Manipulieren ab. Schlecht!

Schauen wir uns die drei Dinge doch einmal genauer an. Wieso wissen wir nichts von Männern? Ich weiß nicht genau, wie es euch geht. Jedenfalls bin ich das Paradeexemplar für Unkenntnis in Männerdingen. Ich bin laut, selbstbewusst und intelligent. Ich war Schulsprecherin und habe jetzt einen Beruf, in dem ich Männern zeige, wo es lang geht. An solche Frauen trauen sich die meisten nicht ran. Ich hatte lange Zeit wenig Gelegenheit zum Üben und Studieren. Ich versuchte meine Know-how-Defizite durch Lesen auszugleichen. Das Bücherregal quoll langsam über, aber ich hatte trotzdem das Gefühl, nicht die wirklich relevanten Bücher gefunden zu haben. Jedenfalls »vergaß« ich einiges auszuprobieren, was ich in schlauen Ratgebern fand; ich las weiter, statt einfach mal zu leben.

Das Uschi-Prinzip Nr. 5: »Leg endlich los!«

Eben! Ich las und las und dachte und dachte. Na super, davon wird die Welt auch nicht besser. Es brauchte Jahre, bis ich mich endlich aufraffte, einfach mal auszuprobieren. Einfach mal unfertig gedachte Dinge zu tun. Es war fantastisch! Ich hatte Spaß dabei und fand endlich heraus, was sich lohnte und was nicht. Ich liebe nach wie vor meine Bücher, aber noch lieber gehe ich mit meinen Uschis auf Abenteuerreise.

Mit der SHG diskutierten wir ausgiebig über Ratgeber-Bücher und testeten aus, was sie uns empfahlen. Zusätzlich analysierten wir das Verhalten der Männer so lange, bis wir ihnen mehr und mehr auf die Schliche kamen. Wieso hatte ich in den letzten Jahren eigentlich nicht bemerkt, welche großen Unterschiede es zwischen Männern und Frauen gibt? Hatte die Erziehung meiner Mutter weit über die Pubertät hinaus immer noch die Wirkung, dass ich die ganze Zeit ohne weiteres glaubte, Männer und Frauen tickten gleich? Die Erlebnisse der letzten Wochen und die Auswertungen der SHG lehrten mich etwas anderes. Waren es die schlauen Ratgeber, die Analysen der SHG oder der allgemeine Hype rund um Ally McBeal und Sex and the City? Ich weiß es nicht, aber ich war froh, den Geheimnissen nach und nach mehr auf die Spur gekommen zu sein und Freundinnen zu haben, mit denen man alles ausprobieren und ausdiskutieren konnte. Wir wurden richtige Expertinnen zum Thema Männer.

Zweites Argument: Wir finden uns nicht dumm. Im Gegenteil: Wir finden uns ziemlich toll. Zu Recht. Wir sind gut ausgebildet. Fast zu gut. Ich kenne diverse Frauen, mich eingeschlossen, die gar nicht aufhören sich weiterzubilden. Wir studieren, machen hier einen Kurs, dort eine Fortbildung. Und da das auch noch nicht ausreichend ist, machen wir gleich noch obendrauf einen Aqua-Aerobic-Yoga-Kick-Fit-Kurs im Fitnessstudio. Wozu sollten wir uns dumm stellen, wenn wir doch stolz darauf sein können, was wir alles wissen?

Tja, da muss ich auf Argument Nummer eins zurückkommen: Wir wissen eben wenig über Männer. Natürlich werden die meisten Männer in unserem Bekanntenkreis sagen, dass sie auf intelligente, selbstbewusste Frauen stehen. Sonst wären sie auch nicht in unserem Bekanntenkreis. Aber dieselben Männer schauen Uschis hinterher und lieben es, so einer Frau zu imponieren. Ich bin jedes Mal fassungslos, wenn mir ein ach so gebildeter guter Freund von seiner neuen Eroberung – meist seiner Sekretärin – vorschwärmt. O.k., Ausnahmen bestätigen die Regel, und nicht alle Männer stehen auf Sekretärinnen. Aber an diesen Frauen scheint etwas dran zu sein, das viele Männer anturnt. Natürlich mögen sie uns wie wir sind und schätzen es, dass wir etwas auf dem Kasten haben. Nur: Wir sollen das erstens nicht dauernd zeigen und zweitens darauf achten, dass die Männer sich nicht minderwertig vorkommen. Wenn wir dann noch dafür sorgen, dass sie sich toll fühlen, legen sie uns die Welt zu Füßen. Wieso fällt uns das eigentlich so schwer?

Das Uschi-Prinzip Nr. 4: »Sei geheimnisvoll!«
Das vierte Uschi-Prinzip weist euch in diesem Zusammenhang darauf hin, alles, was ihr tut, mit einer gewissen Eleganz zu tun. Niemand sollte euch dabei durchschauen – zumindest kein Mann – wenn ihr hilflos tut, nur um etwas abgenommen zu bekommen. Niemand sollte sich – geschweige denn euch – die Frage stellen, ob ihr etwas, für das ihr um Hilfe bittet, nicht auch selbst könnt. Wenn ihr es elegant anstellt, dann kommen solche Fragen erst gar nicht auf. Dann gibt es euch, die zarten, hilflosen Wesen, und auf der anderen Seite eure Helden, die die Drachen für euch töten und euch die Sterne vom Himmel holen – und alle fühlen sich gut dabei. Ehrlich!

Drittes Argument: Was bedeutet eigentlich Manipulation? Macht die Nutzung dieses Wortes überhaupt Sinn, wenn ich eben noch von Win-Win gesprochen habe? Die Uschi-Prinzipien verlangen etwas Disziplin, aber letztlich sollen sie dazu dienen, Männlein wie Weiblein glücklich zu machen. Im Endeffekt geht es doch darum, den Mann dazu zu bringen, dass er mit vollem Herzen und aus freien Stücken etwas für uns erledigt. John Gray beschreibt »den Mann an sich« als am glücklichsten, wenn er die Welt rettet oder sein Heimwerkermützchen aufhat, um etwas für uns zu tun. Wieso sollten wir Männern also nicht den Gefallen tun, ihnen die Möglichkeit zu geben, sich wie ein Held zu fühlen?

Tanzen und Schubbern

Ich brauchte einige Zeit, bis ich meinen Widerwillen gegen »diese Schuppen« überwunden hatte. Was ich aber sofort zu schätzen lernte, war endlich mal wieder eine Möglichkeit zum Tanzen gefunden zu haben. Damit meine ich *richtig* Tanzen: ausgelassenes Tanzen, Mitsingen und Spaß haben.

Diese moderne elektronische Musik hat mich noch nie angesprochen. Nur ein einziges Mal bin ich auf der Love-Parade in Ekstase geraten, aber ich vermute, das lag allein an der Kombination von Dosenbier und Temperaturen über dreißig Grad. Ansonsten macht mich diese Musik einfach nicht an. Ich brauche Text und Melodie. Ich möchte mitsingen, und ich möchte dabei Geschichten erzählt bekommen und sie beim Tanzen erleben. Nichts gegen meditative Versunkenheit beim Tanzen, aber ist es nicht viel netter, gemeinsam Spaß zu haben?

In diesen merkwürdigen Schuppen wird getanzt wie auf privaten Partys und nicht wie in coolen Diskotheken, in denen es anscheinend nur darauf ankommt, »ein dummes Gesicht und einen guten Eindruck« zu machen, wie man so schön sagt. Ich habe nie verstanden, was es bringen soll, wenn man sich einsam auf der Tanzfläche vergnügt. Sport mache ich im Fitnessstudio. Natürlich hatte ich auch sonst, wenn ich in coolen Clubs verkehrte, Mühe darauf verwendet, mich hübsch zu machen. Nur hatte ich oft den Eindruck, dass es überhaupt keinen interessierte. Die, die mich kannten, begrüßten und verabschiedeten mich mit Küsschen. Mehr konnte man sich bei dem Krach sowieso kaum unterhalten. Die anderen waren viel zu cool, um neue Leute kennen zu lernen. Richtig tanzen konnte ich nur auf privaten Feiern. Dort war es »erlaubt«, aus sich herauszugehen und Spaß zu haben. Dort war es erlaubt, miteinander zu tanzen und sich dabei sogar anzulachen.

Die ersten Male, die ich in den merkwürdigen Schuppen verkehrte, genoss ich die Freiheit beim Tanzen. Ich kannte fast jedes Lied. Ich mochte zwar nicht alle, aber viele davon. Es wurden alle möglichen Musikstile gespielt, für jeden etwas. In meinen Augen eine sehr tolerante Idee. Aber Toleranz ist wohl auch nicht das herausstechendste Merkmal eines *coolen* Clubs. Diese fiesen Schuppen brauchen keine Coolness. In der Tat geht es dort darum, Spaß zu haben und sich zu amüsieren. Und Spaß hatte ich. Man konnte mich auf der Tanzfläche abgeben, wie die Kinder im IKEA-Paradies. Ich vergaß völlig die Zeit und genoss es, meinen Körper zu spüren, zu schwitzen und mich ganz der Musik hinzugeben.

Das Uschi-Prinzip Nr. 2: »Lebe nach dem Lustprinzip!«
Wozu Coolness? Mach das, was dir Spaß macht, denn dann bist du wunderschön! Wenn du eine Sache richtig genießt und voller Freude strahlst, dann kann dir niemand die Butter vom Brot nehmen. Du strahlst mit einer überirdischen Schönheit und bekommst den totalen Endorphinschub. Klasse!

Nach einiger Zeit exzessiven Tanzens bemerkte ich, dass – im Gegensatz zu meinen Erfahrungen in den coolen Clubs – tatsächlich Leute versuchten, mit mir Kontakt aufzunehmen. Ich war ganz überrascht. Hui, hier ging es also nicht nur ums Tanzen und Posen! Mit der Zeit lernte ich, was auf der Tanzfläche noch passierte. Ich lernte die feinen Unterschiede zwischen Kontakt aufnehmen, gemeinsam den Spaß zu genießen und heftigem Anbaggern kennen. Ich entdeckte, wie ich durch meinen Körpereinsatz am Paarungsritual teilhaben kann, nachdem ich langsam lernte, die Körpersprache und das dazugehörige Verhalten zu entziffern.

Da gab es das erste Anlächeln. Manchmal war das ein erstes Baggern, das einfach meinte: »Ich finde dich interessant und würde dich gern kennen lernen.« Lieber noch mochte ich aber das Lächeln, das eine Gemeinsamkeit ausdrückte: »Oh, wie toll, wir lieben beide dieses Lied – ist das nicht ein wundervoller Abend!?« Zweiteres mochte ich deshalb mehr, weil es mir irgendwie ehrlicher vorkam. Es macht Spaß, mit jemanden zu einem Lied zu tanzen, weil beide es mögen, auch wenn der andere vielleicht nicht gerade der Traummann ist.

Nach dem Lächeln folgten erste Aufforderungen zum gemeinsamen Tanzen. Man tanzte sich an. Es synchronisierten sich die Bewegungen, erster Körperkontakt fand statt. Das ging natürlich nur mit Männern, die mir zumindest nicht unsympathisch waren. Hatten sie noch einen gewissen Charme, dann konnte es spaßig oder aber auch sehr erotisch sein, gemeinsam mit Körperkontakt zu tanzen. Uschi und ich nannten diesen Körperkontakt »Schubbern«. Ich finde, das ist ein sehr schön lautmalerisches Wort. Schubbern bedeutet, dass man seinen Körper an dem Körper des anderen reibt – in möglicherweise eindeutig sexueller Absicht. Allerdings hat das Schubbern etwas Spielerisches. Es ist eine Andeutung, aber kein Versprechen. Man kann sich wieder zurückziehen und erneut beginnen. Man experimentiert, beobachtet die Reaktion, genießt das Gefühl und entscheidet möglicherweise strategisch, wieder einen Schritt zurückzugehen, um das Verlangen zu steigern.

Das Uschi-Prinzip Nr. 4: »Sei geheimnisvoll!«

Auch beim Tanzen gilt: Sei geheimnisvoll! Gehe einen Schritt vor und einen Schritt zurück. Wiege den Mann in Unsicherheit und lehre ihn, was Sehnsucht ist. Männer lieben es zu erobern.

Schubbern ist ein Paarungstanz. Es ist ein Kennenlernen und es ist eine Kombination aus Baggern und Angebaggert-Werden. Richtig gut wird es, wenn es eine gewisse Eleganz erreicht: Wenn es aufreizend ist und trotzdem alle Möglichkeiten offen hält. Wenn es provokativ ist und trotzdem anständig bleibt. Wenn es verbindlich ist und gleichzeitig unverbindlich. Man wählt einen Partner – erst einmal nur für dieses Lied. Man erlaubt ihm bestimmte Dinge und testet ihn aus. Es steht einer Frau jederzeit frei, einen Schritt nach vorne zu machen, sich aus dem gemeinsamen Tanz zu lösen und allein oder mit einem anderen weiterzutanzen. Nichts wurde versprochen. Es wurde nur probiert.

Das Uschi-Prinzip Nr. 5: »Leg endlich los!«
Was hast du schon zu verlieren? Du hast es doch gelesen. Erst einen Schritt vor und dann einen Schritt zurück. Du versprichst niemanden etwas, also kannst du auch bedenkenlos experimentieren, den Rückfahrschein hast du schon in der Tasche. Also probiere es aus, finde heraus, was dir gefällt und wie weit du gehen kannst und willst. Aber vor allen Dingen: Leg los und genieße es!

Ich liebe diese Form des Kennenlernens. Ich hätte nie gedacht, dass dieses Spiel so einfach ist. Am Anfang brauchte ich einiges an Mut, denn erst dachte ich, dass ein Tanz schon ein Versprechen wäre. Erst als ich lernte, was Flirten ist und dass Flirten an sich schon Spaß macht, auch wenn man es nicht zielgerichtet zu Ende führt, konnte ich auch das Schubbern genießen.

Außerdem entdeckte ich: Schubbern ist gut für das Selbstvertrauen. Es funktionierte nicht an jedem Abend, doch mit der Zeit immer besser. Je mehr ich meinen Körper akzeptierte und mich schön fand, umso mehr konnte ich mich beim Tanzen gehen lassen, um richtig Spaß zu haben. Ich war schön, weil ich mich schön fühlte. Ich hatte Spaß, und den Leuten machte es Spaß, mit mir zu tanzen. Tanzen wurde mehr und mehr zum Körperausdruck für mich. Es war ein Vorspiel, ein großes Vergnügen, mich zu präsentieren und mich auf einen Mann einzulassen. In dem Maße, wie ich mich mehr auf meinen Körper, seine Reize und auch seine Antennen verließ, wurde ich auch experimentierfreudiger. Ich traute mir mehr Körperkontakt beim Tanzen zu, ich lernte es zu schätzen, Körper rhythmisch aneinander zu reiben. Ich gestand mir Erregung zu, die nicht auf einen Höhepunkt zusteuerte – allein, um dieses Gefühl zu genießen.

Es ging noch weiter. Je mehr ich experimentierte, desto mutiger wurde ich. Es passierte etwas, was ich vorher nie und nimmer zugelassen hätte: Eines Abends tanzte sich von hinten ein Mann an mich heran. Ich spürte ihn, obwohl er noch ungefähr einen halben Meter hinter mir war. Ich wusste, dass er sich an mich herantanzte, weil ich über die Distanz hinweg unsere gleichzeitigen Bewegungen spürte. Früher hätte ich mich umgedreht. Wäre neugierig und ein wenig erschrocken gewesen. Konnte der Mann mir nicht in die Augen sehen, weil er so hässlich war, oder warum traute er sich nicht, vis-à-vis mit mir zu tanzen? Statt mich zu fragen, wer das wohl sei und mir den Spaß zu verderben, indem ich mich umsah, ließ ich mich auf den Tanz ein. Er spürte das wohl, denn er kam langsam näher. Ich weiß nicht, ob ihr euch das vorstellen könnt oder ob ihr schon einmal Ähnliches erlebt habt. Jedenfalls wurde mein Atem immer schwerer. Gerade weil er mir so langsam näher kam, konnte ich es nicht erwarten. Als er sich endlich von hinten so nah an mich herangetanzt hatte, dass ich seinen Atem an meinem Hals spürte, war es um mich geschehen. Ich floss dahin und wurde eins mit der Musik. Glaubt mir, das Gleiche geschieht noch heute, wenn ich dieses Lied im Radio höre.

Um sicherzugehen, dass es sich um keinen wirklich schlimmen Kerl handelte, nahm ich Blickkontakt mit meiner Freundin Uschi auf. Sie signalisierte mir, dass er o.k. wäre, und ich konnte den Tanz weiter genießen. Auf ihr Urteil kann ich mich verlassen. Es dauerte noch eine ganze Weile, bis ich mich umdrehte, um ihn anzuschauen; dass er groß, muskulös war und gut roch, hatte ich beim Tanzen bereits gemerkt. Er gefiel mir ausgesprochen gut, und wir verbrachten den Rest des Abends miteinander. Aber die erregendste Erinnerung habe ich an das erste Lied.

Uschi, schubber dich durchs Leben

Mittlerweile traf sich unsere SHG fast täglich. Ständig erlebten wir Dinge, die wir ausführlich analysieren mussten, um unsere Lernerfahrungen zu verarbeiten. Konnte es sein, dass das, was wir über das Schubbern herausfanden, auch auf andere Lebenssituationen übertragbar war? Wir mussten nicht lange grübeln. Plötzlich fiel uns immer mehr ein!

Die Essenz des Schubberns besteht darin, dass wir uns wirklich wohl in unserer Haut fühlen und uns aus diesem Grund wunderschön finden. Leider ist das wirklich nicht banal. Jede Frau kennt das Problem, dass sie auf Fotos nicht so toll aussieht wie an den seltenen Tagen, an denen sie in den Spiegel schaut, ausnahmsweise die Haare perfekt sitzen und kein Pickel das zarte Antlitz entstellt. Allerdings vergessen wir immer wieder, dass von Claudia Schiffer auch hunderte von Fotos gemacht werden, damit ein einziges gutes dabei herauskommt. An die zig Helferlein, die im Vorfeld des Fotografierens an ihr herumpunzeln, um ein tolles Outfit zu finden und das perfekte Make-up zu zaubern, denken wir nicht. Wir holen erwartungsvoll unsere Urlaubsfotos ab, linsen verschämt in die Tüte und sind jedes Mal am Boden zerstört, wenn wir uns auf den Fotos begutachten.

Aber was ist das Geheimnis? Wie können wir uns schön genug finden, um uns durchs Leben zu schubbern? Glaubt mir, es ist eigentlich ganz einfach, denn ihr braucht dazu nur zwei Dinge: Freundinnen und Verehrer.

Freundinnen braucht ihr zum gemeinsamen Einkaufen. Nichts ist so hilfreich wie der kritische Blick einer Freundin, die euch diskret darauf hinweist, dass ihr den Rock lieber doch eine Nummer größer kaufen solltet, weil er von hinten betrachtet doch zu »ängstlich« ist. Lieber sagt sie es euch jetzt, statt dass ihr ihn später niemals anzieht. Angesichts des unvorteilhaften Lichts in einer Umkleidekabine fühlt ihr euch sowieso schlecht, da könnt ihr einen ehrlichen Kommentar zusätzlich auch noch wegstecken.

Außerdem braucht ihr die Freundinnen, um beim Vorglühen den letzten Schliff an das Outfit zu legen. Die Freundin, bei der ihr vorglüht, hat vielleicht noch das passende Kettchen zu eurem Blüschen oder findet mit fachmännischem Blick in eurem Kleiderschrank ein Accessoire, das ihr nach dem Kauf schon völlig vergessen hattet. Ihr legt gemeinsam etwas Glitzer auf und erzählt euch gegenseitig, wie entzückend ihr ausseht. Glaubt mir, das wirkt Wunder! Ihr wendet jetzt sicherlich ein, dass man im normalen Leben nicht jeden Tag mit Vorglühen beginnt. Macht nichts. Je öfter ihr für bestimmte Anlässe vorglüht, umso größer wird euer Repertoire an Kombinationsmöglichkeiten aus eurem Kleiderschrank. Und solltet ihr an einem Morgen einen ganz besonders trüben Blick in den Spiegel werfen, kein Problem: Ruft eure SHG an und klönt ein wenig mit ihr. Lasst euch beratschlagen, was ihr anziehen könntet, und legt ein wenig Glitzer auf oder ein wundervolles Geschmeide an. Ihr werdet euch automatisch besser und unglaublich sexy fühlen und »schubbert« euch fortan glücklicher durchs Leben.

Neben den Freundinnen braucht ihr unbedingt noch ein paar Verehrer, um euch von Tag zu Tag schöner und sexier zu fühlen. Einer meiner wirklich liebsten und zuverlässigsten Verehrer funktioniert glücklicherweise immer just-in-time genau dann, wenn ich ihn brauche: Er ist der Besitzer des Gemüsegeschäfts in meiner Straße. Ein ganz reizender Mann. Jedes Mal, wenn ich auch nur eine Tomate kaufe, flirtet er mit mir. Egal, wie ich aussehe, er hat immer ein Kompliment für mich oder schält mir eine Mandarine. Wenn er wüsste, wie gut mir das tut! Oh, ich höre schon die Kritiker: Ist das nicht ein schamloses Ausnutzen, wenn man sich von einem Mann verehren lässt, an dem man eigentlich gar kein Interesse hat? Unsinn! Es ist ein Spiel! Und Männer haben daran genau so viel Spaß wie wir. Am meisten lieben sie das Jagen, das Erlegen ist oft gar nicht mehr so wichtig!

Ich habe mir mittlerweile angewöhnt, in allen möglichen Lebensbereichen jeweils mindestens einen Verehrer zu haben. Automatisch ziehe ich mich hübscher an, weil ich weiß, dass ich ihrer Bewunderung gewiss sein werde, wenn ich mal wieder einen großen Ausschnitt oder ein hübsches Röckchen trage. Eine Freundin von mir, die leider noch einiges lernen muss, bis sie eine richtige Uschi wird, fragt mich immer wieder, woher ich nur diese ganzen Verehrer nehme. Ehrlich gesagt, ich habe keine Ahnung! Vielleicht waren sie schon immer da, aber seitdem ich mich langsam zu einer Uschi entwickelte, bemerkte ich sie auch. Eigentlich ist es doch egal. Entweder waren sie schon immer da oder sie fingen erst an, mich zu verehren, als ich aufhörte, immer in Jeans und Turnschuhen herumzurennen, und mich ein wenig hübscher machte.

Hauptsache, sie verehren mich, geben mir immer wieder ein gutes Gefühl und erfreuen sich an meinem Anblick. Ich finde es toll und finde mich toll. Ich bin eine Königin. Und eine Königin braucht nun mal ihr Gefolge!

Eigentlich ist es egal, woher ihr den Blick für eure besondere Schönheit und ein insgesamt gutes Selbstbewusstsein nehmt. Aber gute Klamotten, wohlgemeinte Stylingtipps eurer Freundinnen und täglich mindestens ein Kompliment eines Verehrers sind ungemein hilfreich dabei. Je mehr andere euch bestätigen, desto selbstverständlicher nutzt ihr eure Stärken und begeistert die Menschen. Ihr schubbert euch durchs Leben und genießt es in vollen Zügen.

6. Kleiner Uschi-Exkurs: Tipps zum Nachmachen – let's do it!

Männer baggern, Frauen wählen aus!

Von meiner besten Freundin Uschi lernte ich in dieser Zeit einen wichtigen Satz: »Männer baggern, Frauen wählen aus.« Es baggern zwar nicht *alle* Männer, aber aus denen, die es tun, wählt die Frau aus. Ich hatte immer gedacht, dass sich erstaunlich wenige Männer für mich interessieren würden. Was ich dabei übersehen hatte, war, dass sich zwar genügend Männern für mich interessierten, dass ich aber einen Großteil von ihnen schlichtweg übersah, weil sie nicht in mein Beuteschema passten. Kein Wunder, dass ich selten zum Zuge kam! Ich schielte nach einem Traummann meiner Wahl, der wiederum fand mich nicht spannend, und ich ging allein nach Hause. Dumm gelaufen.

Männer *müssen* baggern. Wenn ihnen eine Frau in den Schoß fällt, ist sie in ihren Augen nichts wert. Auch wenn sie Gegenteiliges behaupten und sich nichts sehnlicher wünschen, als einmal im Leben von einer Frau erobert zu werden. Aber schaut genau hin, natürlich träumen sie davon, »einfach mal genommen zu werden«. Ich habe eine Reihe von Männern daraufhin befragt. Viele träumten davon, dass eine Frau, die aussieht wie ein Modell, auf sie zukommt und sie an der richtigen Stelle packt und fragt, ob sie hier und jetzt Sex mit ihr haben wollen … Ich fragte erstaunt, wieso eine Frau denn so etwas tun solle. Die Männer waren von meiner Frage ebenso irritiert wie ich von ihrer Antwort. Sie träumten eben davon. Ein wirklich realistischer Traum! Die Welt ist aber nicht so wie feuchte Männerfantasien. Sie wissen, dass es im wirklichen Leben anders läuft – also lassen wir ihnen ihre Träume und setzen uns nicht weiter unter Druck. Wir müssen nicht baggern!

Männer *müssen* sich bei einer Frau ordentlich ins Zeug legen, damit ihr Jagdinstinkt befriedigt ist. Der Wert einer Frau steigt in ihren Augen, je schwerer sie zu kriegen ist. Genau das ist unser Problem. Je besser uns ein Mann gefällt, umso mehr werfen wir uns ihm an den Hals und sind leicht zu haben. Denkt an den Unterschied: *Sie* träumen vom Erobern, *wir* werfen uns ihnen an den Hals. Das ist nicht das Gleiche! Ihr glaubt gar nicht, wie sehr wir damit unseren Wert mindern. Eben fand er uns noch toll, jetzt nur noch billig. Mädels, seid schwer zu kriegen!

Dabei ist die Regel so einfach. Es handelt sich einfach nur um einen seit Urzeiten standardisierten Ablauf: Männer starten den Kontakt, aber sie haben letztlich keinen Einfluss auf den Erfolg. Es ist die Frau, die unter den Höflingen wählt. Sie vollendet den Kontakt. Ist euch schon einmal aufgefallen, dass in den meisten Filmen genau das Gleiche passiert? Ich meine die Szene, in der das Paar kurz vor dem ersten Kuss steht. In fünfundneunzig Prozent der Fälle überbrückt die Frau die letzten Zentimeter und startet damit den erlösenden Kuss. Achtet mal darauf.

Als ich verstand, was Uschi mit dieser Aussage meinte, wurde das Leben viel einfacher. Ich öffnete meine Wahrnehmung für Männer, die mich anbaggerten, und gönnte ihnen einen zweiten Blick. Beim genaueren Hinsehen stellte sich heraus, dass es sich zwar nicht um offensichtliche Traummänner handelte, dass aber schon der eine oder andere interessante Mann dabei war. Ich gestehe, der Alkohol tat natürlich auch seine Wirkung. Nicht nur Männer trinken sich Frauen schön – man darf schließlich nicht vergessen, in welchen Schuppen wir uns damals rumtrieben. Aber zum Üben waren diese Männer ausgezeichnet geeignet. Schließlich bedeuteten sie uns nicht sonderlich viel. Wir konnten neue Verhaltensweisen an ihnen ausprobieren und diese später an den Männern anwenden, die wir adäquater fanden. Dazu komme ich später.

Das Uschi-Prinzip Nr. 6: »Lass andere für dich arbeiten!«
Nur noch einmal zum Verständnis: Männer machen den Hauptjob beim Werben, aber leider sind sie manchmal wirklich sehr unsicher. Trotzdem stehen wir nur hübsch herum und überlassen ihnen die Arbeit. Da wir aber an sich nette Menschen sind, unterstützen wir sie, indem wir sie bei jedem Schritt – soweit wir ihn gutheißen – loben. Wir lächeln sie an, um ihnen Mut zu machen, geben entzückte Laute von uns und nicken bestätigend mit dem Kopf. Die armen Jungs sollen ja schließlich lernen, dass sie etwas gut gemacht haben. Trotzdem, nicht alle Wege führen nach Rom. Sie geben sich Mühe, aber die Entscheidung liegt selbstverständlich bei uns: Wir wählen aus!

Einziges Problem der Regel »Männer baggern, Frauen wählen aus« war, dass manchmal eben nur wirklich schlimme Männer baggerten. Wie ich schon erwähnte: Es ist zwar die Frau, die auswählt, aber leider nur unter den Kandidaten, die sich vorher ordentlich ins Zeug gelegt haben. Baggert der Traumprinz nicht, hat er leider kein Interesse. Vergebene Liebesmüh, für ihn zu schwärmen. Hart, aber wahr. Deshalb überlegten wir, wie wir subtil Männern eine Möglichkeit zum Baggern geben könnten, die *wir* gut fanden. Die Regel besagt, dass der Mann den ersten Schritt tut, weil er seinen Jagdinstinkt befriedigen muss. Aber niemand hat behauptet, dass die Frau nicht die Situation zu ihren Gunsten gestalten kann, um dem Mann eine gute Startvorlage zu liefern … Eine Möglichkeit beobachtete ich bei einer Freundin. Ich habe daraufhin tausendmal überlegt, ob ich nicht mit dem Rauchen anfangen sollte.

Wieso? Ich beneidete meine Freundin Uschi unglaublich, weil sie mit ihren Zigaretten so leicht Leute kennen lernte. Aber denkt jetzt ja nicht, ihr könntet einfach zu einem Typen, der euch gefällt, rüber gehen und ihn um Feuer bitten. Weit gefehlt! Ihr nehmt die Zigarette unangezündet aus eurem Schächtelchen, haltet sie demonstrativ-elegant in Kopfhöhe und seufzt. Nicht mehr und auch nicht weniger. Ihr seufzt einfach nur und wartet, bis endlich ein Gentleman auf die Idee kommt, sie euch anzuzünden. Selbstverständlich ist es euch freigestellt, euch dabei direkt neben den Gentleman eurer Wahl zu positionieren. Ihr dürft dabei nur nichts tun außer seufzen – auch wenn ihr zwischendurch mehrere Tode sterbt, weil euch der Entzug umbringt. Gut, heutzutage kann es schon mal zwanzig Minuten dauern, bis ein Mann auf die Idee kommt, dass ihr vielleicht Feuer braucht – arg viele »Gentlemänner« gibt es kaum noch. Aber der Trick ist trotzdem toll, denn wenn einer es tut, fühlt ihr beide euch wie in einem Film. Er schützt das Feuer vor einem leichten Luftzug und umschließt dabei zart eure Hand … hach! Ihr gebt dem Auserwählten damit ein einfaches Mittel in die Hand, euch gefällig zu sein und euch anzusprechen. Ich finde immer, dass Uschi unheimlich toll und königlich aussieht, wenn sie so seufzend dasteht.

Als drastischere Methode, wenn er auf das Seufzen so gar nicht reagiert, dürft ihr höchstens noch eure Jacke oder Handtasche absuchen und dabei ein bisschen verzweifelt gucken. Da geht jedem Mann das Herz auf, wenn ein hilfloses Weibchen doch ganz offensichtlich gerettet werden muss. Ich weiß, wer will schon zwanzig Minuten auf einen Helden warten. Ich kann verstehen, wenn ihr noch nicht Feuer und Flamme für unsere Tricks seid. Aber lasst euch überraschen, denn als Nächstes habe ich unser Meisterstück, den wundervollen Tequilatrick für euch.

Der Tequilatrick – Gib ihm ein Zeichen!

Uschi erfand einen genialen Trick, um Männer dazu zu bringen, uns anzubaggern: den Tequilatrick. Startschuss ist die Bestellung eines Tequilas. Ich nehme an, Uschi wäre nie auf diese tolle Idee gekommen, wenn in dem schrecklichen Etablissement, das wir nun häufiger besuchten, nicht an einem Tag der Woche eine so genannte »Tequila-Night« veranstaltet worden wäre. Zu jedem Getränk gab es einen Tequila gratis. Sinn der Sache war natürlich die totale Enthemmung. Schließlich hatte der Laden den Ruf zu verteidigen, dass dort jeder und jede eine/n abbekommt. An diesen Abenden musste man nicht wirklich einen Tequila bestellen, denn überall standen welche herum. Ich weiß nicht mehr genau, wie bewusst Uschi diesen Trick entwickelte. Jedenfalls merkte sie sehr schnell, wie er funktionierte, und als gute Freundin teilte sie diese Erkenntnis mit mir. Wir haben ihn hunderte Male ausprobiert, er funktioniert *immer.* Deswegen müssen wir euch einfach davon erzählen!

Also, ihr schnappt euch einen Tequila und positioniert euch strategisch direkt neben den Mann eurer Wahl, der es bisher aus unverständlichen Gründen versäumt hat, euch anzubaggern. Ihr stellt den Tequila samt Ausstattung (Zitrone und Salz) vor euch auf dem Tresen ab. Es funktioniert nur, wenn der Mann an einem Tresen steht – aber das tun Männer glücklicherweise eigentlich immer. Jetzt kommt das Wichtigste. In einem Moment, in dem die Musik ein kleines bisschen leiser ist, seufzt ihr laut und theatralisch: »Hach, ich vergesse immer, wie das geht!«

Es gibt keinen Mann, der nicht darauf anspringt, euch zu helfen. Männer sind seit Jahrtausenden darauf konditioniert, dass sie sich toll fühlen, wenn sie einer Frau helfen können. Die Feministinnen werden das nicht gern hören, aber so ist es eben. Nennt es frauenverachtend, aber das bringt euch nicht weiter. Männer lieben es, von oben herab etwas zu erklären. Achtet nicht auf das »von oben herab«, sondern schätzt es einfach, dass sie es lieben, euch zu dienen. Wie ich bereits erwähnte, sind wir Frauen eigentlich alle Königinnen und haben es verdient, hofiert zu werden – dies ist ein Anfang.

Das Uschi-Prinzip Nr. 1: »Sei eine Königin!«
Wollen wir eigentlich Königinnen sein? Wir lehnen uns dagegen auf, devot zu erscheinen und uns den Männern unterzuordnen, aber wir können auch nicht um Hilfe bitten und Hilfe annehmen. Wie dumm von uns! Als Uschis lernen wir endlich, dass es Spaß macht, eine Königin zu sein.

Ich weiß nicht, ob ihr euch jetzt schon vorstellen könnt, was als Nächstes kommt. Vermutlich nicht, denn ihr verachtet schon seit Jahren den »Tennislehrertrick«, wenn einer von hinten den Arm um eine Frau legt, während er die Schlagführung erklärt. Ihr habt in den letzten Jahren oder Jahrzehnten alles dafür getan, ein derartiges Verhalten zu unterbinden. Aber ihr wisst gar nicht, was euch entgangen ist. O.k., ich mag den Tennislehrertrick auch nicht, ich mag nicht von einem Mann, den ich nicht selbst erwählt habe, einfach so angefasst werden. Aber ich habe durch den Tequilatrick kapiert, wieso ich immer noch meine Getränkekisten selbst schleppe, während die Uschis nur seufzen und die Kerle springen, um ihnen behilflich zu sein. Aber ich schweife ab.

Falls ihr nicht laut genug geseufzt und auch wiederholtes Seufzen in leisen Momenten noch nichts geholfen hat, dürft ihr ausnahmsweise selbst zur Tat schreiten. Wie ihr später noch feststellen werdet, hat das Uschi-Prinzip zwar feste Regeln, aber es gibt immer wieder Situationen, in der eine Uschi die Regeln – natürlich nur nach eindringlicher Beratung mit ihrer Freundin – über den Haufen werfen muss. Nach intensiver Diskussion sind Uschi und ich zu der Erkenntnis gelangt, dass eine Ausnahme hier absolut angebracht ist. Reagiert der erwählte Kerl ausnahmsweise nicht auf eindringliches Seufzen, dann ist es in diesem Fall empfehlenswert, ihn anzusprechen und ihn darum zu bitten, euch zu erklären, »wie noch mal die Sache mit dem Tequila geht«. Ihr wisst schon, Tequilatrinken ist ein Ritual, bei dem es auf eine bestimmte Reihenfolge der Kombination von Tequila, Salz und Zitrone ankommt. Es kann gut sein, dass ihr *wisst,* wie die korrekte Reihenfolge ist – das spielt aber keine Rolle. Offiziell seid ihr auf dem besten Weg zur perfekten Uschi, und das bedeutet, dass ihr nicht in der Lage seid, euch solche komplizierten Sachen zu merken.

Wieso ist nun in diesem Fall die Ausnahme von der Regel »Männer baggern, Frauen wählen aus« erlaubt? Grundlage der Regel ist doch, dass Männer schnell das Interesse an Frauen verlieren, die sie angesprochen haben, weil sie an ihnen nicht ihren Jagdinstinkt befriedigen konnten. Die Ausnahme funktioniert deswegen, weil der »Ich-finde-mich-toll-weil-ich-dir-etwas-erklären-kann«-Instinkt in diesem Fall das Bedürfnis nach Jagen überlagert. Der Mann bekommt ein derart tolles Gefühl beim Erklären, dass er übersieht, dass nicht *er* derjenige war, der euch angesprochen hat. Sie lieben Erklärungen! Wenn ihr einen Mann bittet, euch etwas zu erklären, dann wird kein Mann auch nur in Erwägung ziehen, eurer Bitte nicht nachzukommen. Es sei denn, seine Mutter ruft in dem Moment an, aber falls er Mutti euch vorzieht, dann könnt ihr den Typen sowieso vergessen.

Außerdem ist eine Bitte um Hilfe oder eine Frage die einzig funktionierende Art und Weise, wie ihr einen Mann ansprechen dürft. Wieso? Weil er dann nicht merkt, dass es euch eigentlich nur darum geht, mit ihm in Kontakt zu kommen. Männer reagieren immer nur bei direkten Formulierungen, denn sie können nicht wie Frauen zwischen den Zeilen lesen. Und wenn ihr sie etwas fragt, dann denken sie einfach nur: Oh, die Frau will etwas wissen! Auf die Idee, dass euch seine Antwort in Wahrheit nicht die Bohne interessiert, kommen sie gar nicht. Als Frau kann man sich das nur schwer vorstellen, aber so ist es tatsächlich. Einzige Ausnahme ist vielleicht die Sache mit dem »hast du mal Feuer?«. Diese Anmache ist mittlerweile so abgedroschen, dass sogar die meisten Männer es schnallen werden, aber wir Uschis wissen ja glücklicherweise, wie es eleganter geht.

Der Tequilatrick – Mach ihn verrückt!

Nachdem ihr ihn also gefragt habt, ob er euch das Tequila-Ritual erklären kann, wird sich wahrscheinlich folgender Dialog ereignen. Glaubt mir, wenn ihr die richtigen Sätze sagt und die entsprechende Regieanweisung befolgt, wird der Mann seine Rolle perfekt mitspielen:

Uschi: Hach, ich vergesse immer, wie das mit dem Tequila geht …
Mann: Du musst zuerst deine Hand befeuchten/ablecken.

Einschub: O.k., es gibt auch Männer, die in dem Moment sagen, dass sie auch nicht wissen, wie das Ritual geht. Das ist aber kein

Problem, denn auch wenn sie es nicht wissen, können Männer ihren Erklär-Trieb nicht einfach ausschalten. Uschi und ich haben es diverse Male erlebt, dass Männer in diesem Fall kurz überlegten und uns dann das Ritual falsch beibrachten. Wir machten tapfer mit, obwohl wir *wussten,* dass es falsch war, denn es erfüllte genauso den geheiligten Zweck, nämlich dem erwählten Mann näher zu kommen.

Jetzt kommt eine wichtige Regieanweisung für euch. Egal, ob der Mann befeuchten, lecken oder etwas anderes gesagt hat, müsst ihr immer antworten:

Uschi: Lecken?

Männer sind manchmal etwas primitiv. Sie reagieren sehr stark auf bestimmte Schlüsselwörter. Was sie mit dem Wort »lecken« verbinden, brauche ich euch wahrscheinlich nicht zu erklären. Ich bin mir noch nicht einmal sicher, ob sie wirklich in diesem Moment daran denken – obwohl Männer ja angeblich ständig an Sex denken –, ihr Unbewusstes hört das Wort aber auf jeden Fall und reagiert. Bevor er irgendetwas sagen kann, solltet ihr nun zur Tat schreiten und lasziv eure Hand ablecken. Dabei ist es wichtig, dass ihr dabei nicht die Hand anschaut, sondern dem Mann in die Augen. Stellt euch diese Geste bitte einmal vor – erinnert dieser Blick nicht an eine Pornodarstellerin beim Blasen? Ich schaue beim Blasen nie in die Augen des Mannes. Das geht meistens überhaupt nicht, und selbst wenn die Position kamasutramäßig dafür irgendwie geeignet wäre, habe ich meist meine Haare dabei im Weg.

Zu solchen Gedanken sind Männer aber in dieser Situation nicht mehr fähig. Auch wenn sie noch nie erlebt haben, dass ihnen eine Frau beim Blasen in die Augen geschaut hat, kennen sie diesen Blick garantiert aus einem Pornofilm. Ich glaube, dieser Blick ist der Himmel auf Erden für sie, die Kombination schlechthin: Erstens lieben sie es über alles, einen geblasen zu bekommen, und zweitens schätzt selbst der emanzipierteste Mann es, wenn die Frau devot zu ihm hochschaut, und das noch während sie leckt … Wenn sich der Mann nun von dem Schock – sozusagen dem unausgesprochenen Versprechen, das ihr ihm gegeben habt – erholt hat, wird er euch die nächste Anweisung zum Ritual geben. War das noch nicht deutlich genug? Gut, dann erkläre ich es. Indem ihr das magische Wort ausgesprochen, tatsächlich lasziv über eure Hand geleckt und ihn dabei devot angeschaut habt, habt ihr dem Mann irgendwie ein Versprechen gegeben, ihm einen zu blasen. Natürlich *habt* ihr ihm nichts versprochen. Aber er glaubt – zumindest unbewusst –, dass er auf euer Versprechen bauen kann. Vermutlich ahnt ihr schon, wo in der Regel das Unbewusste eines Mannes sitzt. Sein »kleiner Freund«, dessen Reaktionen Männer immer mit »er« bezeichnen statt »ich« zu sagen, glaubt, dass ihr ihm ein Versprechen gegeben hat – und nur das zählt für euer weiteres strategisches Vorgehen.

Wie ich schon sagte, wird der Mann nach einer kurzen Erholungspause die nächste Erklärung starten.

Mann: Jetzt musst du das Salz auf die Hand schütten.

An dieser Stelle ist es ratsam, wenn auch nicht notwendig, einen anständigen Berg Salz auf eure zarte Frauenhand zu kippen. Ich muss an dieser Stelle unbescheiden erwähnen, dass diese Erweiterung des Tequilatricks meine Idee war. Aber erstens steht Bescheidenheit einer wahren Uschi nicht, und zweitens lieben Uschi und ich es, unsere Methoden immer wieder durchzusprechen und zu vervollkommnen.

Wenn du nun also einen ekligen Riesenberg Salz auf deiner Hand hast, gibst du ihm damit die Gelegenheit, sie zu berühren. Er wird mit großer Wahrscheinlichkeit deine Hand ergreifen und sie so lange schütteln, bis nur eine dünne, glitzernde Schicht Salz deine entzückende Hand bedeckt. Auch wenn das Schütteln bei dir noch nicht den Gipfel der Lust durch Berührung auslöst, sind damit weitere Hemmungen bei ihm gefallen. Selbst extrem schüchterne Männer sind nun in der Lage, dich einige Minuten später erneut zu berühren.

Das Uschi-Prinzip Nr. 1: »Sei eine Königin!«

Vielleicht bist du im vorherigen Absatz über das Wort »entzückend« gestolpert. Bist du? Das beweist, dass du leider noch ein wenig davon entfernt bist, eine echte Uschi zu werden. Uschis lieben sich selbst und ihren Körper. Sie lieben es, wenn ihre Anmut, ihre Schönheit und ihre Intelligenz immer wieder mit Lobpreisungen erwähnt werden. Wenn es niemand anderes tut, dann sollten wir selbst schon mal damit anfangen, als ob es eine Selbstverständlichkeit wäre.

Aber wieso wird er das Salz unbedingt wegschütteln wollen, fragst du dich jetzt bestimmt. Ganz einfach, Männer lieben Lösungen und lieben es, Frauen behilflich zu sein. Dabei ist es ihnen völlig egal, dass Frauen meistens gar keine Lösung suchen, sondern einfach nur über ihr Problem reden wollen.

In diesem Fall bist du großzügig, weil du eine bestimmte Strategie verfolgst. Du gibst ihm positives Feedback auf seine »Lösung« – wahlweise durch ein glockenhelles Lachen oder einen bewundernden Blick. Am Anfang wird dir sowohl das eine als auch das andere vermutlich schwer fallen – schließlich verachtest du seit Ewigkeiten die Uschis und ihr Getue. Aber glaube mir, es ist wichtig, diese Verhaltensweisen auszuprobieren. Männer brauchen Bestätigung wie die Luft zum Atmen, und sie lieben es, sie in dieser Form zu bekommen. Aufgrund dieser Bestätigung und des »Versprechens« wird sich der Mann nun um keinen Preis davon abbringen lassen, dir nicht nur den Rest des Rituals zu erklären, sondern auch noch den Rest des Abends mit dir zu verbringen – falls du es ihm erlaubst.

Mann: Jetzt erst das Salz ablecken, dann den Tequila trinken und anschließend in die Zitrone beißen.

Als ich die letzten Worte schrieb, musste ich lachen. Gerade *weil* ich den Tequilatrick schon so oft angewendet habe, bin ich nun völlig konfus, wie die richtige Reihenfolge geht. Ich werde immer mehr zu einer perfekten Uschi – ich kann mir noch nicht mal mehr das Tequila-Ritual merken. Macht aber nichts. Wie ich oben schon erwähnte, ist die Reihenfolge sowieso völlig gleichgültig.

Wie es an dieser Stelle nun weitergeht, ist unerheblich. Meist werdet ihr anstoßen, manchmal sogar schon mit einem »Brüderschafts-Kuss« – der Kontakt ist jedenfalls da. Einziges nettes Detail am Schluss ist ein mädchenhaftes Verziehen des Gesichtes, weil Tequila eigentlich viel zu stark und die Zitrone viel zu sauer ist. Mädchen sind ja so zart … Aber ähnlich wie mit dem Salzberg: Nice to have, aber nicht notwendig für das Funktionieren des Tricks.

Der Tequilatrick für adäquate Kandidaten

Ihr werdet nun möglicherweise einwenden, dass wir den Trick in schlimmen Schuppen an dummen Männern ausprobiert haben. Das ist völlig egal, er funktioniert bei *jedem* Mann – ihr müsst nur den Tequila organisieren. Ich gebe zu, das ist nicht in jeder Situation gleich einfach. Aber wenn ihr zur Uschi geworden seid, könnt ihr den Tequliatrick auf nahezu jede andere Situation übertragen. Zu der Fortgeschrittenen-Version des Tequilatricks bei intelligenten Männern eine kleine Geschichte:

Ich probierte den Tequilatrick einst an einem Mann, der sehr wohl wusste, wie arrogant-gebildet-kultiviert ich bin. Wir hatten bis dato noch nie geflirtet, weil gute Gespräche die Basis unserer Beziehung waren. Er gehörte in die Kategorie »Nicht-von-der-Bettkante«, aber ich hatte bis zu diesem Zeitpunkt noch keine Chance gehabt, ihn zu erwählen, weil er einfach nicht baggerte.

Es ergab sich eines Abends, dass er, ein Tequila und ich zufällig zur gleichen Zeit an der Theke standen. Ich vollzog also an diesem wirklich nicht dummen Mann den Tequilatrick mit allen Schikanen. Schließlich wollte ich bei diesem hübschen, netten und intelligenten Exemplar Mann auf Nummer sicher gehen. Nach dem Zuprosten und Trinken trat ein kurzer Moment der Stille ein. Der Mann kam zu sich und fragte misstrauisch, ob ich ihn verarscht hätte. Ich lachte glockenhell, schaute ihn schelmisch an und sagte: »Ja, aber du hast es doch genossen!« Er antwortete: »Jaaaa …!« Und glaubt mir, dieses »Ja« kam aus tiefster Seele!

7. Uschi für Fortgeschrittene

Uschi will mehr!

Wunderbar! Uschi und ich hatten schon eine Menge gelernt in den vergangenen Monaten. Wir hatten unglaublich viel Spaß, und es war so einfach, so unglaublich einfach, mit Männern zu flirten, zu spielen und sie abzuschleppen. Na gut, das ist für Frauen noch nie wirklich schwierig gewesen ... aber *wir* wussten es bis zu diesem Zeitpunkt einfach noch nicht. Da wir es in der Pubertät versäumt hatten zu lernen, dachten wir schlichtweg, dass es uns nicht vergönnt sei. Was war uns in den vergangenen Jahren alles entgangen!

Eigenartig war nur: Es reichte uns nicht. Natürlich hatten wir Spaß, natürlich waren wir stolz auf das Gelernte, aber ... irgendwie kam nach der Feierei manchmal die große Leere. Was war das Problem? Es war Sommer, wir waren jung (oder fühlten uns zumindest so) und wir hatten Spaß, da gab es doch wirklich keinen Grund zum Trübsalblasen!

Das Problem ist, dass irgendwie alle Frauen letztlich doch auf der Suche nach was Festem sind. Es geht nicht nur um Spaß und Sex. Wir sind auf der Suche nach einem Mann, mit dem wir unser Leben teilen können. Uschi stritt das natürlich ab. Sie würde nie, niemals mehr ... Aber ich sah schon förmlich die nächste gemeinsame Wohnung mit einem Mann inklusive der gemeinsam finanzierten Einbauküche vor mir. Mir schien, als mache sie sich etwas vor und unterdrücke die tiefe Sehnsucht nach Zweisamkeit, um nicht erneut so tief verletzt zu werden.

Und ich? Ich war mittlerweile schon chronischer Single. Einerseits konzentriert auf den Beruf und glücklich, endlich da angekommen zu sein, wo ich hinwollte, aber auf der anderen Seite kam zu hormonellen Höhepunkten immer wieder die gute alte Wüstenrot-Fantasie dazu. Na klar, eigentlich wollte ich doch alles: Mann, Kind, spannende Aufgaben im Beruf und Weltklasse-Sex. Der Beruf funktionierte trotz exzessivem Ausgehen, das Flirten und der Sex klappten auch wunderbar – nur noch nicht mit *dem* Richtigen. Ich hatte jede Menge geübt mit Männern, die ich mir nicht einmal in meinen wildesten Träumen in einem gemeinsamen Haus vorstellen konnte. Das waren einfach keine adäquaten Kandidaten, sondern mehr oder weniger Versuchsobjekte. Das war aufregend und brachte eine Menge Spaß. Wenn ich allerdings ganz ehrlich in mich hineinhorchte, musste ich mir eingestehen, dass es doch darum ging, einen kennen zu lernen, den ich auch länger als einen Abend oder eine Nacht haben wollte. Nur: Wie und wo treffe ich sie denn, die adäquaten Männer mit den Bausparverträgen?

Das Uschi-Prinzip Nr. 2: »Lebe nach dem Lustprinzip!«

Tja, da hatten wir im ersten Schritt die Lust befriedigt und, schwups, war ein neues Bedürfnis da. Jetzt sollten es eben bessere Männer sein. Das gehört sich auch so für eine Königin. Nur nicht bescheiden werden. Haben wir Lust auf adäquate Männer, dann sollten wir sie suchen gehen!

Eins war klar: Als »Uschi-Kopie«, zu der wir uns entwickelt hatten, würde das schwierig werden. Schließlich hatten wir uns aufgebrezelt, um in miese Schuppen zu gehen und dort Spaß zu haben. Die Männer, auf die wir eigentlich standen, wären bei unserem

»kostümierten« Anblick vermutlich tot umgefallen, statt mit uns auszugehen. Schwierig, schwierig, wir standen vor einer neuen Aufgabe: Wir mussten es hinbekommen, genau das, was an Uschi nützlich war, in unser normales Leben zu übertragen – ohne dass es sofort offensichtlich war. Also mussten wir uns schweren Herzens damit abfinden, dass wir wohl noch ein gutes Stück Weg zurücklegen mussten, bis wir dort angekommen wären, wo wir hinwollten: die perfekte Uschi in allen Lebenslagen. Wir machten uns mutig auf den Weg.

Nur eine Feierabend-Uschi zu sein reicht nicht mehr

Voraussetzung dafür, dass die Uschi-Prinzipien auch bei adäquaten Männern angewandt werden können, ist es, sie wirklich verstanden und ausprobiert zu haben, bis sie euch in Fleisch und Blut übergegangen sind. Wir haben sie entwickelt und bei doofen Männern geübt – einfach, indem wir uns in eine »Uschi-übliche« Situation begaben, uns anzogen und verhielten wie die echten Uschis. Das war der erste Schritt.

Leider gab es nach wie vor ein Problem: Wir hatten zwar viel Spaß, aber irgendwie fühlte sich das Ganze nicht echt an. Unser Problem bestand nicht nur darin, dass die Männer, die wir auf diese Weise zur Verfügung hatten, eigentlich nicht unseren Ansprüchen genügten. Viel schlimmer war, dass wir ein gespaltenes Leben führten. Tagsüber, wenn wir unserem geregelten Job nachgingen, trugen wir Businessklamotten und Brille. Nachts wurden wir zur Uschi mit Glitzer und Kontaktlinsen. Es waren zwei Welten, die wir irgendwie nicht miteinander vereinbaren konnten.

Zunächst versuchten wir es damit, einigen ausgewählten Testpersonen von unserem neuen zweiten Leben zu erzählen. Aber selbst die sorgsam ausgewählten Testpersonen reagierten teilweise verschreckt. Sie fanden die Schuppen, die für uns inzwischen selbstverständlich geworden waren, schlichtweg unmöglich. Einige brachten den Mut auf, uns zu begleiten, und fingen Feuer. Unsere SHG wuchs auf eine beachtliche Zahl von Frauen an. Immer mehr von ihnen wollten zur Uschi werden. Andere, denen wir von unseren Experimenten und Erlebnissen erzählten, reagierten fasziniert auf die neuen Möglichkeiten, die wir ihnen schilderten, fanden aber, dass das nichts für sie wäre. Insgeheim dachten wahrscheinlich die meisten, dass das einfach »eine Phase« von uns wäre.

Nach wie vor lebten wir in zwei Welten. Wenn wir uns in unserer normalen Welt bewegten, benutzten wir eine Geheimsprache mit Codewörtern, damit uns niemand verstand. So konnten wir uns auch in der Öffentlichkeit austauschen, ohne uns gleich zu blamieren. Aber das war auf Dauer auch nicht das Wahre.

So ging es nicht weiter. Wir konnten uns nicht ewig in eine Feier-Uschi und eine seriöse, etwas langweilige Frau spalten. Wir wollten das Gelernte in unsere Welt mitnehmen. Zu diesem Zeitpunkt war es wichtig zu überlegen, *was* genau eine Uschi ausmacht und was wir gelernt hatten.

Wenn ich an die Anfänge zurückdenke, erinnere ich mich immer daran, wie ich seriös gekleidet in dem schrecklichen Schuppen herumstand. Auch schon an diesem ersten Abend war ich verkleidet gewesen. Ein wichtiger Bestandteil für unsere Verwandlungen in Uschis war eine Art Kostüm gewesen. Trugen wir dieses Kostüm, waren wir mutig genug, neue Verhaltensweisen auszuprobieren. Irgendwie redeten wir uns ein, dass so keinerlei Chance bestand, erkannt zu werden. Das »Kostüm« hatte zwei wichtige Eigenschaften: Es war sexy und sexy.

Natürlich sahen wir am Anfang billig aus, mit den hochhackigen Schuhen, den knappen T-Shirts und dem ganzen Glitzer. Aber genau das war das Ziel gewesen. Irgendwie hatten wir instinktiv gespürt, dass wir in diesen schrecklichen Schuppen und in Verkleidung Dinge ausprobieren könnten, von denen wir vorher niemals auch nur geträumt hätten. Je ähnlicher wir den echten Uschis sahen, umso weniger würde auffallen, dass wir noch am Üben waren. Und die echten Uschis sehen billig aus. Ihr wisst genau, was ich meine: Dauerwelle, Cowboy-Look, Buffalo-Boots. Die Aufzählung der Stylingsünden nimmt kein Ende. Aber so wollten wir natürlich nicht für den Rest unseres Lebens herumlaufen!

Aufrüschen mit Stil

Hattet ihr schon einmal lange Haare? Wenn nein, dann solltet ihr sie unbedingt wachsen lassen. Nicht, dass ich der Meinung bin, eine Frau sollte unbedingt lange Haare haben, um schön zu sein. Im Gegenteil, mir persönlich gefallen kurze Haare viel besser. Sie sind ja auch wesentlich praktischer. Aber darum geht es nicht.

Uschis haben lange Haare. Sie nutzen ihre Weiblichkeit und setzen sie gezielt ein. Uschis würden nie auf die Idee kommen, einen Kurzhaarschnitt zu bevorzugen, nur weil er praktisch ist. Diese schlimmen Original-Uschis, von denen ich euch bisher erzählte, haben alle lange Haare. Sie sind Weibchen und zeigen das auch, damit die Männchen darauf anspringen. Beobachtet einmal Frauen mit langen Haaren. Was man alles mit so einer Haarpracht machen kann! Man kann sie theatralisch nach hinten werfen, sich empört wegdrehen und dabei die Mähne fliegen lassen oder einfach nur zeigen, dass man die Schönste im Raum ist. Man kann an ihnen zwirbeln, um abwechslungsweise mal so zu tun, als ob man ein kleines, hilfloses Mädchen sei. Man kann sich hinter ihnen verstecken, weil man, ach, so schüchtern ist und darauf wartet, dass der mutige Mann uns endlich anspricht. Ich habe sicherlich noch einiges vergessen. Schließlich gehen meine erst bis zur Schulter. Ich muss noch ein bisschen üben.

Das Uschi-Prinzip Nr. 5: »Leg endlich los!«

Du hast noch keine langen Haare und überlegst, ob du das Buch frustriert in den Müll werfen solltest, weil Jahre vergehen würden, bis du endlich eine Mähne hast? Keine Sorge! Auch mit kurzen Haaren ist es möglich, eine gute Uschi zu werden. Es kommt auf die innere Einstellung an. Du musst sozusagen innerlich eine Mähne haben. Auch wenn da gar keine langen Ponysträhnen zum Durchblinzeln sind, könntest du einfach so tun, als wären da welche. Und auch wenn keine wehende Mähne zum königlichen Zurückwerfen da ist, kannst du erhaben und aufrecht durchs Leben gehen und bei Bedarf deine »innere Mähne« selbstbewusst nach hinten werfen. Es hat garantiert die gleiche Wirkung. Leg einfach los!

Was für Haare gilt, gilt auch für Klamotten. Tragt Oberteile, die eure Brüste zur Geltung bringen, und Röcke, die eure Beine zeigen. »Vergesst« mal den Slip oder betont eine besonders hübsche Stelle mit einem abwaschbaren Tattoo. Tragt Schuhe, in denen ihr hilflos durch die Gegend stöckelt, die euch aber gleichzeitig zu würdevoller Größe wachsen lassen. Gebt alles, um zu zeigen, dass ihr Uschis seid – und habt Spaß dabei.

Die Uschis und ich haben das alles durchexerziert. Wir lebten dieses Aufrüschen bis zum Exzess aus. Es war wie 365 Tage Karneval: Megaspaß ohne Hemmungen. Wir lernten mit der Zeit zu differenzieren. Nach einer Weile wurde unser Glitzer »tageslichttauglich«. Ein schlimmes Wort, oder? Wir entdeckten jenseits der Uschi-Läden Kleider, die unsere Einstellung ausdrückten, ohne dabei billig auszusehen. Irgendwann fanden wir heraus, dass es auch raffinierte Methoden gibt, um zu zeigen, dass man eine Uschi ist, ohne gleichzeitig auszusehen, als wäre man über einen Grabbelstand beim Straßenfest hergefallen. Uschi mit Stil, das war das nächste Ziel, das wir uns gesetzt hatten.

Denkt an unsere europäischen Nachbarinnen: Ist es nicht wundervoll anzusehen, wie Frauen in Italien auf ihr Aussehen achten? Wie weiblich sie sich kleiden und wie hoheitsvoll sie ihren Schmuck durch die Gegend tragen? Ist es nicht faszinierend, wie stolz die Spanierinnen sind? Ist es nicht beneidenswert, mit welcher Eleganz die Französinnen durchs Leben trippeln? Auch sie müssen wir nicht eins zu eins kopieren. Aber glaubt mir, es lohnt sich, die bequemen Turnschuhe hin und wieder in die Ecke zu knallen, sie gegen die klackernden Stöckel zu tauschen und spielerisch auszuprobieren, welche ungeahnten Möglichkeiten die Damenkonfektion bietet. Schließlich wollten wir ja ran an die adäquaten Männer. Wir haben den billigen Glitzer nicht mehr nötig, aber es macht uns immer noch Spaß – wenn auch in gemilderter Form – uns aufzurüschen. Nachdem wir uns für eine Zeit lang vom Motto »Weniger ist mehr« verabschiedet hatten und in Sachen schrillem Styling wirklich alles gegeben hatten, konnten wir jetzt wieder einen Gang zurückschalten.

Eine Uschi in allen Lebenslagen

Na, haben dich die Shopping- und Stylingtipps schon animiert? Haben du und deine Freundinnen neben ein paar knalligen Partyoutfits auch das eine oder andere schicke neue Teil im Kleiderschrank? Dann geht es jetzt darum, wie du dein Verhalten auch im »richtigen« Leben ein wenig uschiger machst.

Die geeigneteste Verhaltensregel, mit der du wirklich *alles* üben kannst, ist die konsequente Anwendung des sechsten Uschi-Prinzips »Lass andere für dich arbeiten!« Es verschafft dir einfach die meisten Erfolgserlebnisse. Nachdem meine Busenfreundin und ich nun schon eine Weile als Uschis lebten, wollten immer mehr Freundinnen an unseren Erkenntnissen teilhaben und in unseren Club aufgenommen werden. Wir erkannten an der Art und Weise, wie sie das sechste Uschi-Prinzip anwendeten, welches Potenzial sie hatten, eine Uschi zu werden. Aller Anfang ist schwer, aber glaubt mir, die Anwendung des sechsten Uschi-Prinzips bringt euch so viele Erfolgserlebnisse, dass ihr richtig Lust darauf bekommt, auch die anderen Prinzipien auszuprobieren.

Meine ersten Versuche startete ich folgendermaßen: Wann immer ich irgendeine Kleinigkeit von einem Mann erledigt bekommen wollte, wartete ich einen Moment und seufzte. Ihr erinnert euch sicher: genau wie Uschi mit ihrer Zigarette. Wenn es zum Beispiel darum ging, mein Fahrrad an der Tankstelle aufzupumpen, stellte ich mein Fahrrad neben dieses Luftgerät, damit die Männerwelt sehen konnte, um welche Aufgabe es sich handelte, wartete, bis ich ein »Opfer« identifiziert hatte, und seufzte, sobald er in meine Richtung schaute. Aber keine Sorge, dass ihr seufzend warten müsst, bis ihr alt und runzelig seid: Im Gegensatz zum Ansprechen eines Mannes eurer Wahl, wenn es tatsächlich um den Mann geht, ist es bei Hilfeleistungen sehr wohl erlaubt, auch direkt um Hilfe zu bitten. Falls also mal wieder niemand auf eure chronische Seufzerei reagiert, müsst ihr direkter werden.

Allerdings müsst ihr das etwas anders machen als in den vergangenen Jahren. Wenn ihr fragt, hilft es, euer entzückendes Köpfchen etwas schief zu legen, die Augen aufzureißen, als würdet ihr gerade eine Katastrophe auf euch zukommen sehen, und den Satz mit einem lang gezogenen »Duuuuuuuuu ...?« zu beginnen. Ihr merkt schon, keine Bitte äußern, sondern ein Drama inszenieren! Wenn ihr keine Lust habt, einen wildfremden Mann zu duzen, dann sprecht ihr ihn eben mit »Entschuldigen Sie bitte?« an, macht eine Kunstpause, seufzt und schließt dann eure Bitte an. Das funktioniert auch. Anschließend schenkt ihr dem Retter ein entzückendes Lächeln, sagt ihm, wie toll ihr es findet, dass er euch geholfen hat, und lasst ihn stehen. Würde ich GEMA-Gebühren auf Lieblingswörter zahlen, dann hätte mich das Wort »toll« bereits ruiniert. Seitdem ich eine Uschi bin, benutze ich es inflationär oft. Aber Männer lieben es, wenn ich sie dabei verzückt anschaue und es auch noch so laut sage, dass die anderen es hören können. Toll! Männer lieben es, euch zu helfen. Ihr werdet sehen, wenn ihr einmal damit anfangt, werdet ihr süchtig danach. Auch wenn ihr am Anfang die Regieanweisungen etwas übertrieben findet – genau wie bei den Klamotten, werdet ihr euer persönliches Fine-Tuning, euren eigenen Stil entwickeln, und fortan schleppt ihr niemals wieder einen Mineralwasser-Kasten in den vierten Stock.

8. Auf dem Weg zur perfekten Uschi

Die Regeln

Wir wussten, es würde nicht leicht werden. Bisher hatten wir das Leben als Uschi noch locker gesehen. Wir gingen tanzen und hatten Spaß – wir suchten uns sozusagen die Rosinen des Uschi-Lebens heraus und wurden dann wieder zur »normalen« Frau, wenn es ernst oder unbequem wurde. Als wir aber immer mehr verstanden, was es heißt, eine Uschi zu sein, war klar, dass wir uns disziplinieren mussten. Wir mussten tapfer innere Widerstände überwinden, um die neuen Verhaltensweisen in das wahre Leben zu übertragen.

Glücklicherweise entdeckten wir durch Zufall ein seltsames Buch: »Die Kunst, den Mann fürs Leben zu finden.« Ein wirklich bescheuerter Titel. Auch wenn ich natürlich im Geheimen meinen Wüstenrot-Traum habe und natürlich auch wie alle anderen den Mann fürs Leben suche – das muss doch nicht gleich jeder wissen! Auf Englisch heißt das Buch »The Rules« – wir nennen es auch nur »Die Regeln«, denn das klingt irgendwie schicker und diskreter. Der Buchtitel inklusive des romantischen Covers ist uns so peinlich, dass eine meiner Freundinnen namens Uschi das Buch sogar in Zeitungspapier einbindet, um es in öffentlichen Verkehrsmitteln zu lesen. Nun ja, ich will nicht lästern. Auch wenn es zum Teil eine Nummer zu sehr auf amerikanische Verhältnisse gemünzt ist, es enthält eine ganze Menge guter Tipps, die uns auf dem Weg zum Uschi-Sein sehr unterstützt haben.

Ich las es und war sprachlos. Huii, die Regeln sind aber streng! Allerdings versprachen uns die Autorinnen das ewige Glück mit dem perfekten Mann. Sie rieten uns, streng zu sein, um zu testen, ob ein Mann tatsächlich Mr. Right ist. Dabei schlagen sie – unter anderem – folgende Dinge vor: Ihr dürft Männer nicht ansprechen. Er muss das Date organisieren und dafür bezahlen. Ihr dürft ihn niemals anrufen. Er muss sich vor Mittwoch bei euch melden, um ein Date am Wochenende bei euch zu bekommen. Ihr müsst jedes Telefonat und jedes Date beenden. Er muss sich mit dem Sex gedulden …

Grundlage dieser Regeln ist die Ansicht, dass jede Frau etwas ganz Besonderes ist und es verdient hat, anständig behandelt zu werden. Na, das kommt euch doch vielleicht schon bekannt vor. Genau: Sie meinen *genau* das, was ich mit dem Uschi-Prinzip erreichen will.

Die beiden Autorinnen der Regeln geben zum Beispiel den Ratschlag, einen Mann öfter mal warten zu lassen und zu sagen: »Ich würde ja zu gern … aber ich bin gerade wahnsinnig beschäftigt!« Damit ist nichts anderes gemeint als unser viertes Uschi-Prinzip: »Sei geheimnisvoll!« Auch wenn manches in den Regeln etwas hart formuliert, etwas zu sehr auf das amerikanische Datingsystem abgestimmt ist und deswegen bei uns hin und wieder Verwunderung auslöste – es ist ein magisches Buch. Die Uschis und ich empfanden beinahe so etwas wie ein bisschen Abscheu beim Lesen – und doch probierten wir die Ratschläge mit Begeisterung aus. (Was passierte, lest ihr einige Seiten weiter, wenn ich euch berichte, wie ich das erste Mal zu einer Königin wurde.)

Ich möchte keine Wiederholung der »Regeln« schreiben, sondern euch ein paar Grundprinzipien auf andere Art und Weise näher bringen. Schließlich lebe ich strikt nach dem zweiten Uschi-Prinzip: Es muss Spaß machen – und die Regeln sind leider oft hart.

Das Uschi-Prinzip Nr. 2: »Lebe nach dem Lustprinzip!«
Dort, wo die Lust sitzt, ist die Energie. Jede von euch kennt wahrscheinlich Diäten. Wenn man sich etwas vornimmt, hält man es eine Woche durch, und kaum ist die vorgenommene Zeit vorbei, fällt man in alte Muster zurück. Möglicherweise geht die Diät gegen die Lust. Folge deiner Lust, amüsiere dich und verändere das, wozu du bereit bist.
Das heißt: Arbeite nicht brav alle Regeln ab, die ein Ratgeberbuch vorschlägt, sondern beginne an der Stelle, die dich anspricht. Wenn es funktioniert, wirst du früher oder später auch Lust auf die Tricks bekommen, die du ursprünglich bescheuert fandest. Wähle nach dem Lustprinzip.

Trotzdem kann es natürlich nicht schaden, die Regeln zu kennen. Aber *wirklich* wichtig ist es, sie auszuprobieren! Also lest »The Rules«, lasst euch inspirieren und probiert es aus. Übrigens: Den Tipp mit der Selbsthilfegruppe hatten wir genau daher. Ohne unsere SHG hätten wir nie genügend und vor allen Dingen niemals so konsequent die Tipps der Regeln ausprobiert und das Uschi-Prinzip entwickelt. Also probiert die Regeln und die Uschi-Prinzipien gemeinsam mit euren Freundinnen aus.

Dass sie wirklich funktionieren, sieht man immer wieder, wenn andere Frauen sie – bewusst oder unbewusst – anwenden. Ihr wisst ja, dass ich mittlerweile ein großer Fan der Praxis geworden bin, ich möchte sehen, dass Ratschläge aus Büchern auch tatsächlich im wirklichen Leben angewendet werden können. Und ich kann euch sagen, wenn man erst einmal darauf achtet, entdeckt man immer häufiger Frauen, die sich Uschi-mäßig verhalten und damit erstaunliche Erfolge erzielen. Nehmt euch solche Frauen zum Vorbild und beobachtet sie, dabei kann man wirklich eine Menge lernen! Das inspiriert zum Nachmachen!

Lasst euch durch Vorbilder inspirieren

Unter meinen Freundinnen gibt es eine Uschi, von der man wirklich eine Menge lernen kann. Diese Uschi ist einfach unglaublich: Eines Abends flirtete sie mit einem Mann, und als dieser ihr einen Drink ausgeben wollte, bestand sie darauf, dass er ihren vier (!) Freundinnen ebenfalls einen Drink spendieren müsse. Der Kerl tat das auch noch. Mit Begeisterung! Und so etwas passierte uns nicht nur einmal mit ihr. Unglaublich!

Das Uschi-Prinzip Nr. 3: »Wünsch dir was!«

Ihr stutzt? Nun, das Wünschen meine ich nicht nur spirituell, sondern auch ganz materiell. Diese Uschi wusste, dass wir auf dem Trockenen saßen. Unser aktuellster Wunsch war demnach ein Drink für jede von uns. Also dachte sie nicht nur an sich, sondern auch an ihre Freundinnen. Sie war sich ihrer Wirkung so sicher, dass sie wusste, den Jagdtrieb ihres Verehrers nur mit großen Herausforderungen befriedigen zu können – gesagt, getan, und wir waren erst einmal alle versorgt.

Natürlich wollten wir nicht zu Frauen werden, die sich abhängig machen. Wir waren stolz darauf, unseren Lebensunterhalt selbst zu verdienen, und hätten uns den Drink auch leisten können. Aber wir verstanden langsam, dass genau dies die Begründung war, wieso wir unsere Getränkekisten immer noch selbst schleppten.

Eine andere Freundin von mir hat ebenfalls eine natürliche Begabung dafür, eine richtige Uschi zu sein. Mag sein, dass es daran liegt, dass sie schon seit Ewigkeiten mit der Uschi befreundet ist, die in der Lage ist, sich auf einen Schlag gleich vier Drinks ausgeben zu lassen. Es kann aber auch sein, dass es wirklich ein Talent ist. Ich erwähne das nur, damit ihr wisst, dass es auch unbegabten, *wirklich* schwierigen Fällen wie mir gelingt, sich zu entwickeln und nach und nach zu einer guten Uschi zu werden.

Meine Freundin Uschi hat überhaupt keine Probleme damit, Männer dafür zu bewundern, dass sie Dinge für sie erledigen, die sie nicht kann oder nicht tun will. Ich bin da etwas komplizierter veranlagt. Zum Beispiel hasse ich jegliche handwerkliche Tätigkeit und Reparaturen. Man könnte das psychologisch interpretieren, dass ich einfach nicht so patent werden wollte wie meine Mutter, oder es auf meine mangelnde Geduld schieben, aber das ist letztlich egal. Es liegt mir eben nicht und macht mir keinen Spaß – viel lieber mache ich andere Sachen. Das Problem ist, dass bei mir regelmäßig einiges liegen bleibt. Ist etwas kaputt, muss ich es neu kaufen, und die Wohnzimmerlampe, die ich vor ungefähr achtzehn Monaten besorgt habe, schlummert immer noch im Karton statt an der Wand zu strahlen.

Uschi ist da ganz anders. Sie sagt einem Mann nicht nur, wie *toll* sie es findet, dass er ihr etwas repariert hat, sondern sie erzählt anschließend auch noch mit leuchtenden Augen *mir* davon. Sie glaubt *wirklich,* dass es eine tolle Leistung ist. Ich ärgere mich zwar, wenn etwas kaputt ist, aber finde mich und meine anstudierten Kenntnisse irgendwie viel großartiger als handwerkliches Geschick. Wie dumm von mir!

Das Uschi-Prinzip Nr. 6: »Lass andere für dich arbeiten!«
Ich habe an anderer Stelle schon erwähnt, dass Männer es lieben, uns Lösungen zu bieten und Dinge für uns zu tun. Wieso? Das hat zwei Gründe: Der erste ist, dass sie lieber etwas tun statt ständig über Befindlichkeiten zu reden. Der zweite Grund ist, dass sie gern gelobt werden wollen, weil sie sich dann toll fühlen. Der dritte Grund, der sie motiviert, ist ihr Jagdinstinkt – sie versuchen, bei uns zu punkten.
Ich musste lernen, dass ein ehrlich gemeinter Lobgesang letztlich weniger Aufwand ist, als die verhassten Reparaturen und andere handwerkliche Dinge selbst zu machen. Wenn selbst ich es lernte, dann bekommt ihr das auch hin!

Eines Tages funktionierte Uschis Badezimmerlicht nicht. Nun ist meine Freundin nicht auf den Kopf gefallen, deswegen besorgte sie eine neue Glühbirne. Trotzdem funktionierte das Licht nicht. Das war besonders deshalb ärgerlich, weil sie für den nächsten Abend Gäste eingeladen hatte, und die sollten ja nun nicht durchs dunkle Bad tappen müssen. Einer der ersten Gäste war ein treuer Verehrer von Uschi. Sie bat ihn, doch einmal nach ihrer Badezimmerlampe zu schauen. Es dauerte exakt eine Minute, dann kam der Mann zurück und verkündete, dass die Lampe nun funktioniere, weil er

»fachmännisch die Glühbirne fester reingeschraubt hätte«. Nun war ich fassungslos. Ich glaube, ich hätte in diesem Moment entweder peinlich geschwiegen oder einen Witz gerissen, nicht aber meine clevere Freundin Uschi. Sie hub zu einem mehrzeiligen Lobgesang auf den Verehrer an, der irgendwie die Worte »toll«, »Mann«, »Habe ich dummes Ding nicht hinbekommen« und derartigen Quatsch enthielt. Ich muss wohl nicht erwähnen, dass ihr dieser Verehrer bis ins Altersheim völlig ergeben ist.

Ich hatte euch schon an anderer Stelle dazu aufgefordert, das sechste Uschi-Prinzip verstärkt im Alltag auszuprobieren und anzuwenden. Was ich mit dem Vorangegangenen noch ergänzen wollte, war die innere Einstellung, die euch noch erfolgreicher macht. Glaubt mir, das sechste Uschi-Prinzip funktioniert auch mit Tricksen. Ihr erinnert euch: Köpfchen schief legen und so weiter. Aber richtig gut funktioniert es, wenn ihr die innere Einstellung dazu habt, dass es eben keine doofe Manipulation ist, sondern irgendwie naturgegeben. Wenn ihr *wirklich* toll findet, dass der Mann etwas für euch tut, wenn ihr es wirklich glaubt, dann ist eure Anerkennung echt und der Mann euch für immer ergeben. Das heißt, ihr bekommt nicht nur Unterstützung, sondern ihr habt gleich noch einen neuen Verehrer. Ist das nicht toll? Es gibt tatsächlich tausende von Möglichkeiten, euer Uschi-Sein auszuprobieren, ihr müsst nur einen Blick dafür bekommen, über euren Schatten springen und euch wirklich daran freuen, dass euer Leben auf einmal viel leichter ist.

Erfolgsgeschichten

Die SHG beschloss eines Tages, vorbildliche Geschichten zu sammeln, um für Notfälle gerüstet zu sein. Obwohl wir uns mittlerweile schon zu recht guten Uschis entwickelt hatten, kam es immer wieder vor, dass eine von uns an den Prinzipien zweifelte. Es gab Tage, an denen funktionierte irgendwie gar nichts. An so einem Tag hatte man ganz und gar keine königliche Ausstrahlung, da half dann auch nicht der auffälligste Glitzer.

An solchen Tagen, an denen es extrem verlockend war, in alte Verhaltensweisen zurückzufallen, brauchten wir unsere SHG ganz besonders. Wer, wenn nicht eine Freundin, darf uns mehr oder weniger dezent darauf hinweisen, dass wir gerade dabei sind, völlig am Rad zu drehen und alles zu ruinieren, was wir uns mühsam aufgebaut haben?

Leider sind selbst die liebsten Freundinnen nicht immer erreichbar. Mal haben sie ihr Handy aus, mal ersticken sie in Arbeit, und mal sind sie einfach gerade auf einem anderen Trip. Auch für solche Fälle braucht es Notfall-Szenarien, um nicht vom richtigen Weg zur wahren Uschi abzukommen. Für ebendiese Momente sammelten wir Erfolgsgeschichten, damit wir uns immer wieder vor Augen halten konnten, wie sehr die Uschi-Prinzipien unser Leben bereicherten und dass sie wirklich funktionierten.

Wir nannten unsere Sammlung von Erfolgsgeschichten die »Wunder-Liste«, denn noch immer schienen uns einige dieser Erfolge schlichtweg wie Wunder – in unserem alten Leben hätten wir sie nicht für möglich gehalten. Die meisten Wunder bezogen sich darauf, dass andere uns behilflich waren. Auch wenn ich bis zu diesem Zeitpunkt immer noch keine Lösung für mein Problem mit der Wohnzimmerlampe gefunden hatte, es hatten sich doch eine ganze Menge anderer Wunder in meinem Leben ereignet: Es war auf einmal kein Problem mehr, einen Drink ausgegeben zu bekommen. Wann bin ich eigentlich das letzte Mal in einer Bar vom Tisch aufgestanden, um am Tresen Nachschub zu holen? Mein Fahrrad funktioniert wieder einwandfrei, nachdem ein paar tüchtige Freunde beim Aufpumpen entdeckten, dass an meinem Drahtesel die eine oder andere Kleinigkeit repariert werden müsste. Und viele lästige andere Dinge wurden mir abgenommen, als ich mich immer mehr wie eine Uschi verhielt.

Außerdem fing ich irgendwann an, an jeder Ecke Verehrer zu entdecken. Früher beneidete ich immer Frauen, die ich hübsch fand und die zahlreiche Verehrer im Schlepptau hatten. Auf einmal bemerkte ich, dass auch mein Leben voll von ihnen war. Ein wenig Glitzer auftragen und einen königlichen Gang – und schon erlebte ich neue Geschichten für unsere Wunderliste.

Am auffälligsten war, dass ich auf einmal so gut wie immer einen freien Weg hatte. Ihr kennt das sicher: Kommt euch jemand auf dem Bürgersteig entgegen, habt ihr das Gefühl, dass ihr ausweichen müsst. Ja klar, müsst ihr auch, solange ihr keine Königinnen seid. Unzählige Male konnte ich auf der Wunderliste vermerken, dass sich auch dieses kleine Ärgernis auflöste und die Leute automatisch Platz für mich – die Königin – machten.

Auf die Wunderliste schrieben wir auch die vielen neuen Möglichkeiten, die wir entdeckt hatten, um Spaß zu haben. Ganz oben standen natürlich das Tanzen und die unmöglichen Schuppen. Direkt darauf folgte unser Lieblingshobby »Kaffee trinken gehen«. Als wir dabei auch noch merkten, wie verrückt es Männer macht, wenn man lasziv einen Kaffeelöffel abschleckt, waren auf einmal auch unsere SHG-Treffen in Cafés mit einem hohen Erotik- und zusätzlichen Spaßfaktor verbunden.

Jegliche Form von Wunscherfüllung gehörte natürlich auch auf die Wunderliste. Immer wenn das Universum eine bestellte Sache ablieferte, half es uns, noch mehr an die damit verbundenen Möglichkeiten zu glauben.

Jede von uns führte ihr ganz persönliches Exemplar der Wunderliste, und jedes Mal, wenn wir telefonierten oder uns trafen, berichteten wir uns gegenseitig von unseren »Wundern«. Schließlich waren wir mehr und mehr von der Richtigkeit unseres eingeschlagenen Weges überzeugt. Das half uns sehr, auch das letzte Stück auf dem Weg zur richtigen Uschi zu gehen.

9. Königinnendisziplin: Wie kommt Uschi an den richtigen Mann?

Nun hatten meine Freundinnen und ich also die Uschi-Prinzipien entwickelt, eine Menge lustige und seltsame Dinge ausprobiert, von den Regeln gehört und schließlich beschlossen, unsere innere Uschi auch in unserem Alltag zu leben. Nachdem wir in allen möglichen und unmöglichen Schuppen immer mal wieder ausprobiert hatten, wie Männer auf uns Uschis reagierten, wollten wir endlich einen Schritt weiter gehen: Wir wollten uns nach Typen umsehen, in die wir uns vielleicht verlieben könnten. Würde das Uschi-Prinzip auch bei ihnen funktionieren? Oder waren Männer, für die wir uns ernsthaft interessierten, nicht so leicht um den Finger zu wickeln?

Blindenbetreuung

Die Uschis und ich sind kreativ – also ließen wir uns etwas Neues einfallen. Eigentlich war ich diejenige, die auf der Suche nach »dem Richtigen« war. Aber gute Freundinnen machen alles gemeinsam, deswegen suchten meine Freundinnen, die Uschis, einfach mit. Wir beschlossen, den Spaß zwar nicht aufzugeben, aber mit der Suche zu kombinieren – wenn wir gemeinsam ein neues »Hobby« hätten, dann könnten wir auch weiterhin gemeinsam lernen.

Unser neues Hobby nannten wir »Blindenbetreuung«. Ich liebe es, immer wieder neue Worte zu erfinden. Sie sind ja auch wahnsinnig praktisch. Wenn unsere SHG mal wieder bei dem ein oder anderen Milchkaffee zusammensaß, um über unsere Erlebnisse zu sprechen, mussten ja nicht alle Leute am Nebentisch mitbekommen, worüber wir plauderten. Auf das Wort »Blindenbetreuung« kamen wir über das Wort »Blinddate«. Wir wissen nicht genau, wie es die anderen machen, aber die Uschis und ich trafen jeweils mehr als einen Kandidaten. Natürlich geschah dies aus rein wissenschaftlichem Interesse und weil der Richtige nicht sofort dabei war. Damit aber am Nebentisch im Café niemand auch nur auf die Idee kommen könnte, dass wir es nötig hätten, so etwas wie Kontaktanzeigen zu schalten, nannten wir unsere Blinddate-Kandidaten »Blinde« und alle Aktivitäten drumherum »Blindenbetreuung«.

Ja, ihr habt richtig gelesen. Die Uschis und ich suchten die adäquaten Männer per Kontaktanzeige im Internet. Eigentlich nahe liegend. Uschi und ich hatten uns schließlich auch über das Internet kennen gelernt. Das geschriebene Wort liegt uns, wieso also nicht auch über das geschriebene Wort eine Vorauswahl der Kandidaten treffen?

Wo steckt er nur?

Irgendwie war uns klar geworden, dass wir systematischer und strategischer vorgehen mussten. Die Rechnung ist ganz einfach: Je gebildeter und erfolgreicher Frauen sind, umso weniger Männer bleiben für sie übrig, wenn man von der These ausgeht, dass Männer Frauen bevorzugen, die irgendwie dümmer sind und weniger verdienen als sie.

Ich werde nie vergessen, wie ich eines Tages einmal beim Spazierengehen einen Mann fast in einen Fluss geschubst hätte. Wir hatten uns im Studium kennen gelernt, ich schwärmte schon eine ganze Weile für ihn, aber außer gemeinsamem Kaffeetrinken war noch nichts gelaufen. Am selben Tag, an dem wir spazieren waren, hatten wir beide eine Hausarbeit von unserem Professor zurückbekommen. Meine war eine Note besser als seine, und er war deswegen ziemlich niedergeschlagen. Weil schönes Wetter war, gingen wir spazieren, und ich weiß nicht, wie wir auf dieses unsägliche Thema kamen, jedenfalls sagte er irgendwann: Wenn er jemals heiraten sollte, dann müsste seine Frau eine Journalistin oder Apothekerin sein. Ich schäumte innerlich vor Wut, denn wir studierten beide Ökonomie. Klug sollte sie also sein, nur Konkurrenz dürfte sie ihm keine machen. Und ich hatte gedacht, er würde mich als Frau mögen. Wie falsch ich da doch lag!

Das Uschi-Prinzip Nr. 4: »Sei geheimnisvoll!«

Ich habe mir übrigens abgewöhnt, Männern gleich zu erzählen, was ich beruflich tue. In der Kennenlernphase könnte das die armen Kerle zu sehr verschrecken. Später, wenn sie uns verfallen sind, spielt es keine so große Rolle mehr, und wir können nach und nach mit der Wahrheit herausrücken. Was ich damit meine: Wenn du einen Beruf hast, der möglicherweise Männer verjagen könnte (z. B. bist du doppelt-promovierte Beraterin für technische Angelegenheiten und führst ein Team von 20 Männern), dann macht es Sinn, irgendwie anders von diesem Job zu erzählen. Deiner Kreativität sind keine Grenzen gesetzt. Du musst ja nicht lügen, aber sei kreativ und geheimnisvoll. Sage kurz etwas über dich – natürlich nur, falls er fragt – und dann frage ihn danach, was er macht. Glaube mir, er wird dann eine Weile reden und vergessen, bei dir weiter nachzuhaken.

Und trotzdem macht mir dieses Erlebnis Hoffnung. Auch wenn es sich nicht um eine repräsentative Stichprobe handelt, so sagt diese Geschichte aus, dass eine Frau doch klug sein darf, wenn sie dem Mann und seinem Erfolg wenigstens nicht direkt in die Quere kommt. Sie darf also nur keine fachliche oder berufliche Konkurrenz sein – alles andere ist erlaubt, ja, sogar erwünscht! Als Ökonomin stehen mir also noch genügend adäquate, studierte Männer offen. Was gibt es da noch für Disziplinen zu entdecken! Ich startete bei den Ingenieuren, weil ich diese Spezies Mann so niedlich extrem-männlich fand, entdeckte aber recht schnell, dass die Welt noch viel, viel mehr zu bieten hat.

Die Anzahl der Kandidaten erhöht sich immens, wenn man diesen Aspekt ins Auge fasst. Obwohl Statistiken behaupten, dass die meisten Eheleute sich am Arbeitsplatz kennen gelernt haben, sagt das ja nichts über die Anzahl der *glücklichen* Ehen aus. Es gibt so viele Gelegenheiten, nach adäquaten Männern Ausschau zu halten. Aber zugegeben, sie sind häufig mit Anstrengung verbunden, denn auch adäquate Männer haben langweilige Hobbys, und wir wollen doch nicht, nur weil wir gerade suchen, auf öden Anglermessen und dem Fußballplatz herumhängen. Gut, die allerbeste Gelegenheit sind Partys von Freunden, denn die Männer, die man dort trifft, sind schon durch eine Vorauswahl gegangen. Aber ehrlich gesagt: Zu wie vielen Partys seid ihr pro Jahr eingeladen, auf der es tatsächlich ausreichend attraktive und freie Männer gibt, die ihr *noch nicht* kennt?

Viele Frauen sind deswegen ein wenig bequem und machen das Naheliegende: Sie werfen einen Blick auf interessante Kollegen. Das ist zwar praktisch und wenig anstrengend, birgt aber den Nachteil, dass man möglicherweise dem Mann fachlich zu ähnlich ist und damit in die Konkurrenzschiene rutscht, die ich mit der obigen Geschichte beschrieb. Wir Uschis suchten also nach einer

Möglichkeit, interessante, adäquate Männer zu treffen, ohne uns allzu sehr anstrengen zu müssen. Das Internet bietet mit seinen unzähligen Single-Kontaktbörsen dabei fantastische Möglichkeiten.

Das Uschi-Prinzip Nr. 3: »Wünsch dir was!«
Knappheit ist ein ökonomisches Konstrukt. Es ist genügend für alle da. In einer Singlehochburg gibt es auch Singles. Sag dem Universum, was du dir wünschst, füll dein Profil aus und warte auf die Lieferung. Es steht alles für uns bereit, wir müssen es nur annehmen. Aber achte darauf, was du dir wünschst!

Jeder Blinde ist anders

Die Uschis und ich trafen wirklich viele Blinde. Wir entwickelten eine bestimmte Routine darin, Kontaktanzeigen zu interpretieren und »Bewerbungsbilder« auszusuchen. Um nicht vorschnell zu urteilen, beschlossen wir, einer größeren Anzahl von Männern die Chance zu gewähren, sich uns persönlich vorzustellen. Wir mutierten also zu einer Art Personalabteilung und starteten eine größere Blindensuchaktion.

Ich weiß nicht, wie es euch geht, aber ich kenne fast nur Thomasse und Stefans. Um die Blinden besser auseinander halten zu können, gaben wir ihnen Namen. Da Uschi und ich immer mehrere Blinde gleichzeitig am Laufen hatten, mussten wir aufpassen, nicht den Überblick zu verlieren. Da gab es den »Gartenpisser«, der sich eindeutig schon am Telefon mit der Aussage disqualifizierte, dass er gern mal in seinen Garten pinkeln würde, den »Komischen Karsten«, der recht schnell vom »Seltsamen Stefan« abgelöst wurde, Svenchen und den Taucher sowie einen Axel, den wir zur Tarnung lieber »Deo« nannten …

Ich habe die meisten Blinden schon vergessen. Es waren durchlaufende Posten, Studienobjekte oder aber durchgefallene Kandidaten. Aber obwohl die Männer zum größten Teil nur Versuchskaninchen waren, möchte ich fast keines dieser Dates missen. Ich habe unglaublich viel über das Daten, Männer und nicht zuletzt über mich gelernt. Und ich hatte Spaß mit der Blindenbetreuung. Pro Woche zwei bis drei Dates mit adäquaten Männern, danach hatte ich mir in den Jahren zuvor die Finger geleckt. Und Übung macht die Meisterin!

Auch wenn Kontaktanzeigen immer noch einen schlechten Ruf haben, ich finde, sie sind ein hervorragendes Mittel, »wahnsinnig beschäftigten Frauen« eine Menge wundervoller Dates zu verschaffen. Seien wir doch mal ehrlich: Wie viel Verabredungen haben wir sonst im Laufe eines Jahres? Da gibt es immer mal einen neuen Kollegen, und wenn wir Glück haben, dann lernen wir auf einer Party im Freundeskreis mal jemand kennen. Aber dass man seinen zukünftigen Mann an der Gemüsewaage im Supermarkt trifft, halte ich für ein Ammenmärchen.

Kontaktanzeigen passen zu unserer wichtigen Erkenntnis: »Männer baggern, Frauen wählen aus.« Die armen Kerle bekommen äußerst selten Post, und Frauen ersticken fast an Zuschriften. Tja, so ist das Leben. Kontaktanzeigen sind ein hervorragendes Medium, über das sich ausreichend Kandidaten melden, unter denen ihr gnädig wählen könnt. Und glaubt mir, es macht einen riesigen Spaß, euren Freundinnen die Zuschriften vorzulesen. Im

Zeitalter des Internets haben die Kontaktanzeigen eine regelrechte Renaissance erlebt. Bei Zeitungsanzeigen haben viele noch Hemmungen oder sind zu faul, per Brief zu antworten. Aber die Suche, Auswahl und das Antworten per Internet geht wesentlich schneller und einfacher. Männer lieben Technik – ihr glaubt gar nicht, wie viele sich auf der Suche nach einer Frau in der grenzenlosen Welt des Internets herumtreiben! Ihr müsst nur wählen.

Und glaubt mir, es macht nicht nur Spaß, sondern ihr werdet mit der Zeit so eine unglaubliche Routine darin entwickeln, aufgrund der Zuschriften Kandidaten für ein »Vorstellungsgespräch« auszuwählen, dass ihr eigentlich auf eine Stelle in der Personalabteilung umsatteln könntet. Das Bild verrät schon einiges: Ich sortiere ja schon im Vorfeld alle Männer aus, die vermeintlich witzige Diddl-Maus-Bilder oder ähnliche Geschmacksverirrungen ins Netz stellen. Die Kandidaten sollen sich der Königin gefälligst mit einem anständigen Foto präsentieren. Das Auge isst ja bekanntlich mit! Wichtigstes Kriterium ist für mich der Sprachwitz – aber das ist schließlich Geschmackssache. Für euch könnte es zum Beispiel wichtig sein, dass er ein Segelboot besitzt, weil ihr schon immer einmal Segeln lernen wolltet. Jede nach ihrer Façon. Nur eins geht schon mal gar nicht: »Mir fällt gerade nichts ein« oder: »Das verrate ich dir später.«

Blindenbetreuung für Fortgeschrittene

Meine Lieben, bevor ihr euch in die Blindenbetreuung stürzt: Bitte seid vorsichtig, wenn ihr euch mit fremden Männern trefft! Es gibt zu viele Spinner auf dieser Welt. Aber wenn ihr euch an die folgenden Vorschläge haltet, ist die Gefahr recht klein. Ich lebe nach dem Motto »No risk, no fun« – ganz risikolos geht es nicht, wir wollen schließlich Spaß haben.

Wenn ihr mit einem Blinden netten Mailkontakt hattet, solltet ihr auf jeden Fall mit ihm telefonieren. Obwohl ich mittlerweile wirklich gut darin geworden bin, schriftliche Bewerbungsunterlagen zu interpretieren, erlebe ich doch immer wieder Überraschungen am Telefon. Für ein erfolgreiches Date braucht es einfach ein gewisses Maß an Übereinstimmungen, Interessen und ähnlichem Humor. Telefonieren ist eine hervorragende Möglichkeit zur Vorauswahl. Ich bin viel zu beschäftigt, um mich mit allen Kandidaten zu treffen, deswegen schärfe ich meinen Verstand, höre genau zu, stelle Fragen und verlasse mich dann auf meinen Bauch, ob ich diesen Kandidaten wirklich kennen lernen will.

Ein absolutes Ausschlusskriterium ist für mich, wenn der Typ eine fürchterliche Art zu lachen hat. Vielleicht habt ihr diese Folge bei Ally McBeal gesehen, in der sie mit einem hübschen Onkologen ausging, der eine schreckliche Lache hatte. Die arme Ally redete fortan nur noch über Krebs und andere traurige Themen, weil sie Angst hatte, dass er noch einmal zu lachen anfangen könnte. Ich konnte das absolut verstehen. Eine schreckliche Lache geht für mich genauso wenig wie ein Mann, der kleiner ist als ich.

Außerdem kann ich Männer nicht leiden, denen ich am Telefon alles aus der Nase ziehen muss. Meine Güte, ich bin doch nicht auf der Welt, um deren Animateurin zu sein! Was will ich mit so einem, wenn der sich schon am Telefon nicht traut? Das Date würde dann garantiert sterbenslangweilig werden.

Misstrauisch werde ich, wenn mir Männer am Telefon ausführlich von ihrem Hobby erzählen. Meine Lieblingsfreundin Uschi bekommt immer so einen angewiderten Gesichtsausdruck und spricht das Wort »Hobby« aus, als würde sie es nur mit Gummihandschuhen und spitzen Fingern anfassen: Hobby, uaah! Es ist ja nichts dagegen einzuwenden, dass Männer etwas in ihrer Freizeit tun. Ich könnte keinen Kerl gebrauchen, der mir ständig auf der Pelle hängt. Dazu bin ich viel zu beschäftigt und vor allen Dingen viel zu gern mit meinen lieben Freundinnen zusammen. Ich kann auch akzeptieren, dass Männer anscheinend ein Hobby brauchen, auch wenn ich das, was sie lieben, völlig uninteressant finde. Aber manche Dinge gehen einfach nicht. Der Exmann meiner Freundin Uschi zum Beispiel hüpfte als Elfe verkleidet bei diesen merkwürdigen Rollenspielen im Wald herum. Schlimm! Ich sortierte mal einen Blinden aus, als er mir ausführlich seine Metall-Reklameschilder-Sammlung beschrieb, mit der er seine komplette Wohnung dekoriert hatte. Ich konnte diesen Mann einfach nicht treffen. Stellt euch vor, ich hätte mich in ihn verliebt: Das hätte bedeutet, dass ich den Rest meines Lebens auf Flohmärkten verbracht und kein Stückchen Wand mehr in meiner Wohnung gesehen hätte. Schrecklich!

Am liebsten mag ich Telefonate, die einfach flutschen. Eine Geschichte ergibt die andere, man lacht zusammen und ist einfach gespannt, sich kennen zu lernen. So soll es sein! Bereitet das Telefonat schon Mühe, verzichtet lieber auf ein Treffen, denn unsere Erfahrung hat gezeigt, dass auch ein persönliches Gespräch nichts daran ändert, wenn man sich nichts zu sagen hat. Das Telefonat ist also wichtig, um auszuloten: Habe ich Lust, mit diesem Mann zwei, drei Stunden an einem Tisch zu sitzen, oder sortiere ich stattdessen lieber meine Socken nach Größe und Farbe?

Wenn ihr dann aber nach einem ersten Telefonat beschlossen habt, euch mit diesem Mann zu treffen, dann lasst ihn Zeit und Ort eines Treffpunktes vorschlagen, der für euch angenehm ist. Und denkt an die Mittwochsregel aus »The Rules«: Wenn er nicht bis Mittwoch ein Treffen am Wochenende vorschlägt, muss er sich bis zur nächsten Woche gedulden, schließlich seid ihr wahnsinnig beschäftigt! Wichtig ist, dass ihr euch in der Öffentlichkeit trefft. Geht nicht beim ersten Date mit zu ihm oder ladet ihn in eure Wohnung ein. Er ist ein fremder Mann, man weiß nicht, ob sich hinter seiner reizenden Fassade in Wahrheit ein Widerling verbirgt. Ihr solltet wirklich auf euch aufpassen! Selbst wenn er aus einer anderen Stadt kommt und extra zu euch fährt, um euch kennen zu lernen, solltet ihr unbedingt darauf bestehen, dass er sich eine anderweitige Unterkunft sucht. Auch wenn er ein noch so armer Student oder so etwas ist, bitte keine Ausnahme (selbst wenn ihr mittellose Studenten gnadenlos sexy findet). Ihr kennt den Mann nicht, es könnte ein »Axtmörder« sein. Wenn er wirkliches Interesse an euch hat, dann wird er auch das Geld zusammenkratzen, um in der Jugendherberge zu übernachten. Netter ist es natürlich, sich mit Männern zu treffen, die sich ein Hotelzimmer leisten können.

Eine meiner Uschi-Freundinnen erlebte einmal eine kuriose Geschichte: Sie war im Skiurlaub von einem Holländer angesprochen worden und hatte sich mit ihm etwa zehn Minuten unterhalten. Weil er noch am gleichen Nachmittag abreiste, hatten sie keine Gelegenheit, sich besser kennen zu lernen, aber er fragte sie nach ihrer E-Mail-Adresse, um mit ihr in Kontakt zu bleiben. Drei Monate lang schrieb er ihr aus Amsterdam die nettesten, charmantesten Mails, bis er sie schließlich fragte, ob er sie nicht für ein paar Tage in Hamburg besuchen kommen könnte. Sie mailte ihm, dass sie sich darüber sehr freuen würde und sich nach einer kleinen Pension für ihn umsehen würde. Seine Antwort war erstaunlich: Er schrieb beleidigt zurück, dass er selbstverständlich davon ausgegangen sei, bei ihr wohnen zu können. Dazu sei noch angemerkt, dass es sich bei dem jungen Mann um einen erfolgreichen Unternehmensberater und nicht um einen armen Studenten handelte. Meine Freundin erklärte ihm daraufhin, dass es ihr lieber wäre, er ginge in ein Hotel, weil sie ihn ja schließlich so gut wie gar nicht kennen würde. Nicht ganz unverständlich, sollte man meinen. Er lehnte es aber daraufhin trotzdem ab, sie noch zu besuchen, und meinte, er würde sich melden und ein anderes Mal kommen. Ihr ahnt es schon: Nach dieser letzten Mail hörte Uschi nie wieder etwas von ihm. Die SHG war ratlos: Wir haben keine Ahnung, was er wirklich von Uschi wollte. Nur eine günstige Gelegenheit nutzen, ein paar Tage in Hamburg zu verbringen? Sie flachlegen und dann wieder nach Holland abreisen? Etwas seltsam kam uns vor, dass er zuvor drei Monate lang gemailt hatte. Aber was auch immer der Grund gewesen sein mag: Offensichtlich war er an Uschi nicht so ernsthaft interessiert, dass er die »Mühen« eines Hotelzimmers auf sich nehmen wollte. Und somit tat Uschi gut daran, erst gar nicht weitere Gefühle in ihn zu investieren, dieser Mann hätte ihr mit Sicherheit nur Herzschmerz bereitet. Wir sind Königinnen und keine kostenlosen Frühstückspensionen! Aber weiter zum Thema Treffpunkte bei der Blindenbetreuung:

Trefft euch in der Öffentlichkeit, irgendwo in einem Restaurant oder einer Bar, aber nicht in eurer Lieblingslocation. Es könnte schließlich sein, dass er fürchterlich angezogen ist oder schlimme auffällige Macken hat, die ihr weder auf dem Bild noch am Telefon identifizieren konntet. Außerdem könnte es sein, dass der Mann ganz schrecklich ist, er aber eure Lieblings-Stamm-und-Absacker-Bar so toll findet, dass er meint, er müsse jetzt jeden Abend an diesem Ort auftauchen. Schlimmer noch: Er verliebt sich im Gegensatz zu euch und lungert nun permanent in dem Lokal herum und hofft, euch »zufällig« zu treffen. Eine gruselige Vorstellung, dann bleibt euch nur noch der Rückzug. Also, wenn ihr unbedingt einen Vorschlag machen müsst, weil der Mann so liebreizend und höflich ist, ganz auf eure Wünsche eingehen zu wollen, dann nennt ein nettes Lokal in eurer Nähe. Nicht mehr und nicht weniger.

Ich mag es ja lieber, wenn der Mann eine Location auswählt. Das sagt doch gleich etwas über ihn aus. Nennt er zum Beispiel ein amerikanisches Restaurant, dann verabschiede ich mich recht schnell oder biege das Date um auf »nur etwas zusammen zu trinken«. Ich weiß nicht, was sich ein Mann denkt, mich zu einem Fleischklops mit Pommes einzuladen. Das entspricht jedenfalls weder meinem Niveau noch meinem Geschmack. Der Nächste, bitte!

Ich persönlich liebe zwar Rendezvous mit Essenseinladungen, aber ich ziehe es in der Regel vor, einen Mann beim ersten Date nur auf einen Drink zu treffen. Stellt sich der Mann als schrecklicher Typ heraus, dann kann ich nach einem Kaffee oder einem raschen Bier gehen. Ein Essen kann mitunter Stunden dauern, und blöde Typen haben dann oft noch die Angewohnheit, noch nicht einmal zu zahlen. Dann habe ich den Salat: Einen vergeudeten Abend, an dem ich auch noch zahlen muss. Das kann ich mir wirklich sparen. Wenn ich also am Telefon noch nicht Feuer und Flamme bin, sondern einem »Zweite-Wahl-Kandidaten« ein Date gewähre, weil ich mal wieder Lust habe auszugehen, dann treffe ich mich auf jeden Fall nur auf einen Drink.

So war ich einmal mit einem netten Blinden einen Kaffee trinken. Er riss mich zwar nicht vom Hocker, aber ich beschloss, dass er mich ruhig ein paar Wochen verehren dürfte, denn die Unterhaltung mit ihm war kurzweilig und er war ein ganz Hübscher. Wir hatten nicht so viel Zeit, und ich trank deswegen auch nur einen einzigen Kaffee. Als ich am Ende des Dates auf die Toilette ging, kam er mir auf dem Rückweg entgegen, weil er auch einmal musste. Zurück am Tisch kam die Bedienung zu mir und sagte, dass ich auf keinen Fall noch einmal mit diesem Mann ausgehen sollte. Sie hatte mitbekommen, dass es sich um ein Blinddate handelte, und teilte mir mit, dass er *nur seinen eigenen* Kaffee bezahlt hatte. Sie war ebenso empört wie ich. Das geht ja wohl gar nicht!

Wie gesagt, ich bevorzuge es, ein Date auszumachen, bei dem ich einfache Rückzugsmöglichkeiten habe. Manchmal funktioniert das aber nicht, weil der Mann vielleicht einen Ausflug oder etwas in der Art vorschlägt, zu dem ich dann auch Lust habe. Jedes Mal, wenn ich ein »riskanteres« Date habe, notiere ich mir seinen vollständigen Namen, seine Adresse und Telefonnummer und alles, was ich Wichtiges über ihn weiß, und schicke eine E-Mail an Uschi. Wenn er mich um die Ecke bringt, soll er wenigstens anschließend dafür büßen. Bisher ist mir noch nichts Schlimmes passiert, aber Vorsicht ist die Mutter der Porzellankiste.

Manchmal kommt es allerdings auch vor, dass man ein so schreckliches Date hat, dass man es noch nicht mal eine einzige Stunde mit dem Kerl aushält. In diesem Fall haben Uschi und ich einen Trick: Ich gehe auf die Toilette und schicke ihr eine SMS. Dann ruft sie mich an, erzählt mir irgendetwas, und ich kann meinem Date gegenüber hektisch behaupten, es handele sich um einen Notfall und ich müsse sofort los. Na ja, und für die Abgebrühten unter euch kann man auch einfach sagen: »Sorry, du bist absolut nicht mein Typ.« Zahlen, aufstehen, tschüss. Aber das ist nicht jederfraus Sache. Aber wie auch immer, eure Zeit ist viel zu kostbar, um sie mit unangenehmen Männern zu verbringen.

10. Top oder Flop – So viele Männer, so wenig Zeit!

Na, läuft euch jetzt auch schon das Wasser im Munde zusammen? Habt ihr nun Lust auf Blindenbetreuung bekommen? Mein Tipp: Probiert es aus! Ich weiß, ich weiß, ich kann mir schon denken, was ihr jetzt sagt. Auch ich vermutete anfangs, dass man per Kontaktanzeige und im Internet nur die blöden Männer findet. Nur solche, die sozial gestört, hässlich wie die Nacht oder sonst wie abartig veranlagt sind. Solche gibt es dabei bestimmt tatsächlich. Es ist so hart in einem gewissen Alter: Irgendwann über dreißig hat eine Frau in der Tat das Gefühl, dass »Männer wie Toiletten sind, besetzt oder beschissen«. Aber ihr glaubt nicht, wie groß die Vielfalt der Männer ist, die man über solche Kontaktanzeigen kennen lernen kann! Es sind auch eine ganze Menge nette Kerle dabei. Vor allen Dingen, wenn ihr den Mut nicht verliert und eure Zielgruppe ein bisschen ausdehnt. Wer sagt denn, dass der Mann nicht älter oder jünger sein darf? Beide Kategorien haben ihre Vor- und Nachteile …

Erfahrene Männer …

Wenn wir unseren Blick auf Männer richten, die mehr als die üblichen ein oder zwei Jahre älter sind, müssen wir mit großer Wahrscheinlichkeit damit leben, einen abgelegten Mann zu bekommen. Aber, seien wir doch mal ehrlich, ganz frisch sind wir doch auch nicht mehr. Abgelegte Männer haben eine ganze Reihe von Vorteilen: Sie sind erfahren und verschaffen uns Eintritt in eine Welt, die uns bisher verschlossen war. Sie haben hoffentlich auch genügend Geld (es sei denn, sie müssen Alimente für fünf Kinder aus vier verschiedenen Ehen zahlen). Sie wissen, wie man eine Frau zum Essen einlädt und wie man sie behandelt, dass sie sich wie eine Königin fühlt. Sie bieten eine starke Schulter und symbolisieren den Fels in der Brandung, der uns Sicherheit und Schutz bietet. Wenn sie wieder bereit sind, sich zu binden, dann wollen sie es in der Regel auch tun. Es gibt nichts Schlimmeres als einen bindungsscheuen Anfangdreißiger, der uns zwar schön warm hält, uns aber ansonsten in die Verzweiflung treibt, weil für *ihn* die Kinderfrage noch nicht brennt. Treffen wir einen wirklich getrennten Mann um die Vierzig, der mit uns ausgehen will, dann können wir in der Regel davon ausgehen, dass er sich auch binden will. Noch besser, diese Männer kann man ganz einfach danach fragen. Sie sind abgeklärt genug, in diesen Angelegenheiten nicht um den heißen Brei herumzureden. Sie wissen, was sie wollen, und sind auch bereit, dazu zu stehen. Ich liebe Tacheles.

Passt aber darauf auf, dass ihr in der Tat einen »richtig getrennten« Mann erwischt. Ich frage mittlerweile gnadenlos detailliert den Familienstand ab. Ich möchte es wirklich genau wissen: Ist die Scheidung vollzogen, lebt er getrennt von seiner Frau, oder hat er nur die Absicht, sie irgendwann eventuell zu verlassen? Das sind ganz entscheidende Fragen! Denn ihr müsst wirklich gut auf euch aufpassen, ansonsten habt ihr am Ende einen Zauderer an der Backe, der durch nichts einem Anfangdreißiger nachsteht, denn er bricht euch ebenso das Herz. Am besten sind natürlich die Männer, die eine angemessene Zeit nach der Scheidung hinter sich haben. Am allerliebsten habe ich die, die auch noch eine Therapie gemacht und ihren Kram tatsächlich aufgearbeitet haben. Leider gerät man bei vielen an eine Mogelpackung, denn therapiert sind die allerwenigsten.

Die Uschis und ich waren eine Zeit lang sehr strikt gegen verheiratete Männer. Da meine Busenfreundin Uschi ehemäßig schon schlechte Erfahrungen gemacht hatte, war sie natürlich noch viel konsequenter als ich. Mir passierte es immer wieder, dass ich an »Fremdficker« gelangte. Männer, die irgendwie »vergaßen«, mir rechtzeitig zu sagen, dass sie verheiratet sind. Wie ich euch später noch berichten werde, habe ich einen Hang zu Arschlöchern, und es zog mich immer wieder zu einem bestimmten Männertyp hin. Sie sind die perfekten Verführer, legen sich ins Zeug, um mich zu erobern, und wissen genau, was sie tun. Es fiel mir ungemein schwer zu widerstehen.

Einmal traf ich einen wirklich perfekten Blinden. Er schrieb wundervolle Mails, war reizend am Telefon und lud mich in ein extrem vornehmes Restaurant ein. Ich war damals noch nicht so geübt mit Rendezvous, deswegen beeindrückte mich das ganz schön. Aber ehrlich gesagt, sollte sich eine Frau daran auch nicht allzu sehr gewöhnen und es als Selbstverständlichkeit hinnehmen, denn die Männer geben sich schließlich alle Mühe, uns zu beeindrucken, und diesen Spaß sollten wir ihnen und uns nicht nehmen. Etwas Bewunderung schadet also nicht, wenn der Mann sich ordentlich ins Zeug legt, Komplimente und Begeisterung sind schließlich sein Lohn. Weiter mit meiner Geschichte:

Also, dieses wundervolle Exemplar von Mann lud mich zum Essen in ein großartiges Restaurant ein. Ich zog mir mein brandheißes, schickes, neues Kostüm an, hüllte mich in einen köstlichen Duft und zeigte mich insgesamt von meiner besten Seite. Obwohl von Anfang an wie wild Schmetterlinge in meinem Bauch tobten, hatte ich mich ihm gegenüber nett, aber distanziert verhalten. Zum Abschied gab es ein Küsschen auf die Wange. Mehr nicht, ich hatte schließlich die Regeln gelesen. Auf dem Heimweg schrieb ich ihm noch eine SMS, um mich für den Abend zu bedanken. Kaum lag ich im Bett, rief er mich an, und wir plauderten noch kurz – rumms, ich war verliebt! Wir telefonierten von da an regelmäßig, es gab das zweite Date, und ich wurde immer verliebter. Beim dritten Date hätte ich gern mit ihm geschlafen, aber tragischerweise war ich indisponiert. Trotzdem durfte er an diesem Abend zum ersten Mal mit zu mir rauf, bekam noch den üblichen Kaffee, und wir knutschten ein wenig auf dem Sofa herum. Es kostete mich übermenschliche Kräfte, ihn nach Hause zu schicken. Ich war zu schüchtern, um ihm den wahren Grund zu nennen, dachte aber, es wäre o.k. so, schließlich war es regelkonform. Ich war verrückt nach diesem Mann und er war es nach mir. Kaum war er zu Hause, telefonierten wir schon wieder. Hach, war ich verliebt!

Leider hatte ich – trotz aller Regeln – nicht genügend auf mich aufgepasst. Durch Zufall stellte sich ein paar Tage später die Wahrheit heraus. Eine meiner Lieblings-Uschis war auf einer Tagung und traf dort einen Mitarbeiter meines scheinbar perfekten Mannes. Sie kamen ins Gespräch, und er erzählte, dass mein Mann vor einem halben Jahr groß einen ausgegeben hatte, weil er gerade geheiratet hätte. Uschi war es verdammt schwer gefallen, mir das zu erzählen, denn sie wusste, wie verliebt ich war, und gönnte mir das aus vollstem Herzen. Auch wenn es hart war – es war gut, dass ich es wusste. Bei seinem nächsten Anruf stellte ich ihn zur Rede, und er gab tatsächlich zu, dass er verheiratet war. Er kommentierte es tatsächlich damit, »dass dies aber nichts zur Sache tue«. Das tut nichts zur Sache? Frechheit! Für mich tat dieses kleine, unwesentliche Detail durchaus etwas zur Sache, meine rosaroten Seifenblasen-Träume zerplatzen mit einem lauten »Plopp«. Natürlich hatte ich übelste Rachegelüste, um meinen Schmerz zu bekämpfen, aber Rache ist irgendwie nicht mein Stil.

Ich erzähle euch diese immer noch schmerzvolle Geschichte, um euch zu warnen. Leider ist es nicht in jedem Fall so, dass wir uns auf unseren Bauch verlassen können. Ich bin der festen Überzeugung, dass dieser Mann genauso verrückt nach mir war wie ich nach ihm – nur aus anderen Motiven als ich. Er hat mir das Herz gebrochen, und ich habe es zugelassen. Ich hätte genauer hinhören müssen, als er mir von seiner Zweitwohnung in einer anderen Stadt erzählte, und es hätte mir auffallen können, dass er sich nie am Wochenende bei mir meldete. Aber ich war zu verliebt, um wachsam zu sein. Und genau das ist der Grund, warum eine Uschi sehr streng sein sollte, bevor sie ihr Herz an jemanden verschenkt. Nicht, weil wir es den Männern absichtlich schwer machen wollen. Wir müssen uns schützen, damit am Ende nicht *wir* diejenigen sind, die Rotz und Wasser heulen!

Ich hatte so eine Wut auf diesen Typen und schwor mir, mich niemals, aber auch wirklich niemals mehr auf einen »Fremdficker« einzulassen. Heute frage ich die Männer dezidiert nach ihrem Familienstand, damit mir so eine Geschichte nicht noch einmal passiert. Den meisten Männern fällt es nicht sonderlich schwer, das ein oder andere wichtige »Detail« zu verschweigen – aber nur die wenigsten haben die Chuzpe, einem mitten ins Gesicht zu lügen, wenn man sie ganz direkt fragt, ob sie verheiratet oder in einer anderweitig festen Bindung sind. Zwar bin ich mittlerweile etwas milder gestimmt, was verheiratete Männer betrifft, aber ich bin immer noch sehr vorsichtig, bevor ich mein Herz an einen hänge. Wie gesagt, es gibt nur wenige Männer, die eine schmerzvolle Erfahrung wirklich gründlich aufarbeiten. Vielleicht irre ich mich, schließlich haben wir keine größere statistische Erhebung gemacht, aber ich glaube, die wenigsten Männer nehmen sich die Zeit und die Muße dazu. Unserer Erfahrung nach trennen Männer sich erst, wenn sie eine Neue haben. Sie mögen einfach nicht gern alleine sein.

Wenn eine Frau nun darauf spekuliert, ausschließlich Männer

kennen zu lernen, die ihre Scheidung hinter sich und diese Lebensphase auch noch gründlich aufgearbeitet haben – dann bleiben am Ende wahrscheinlich auch wieder nur die »beschissenen« Exemplare übrig, die sonst keiner will. Es ist ein Dilemma: Auf der einen Seite erwarte ich von meinem Partner, ein wenig reflektiert zu sein, auf der anderen Seite scheint es wohl nötig, den Horizont auf unglücklich verheiratete Männer auszudehnen, wenn man ein gescheites Exemplar abbekommen möchte. Also macht es doch Sinn, auch verheirateten Männern einen zweiten Blick zu schenken, genau zu überprüfen, wie es um ihre Ehe und – vor allen Dingen – wie es um ihr Interesse uns gegenüber steht. Das ist nicht leicht, denn wie soll man herausfinden, ob es ihnen wirklich ernst ist? Sucht er nur ein Abenteuer oder befindet er sich vielleicht schon auf dem Absprung aus der Ehe? Jede Frauenzeitschriftenleserin kennt die Story von der Geliebten, die jahrelang darauf wartet, dass er sich endlich von seiner Ehefrau trennt, und weiß, dass das eigentlich nie geschehen wird. Das Einzige, was in so einem Fall funktioniert, ist, sich ihm sexuell so lange zu verweigern, bis er klare Verhältnisse geschaffen hat – damit sortiert man alle diejenigen aus, die es sowieso nicht ernst meinen und nur mit uns ins Bett wollen. Aber so richtig spaßig ist das auch nicht. Schwierig! Vielleicht doch lieber einen jüngeren Mann?

… und reizende junge Kerle

Junge Männer sind toll, um mit ihnen Spaß zu haben. Eine Frau muss ja erst in ein entsprechendes Alter kommen, dass sie junge Männer überhaupt interessieren. Ich war achtundzwanzig, als ich das erste Mal einen jüngeren Mann hatte. Er war dreiundzwanzig, ganz reizend und ein guter und vor allen Dingen ausdauernder Liebhaber. Ich schätze junge Männer, bei meiner Vorliebe für 23-Jährige bin ich geblieben.

Mit jungen Männern kann man wirklich viel Spaß haben. Der Unterschied zu älteren Männern liegt meiner Meinung nach vor allen Dingen darin begründet, dass sie auch gern tanzen gehen. Dank MTV ist es cool, tanzen zu können. Männer meines Alters kamen erst in den Genuss von MTV, als sie daran gewöhnt waren, am Rand der Tanzfläche herumzustehen und ein lässiges bis gelangweiltes Gesicht zu machen. Junge Männer finden es völlig normal zu tanzen und produzieren sich gern damit, wer es am originellsten kann. Ich mag das sehr. Ich tanze für mein Leben gern und noch lieber, seitdem ich weiß, wie Schubbern geht. Junge Männer können das hervorragend.

Junge Kerle sind einfach reizend! So weiche Haut, so unbehaart, so voller Bewunderung für uns reife, weise und erfahrene Frauen. Kaum ein Mann trägt uns so auf Händen wie ein junger Verehrer. Kaum einer preist in so hohen Tönen unseren Liebreiz und unsere Qualitäten als Liebhaberin. Sie entführen uns in ein anderes Land, in eine Zeit, in der man noch sorglos in den Tag hineinlebt, weil sie nicht weiter planen können als bis zu den nächsten Semesterferien. Sie lassen uns unsere Sorgen und unseren Alltagstrott eine Weile vergessen, weil sie uns zeigen, wie man das Leben genießt und richtig Party macht. Es ist schon toll! Es macht Spaß, ihnen einen kleinen Einblick in die Welt der »Erwachsenen« zu geben, ihnen etwas zu zeigen und sie zum Staunen zu bringen. Und es ist ganz herzergreifend zu sehen, wie sie sich im Gegenzug ein Bein für uns ausreißen.

Möglicherweise kommt mein Faible für 23-Jährige auch daher, dass diese zwar um einiges jünger sind als ich, aber dafür nicht mehr völlig unerfahren. Ich fand es zwar ganz reizvoll, auch einmal einem »Jungmann« zu zeigen, wie es geht, aber einmal reicht. Letztlich kommt eine Frau dabei nicht wirklich auf ihre Kosten. Und leider ist es so, dass nach meiner Erfahrung die Techtelmechtel mit jungen Männern nicht wirklich lange dauern. Bis er genügend gelernt hat, fliegt der kleine Schmetterling schon weiter zur nächsten Blüte. Glücklicherweise habe ich mich noch in keinen dieser Jünglinge verliebt, aber ich habe den Flirt und das gegenseitige Begehren sehr genossen.

Junge Männer und »ältere« Frauen passen einfach perfekt zusammen. Jungs genießen es und sind stolz darauf, eine erfahrene Frau zu erobern – wir finden es toll, dass so ein knackiger, junger Mann sich für uns interessiert und diese nichts sagenden, schlanken jungen Dinger für uns links liegen lässt. Win-Win! Und wenn man es einfach genießt und nicht zu große Ansprüche stellt, können es wundervolle Wochen werden. Hin und wieder ein junger Mann, sozusagen als Wellness-Programm für Körper, Geist und Seele, ist unbedingt zu empfehlen. Ob er für dich auf die Liste der adäquaten Kandidaten kommt, musst du selbst entscheiden.

Amore mio – die Vorteile der Südländer

Eine ganz besondere Spezies Mann sind die Südländer. Da ich erst in einem fortgeschrittenen Lebensalter die Vorteile von Brustpelz zu schätzen lernte, hatte ich in jungen Jahren wenig Lust auf Südländer. Es irritierte mich etwas, dass sie mehr Schmuck trugen als ich. Ich vermutete, dass ich mich an ihrer Seite wie ein hässliches Entlein fühlen würde, so gestylt und herausgeputzt wie sie sind. Weit gefehlt, niemals fühlt eine Frau sich so wunderschön wie in der Gegenwart eines Südländers. Diese Komplimente! Männer aus den wärmeren Regionen Europas wissen einfach die Vorteile einer Frau zu schätzen und zu loben. Im Gegensatz zu den manchmal etwas verklemmten Nordeuropäern sind sie sich nicht zu fein, unsere Vorzüge mit immer wieder neuen Worten hervorzuheben. Ein wunderbar königliches Gefühl, diesen Komplimenten zu lauschen! Ich hatte mal einen Liebhaber, der wirklich alle Klischees eines italienischen Gigolos erfüllte. Er hatte gegelte Haare, roch meilenweit nach teurem Aftershave, und sein Schmuck klirrte leise bei jeder Bewegung. Aber das verzückte »Madonna ...!«, wenn er wieder mal von der Schönheit meiner Erscheinung oder meinen Handlungen überrascht wurde, klingelte noch Tage nach unserem Treffen wohltuend in meinen Ohren. Nach einem Rendezvous mit ihm fühlte ich mich jedes Mal wie eine Königin oder die hübscheste Frau auf der Welt – oder sogar beides gleichzeitig. Abgesehen davon, dass ich häufig einfach zu groß für südländische Männer bin, sind sie zumindest als Pausensnack oder als Verehrer Weltklasse. An Tagen, an denen eine Uschi in den Spiegel schaut und sich mal wieder alles andere als wunderhübsch und königlich fühlt, sollte sie auf jeden Fall mit einem südländischen Verehrer einen Kaffee trinken gehen. Falls gerade keiner auf Lager ist – wozu gibt es italienische Eissalons?

Schliddermänner sind Geschmackssache

Uschi und ich sind unterschiedlicher Meinung zum Thema »Schlidder« – aber Uschis dürfen auch mal unterschiedlicher Meinung sein. Meine Freundin Uschi ist durchaus der Ansicht, dass man hin und wieder ein bisschen Bescheidenheit an den Tag legen sollte, wenn es um Männer geht. Vielleicht liegt es an meinem

Sternzeichen. Bescheidenheit liegt Zwillingen einfach nicht. Ich konnte und kann mich einfach nicht mit den »Schliddermännern« anfreunden. Weil Uschi entgegen meinen Ratschlägen immer noch »schlidderphil« ist, will ich euch gern erklären, welche männlichen Exemplare bei uns diese Bezeichnung bekommen.

Uschi hatte mal so einen Schliddermann. Ich fand ihn unmöglich, aber sie war ein paar Wochen ganz zufrieden mit ihm. Dieser Mann ist auch für die Erfindung des tollen Wortes verantwortlich. Der Schlidder (unsere Kurzform für Schliddermann) kam eines Tages im Winter bei Glatteis einige Minuten zu spät zu einem Date mit Uschi und entschuldigte sich im breitesten Fischkoppslang bei ihr mit den Worten: »Jo, drrraußen is ja man wieder Schliddermann und Söhne!«

Dazu muss ich erwähnen, dass Uschi und ich es hassen, wenn jemand scheinbar witzige Umschreibungen benutzt. Ihr kennt solche Sachen sicherlich. Bei »zum Bleistift« oder »Tschüssikowski« dreht sich uns einfach der Magen um. Das ist nicht witzig! Das ist ebenso schlimm wie diese unsägliche Diddl-Maus-Seuche. Schliddermänner sind nicht in der Lage, eigene witzige Dinge zu erfinden oder Situationskomik zu nutzen, sie lieben es, ganze Sketche von irgendwelchen Comedians nachzuerzählen, und lachen sich zum tausendsten Mal noch »scheckig« darüber. Ich kann da nur mit den Augen rollen und mich schaudernd abwenden … Uschi ist da wie gesagt etwas großzügiger.

Eines Tages beschloss sie, den weisen Rat meiner Mutter auszuprobieren, die schon der Meinung war, dass man hin und wieder mit Kompromissen leben muss (mehr davon erzähle ich euch im nächsten Kapitel). Und das tat Uschi dann auch, sie ging einen Kompromiss ein und suchte sich einen Mann aus, der ein, zwei nette Eigenschaften hatte – aber das war's dann auch schon. Es war Winter, also eine denkbar schlechte Jahreszeit, um auf die

Piste zu gehen und neue Kandidaten zu akquirieren. Denn wohin mit der dicken Winterjacke in den überhitzten Schuppen? Das ist aber auch der einzige mildernde Umstand, der mir zu diesem Mann einfällt. Eben jener Schlidder konnte wohl eine Sache ganz gut – jedenfalls bekam ich das in allen Einzelheiten erzählt –, aber von Sex handelt erst das nächste Buch. Ansonsten trug er weiße Socken, war nicht wirklich eine Augenweide und wohnte weit weg von der Großstadt. Glücklicherweise sagte er bei Treffen mit normalen Menschen recht wenig. Uschi war wohl mit seinen Qualitäten, die er an den Tag legte, wenn sie beide allein waren, zufrieden genug, um es ein paar Wochen mit ihm auszuhalten.

Was ich damit sagen will? Nun, es gibt wohl Frauen, die sich mit Schliddermännern arrangieren können. Diese Frauen nennt man wahrscheinlich Ehefrauen. Nein, das war jetzt gemein. Vielleicht gibt es auch andere Männer, die sich heiraten lassen. Was ich wirklich meine: Es ist ein schmaler Grat zwischen dem großzügigen zweiten Blick auf scheinbar nicht ganz adäquate Männer und den Schliddern. Uschi muss genau hinsehen, wenn sie anspruchsvoll ist. Aber das kann jede Uschi für sich entscheiden – und das noch in jeder Situation jederzeit neu ...

Wichtig ist, dass ihr wisst oder herausfindet, was gut für euch ist – denn das habt ihr auch verdient! Passt auf euch auf. Sammelt Erfahrungen, aber vergeudet eure wertvolle Zeit nicht mit Männern, die euch nicht gut tun. Lasst euch nicht verletzen und davon abhalten, vor allen Dingen Spaß zu haben.

Perfektion bei Männern?

Ich habe euch eben von den Schliddern erzählt, die meiner Meinung nach gar nicht gehen. Aber dann gibt es noch die Kerle, die es durchaus verdient haben, dass man sie sich etwas genauer ansieht. In den Schuppen hatte ich gelernt, Männern immer mal einen zweiten Blick zu gönnen und ihnen eine zweite Chance zu geben. Na gut, dabei ging es ja auch nicht um den Mann fürs Leben – aber warum sollte ich bei meiner ernsthafteren Suche nicht auch meine Kriterien ein wenig auflockern?

Was wäre, wenn zum Beispiel ein Mann bereits in meinem Leben wäre, den ich bisher übersehen hatte? Es ist ja nicht so, dass ich nur Freundinnen habe. Nein, es gibt auch Brüder von Freundinnen, platonische Freunde, mit denen ich im Chor singe, Nachbarn oder Exkollegen. Wenn ich mich genauer umschaue, dann gibt es in meinem Leben eine ganze Reihe Männer, die bestimmt einen genaueren Blick wert sind. In dem Roman »Was? Wäre? Wenn?« von Wiebke Lorenz bekam ich eindringlich vorgeführt, was passiert, wenn man einem Traummann hinterher schwärmt, der vielleicht gar nichts für uns ist, und dafür den »besten Freund« übersieht, der uns glücklich machen könnte. Als ich dies kapierte, sah ich die Männer in meinem Umkreis auf einmal mit ganz anderen Augen. Doch leider war dort auch keiner dabei.

Statt pessimistisch zu zweifeln, ob es Mr. Right überhaupt gibt, beschloss ich, genauer hinzusehen und systematisch weiterzusuchen. Ich hatte das Buch mit den »Bestellungen beim Universum« gelesen, bestellte Mr. Right und übte derweil mit Parkplätzen.

Das Uschi-Prinzip Nr. 3: »Wünsch dir was!«
Männer kann man auch beim Universum bestellen. Glaubt mir, das funktioniert genauso gut wie mit den Parkplätzen. Das einzige Problem ist, dass wir bei Mr. Right etwas anspruchsvoller sind als bei einem Parkplatz. Es soll ja schließlich »fürs Leben halten«. Die Kunst beim Männer-Bestellen ist, eben nicht zu viele Ansprüche in den Mann hineinzupacken. Bestellt einen, »der zu euch passt«, und lasst das Universum wählen. Glaubt mir, es hat den besseren Blick dafür.
Eine Freundin von mir bestellte einmal – einfach so – ein Date mit einem Popstar. Es war unglaublich, in den Monaten danach ergaben sich tatsächlich mehrere Möglichkeiten, diesen Kerl tatsächlich persönlich kennen zu lernen. Merkwürdigerweise verpatzte sie jede dieser Gelegenheiten. Sie nahm das Angebot nicht ernst, kam zu spät oder vermasselte es sonst wie – anscheinend hatte sie ihre Bestellung weniger ernst genommen als das Universum! Also seid vorsichtig, was ihr bestellt, und genießt die Lieferung.

Noch einmal zurück zu meiner Mutter und ihren Ansichten über Kompromisse. Irgendwann erzählte ich Uschi, dass meine Mutter, solange ich mich erinnern kann, immer predigte, dass eine Frau mehr als nur einen Mann braucht: »Einen Mann, der tanzen kann, einen fürs Kino, einen, mit dem man diskutieren kann, und einen ...« Am Ende ihres Vortrags fing sie stets mädchenhaft an zu kichern. Ich schloss daraus, dass sie »einen fürs Bett« meinte. Natürlich glaubte ich ihr. Allerdings wunderte ich mich ein wenig, wie sie zu meinem Vater gekommen war. Nicht, dass ich meinen Vater nicht toll finden würde, aber welcher von den Männern, die eine Frau haben sollte, war er? Nach dem Abschlussball meiner Tanzstunde war klar: Mein Vater war der Tänzer. Nun gut, frau muss sich wohl irgendwann entscheiden. Das war allerdings meine Interpretation. Meine Mutter fragte ich nicht danach. Ich lebte mehr oder weniger singlemäßig vor mich hin. Als mir dieser Lebensstil nach ein paar Jahren reichte, fragte ich meine Mutter doch noch einmal: »Sag mal, war es das schon mit der Lebensweisheit? Wie finde ich denn den zum Heiraten?« Meine Mutter lachte und riet mir, einfach den zu nehmen, der immerhin zwei oder drei der relevanten Dinge konnte. Die Antwort gefiel mir nicht besonders. Ich vergaß sie, bis ich sie eines Tages Uschi erzählte.

Uschi war begeistert. Sie fand die Einschätzung meiner Mutter realistisch und mich arrogant. Nun, das wusste ich bereits. Natürlich hatte ich in den vergangenen Jahren die Erfahrung gemacht, dass mir anspruchsvollen Tussi keiner genügte. Als ich später raushatte, wie es funktioniert, einen Mann abzuschleppen, und dass das sogar bei gutaussehenden Männern funktionierte, wurde ich wohl ein wenig *zu* anspruchsvoll.

Zu Recht! Wieso war ich eigentlich jahrelang davon ausgegangen, dass mir nur die mittelmäßigen bis hässlichen Männer zustehen? So ein Quatsch! Nur weil bei den Urlaubsfotos anteilig mehr doofe als perfekte Abbildungen meines Luxuskörpers zu sehen sind, heißt das noch lange nicht, dass ich hässlich bin! Jede von uns hat ihre Vorzüge, wir müssen sie nur zeigen. Was glaubt ihr, wieso ich große Ausschnitte liebe?

Aber irgendwie passte diese Einstellung nicht mehr so ganz mit dem Uschi-Prinzip zusammen, dachte ich. Ich hatte doch bereits gelernt, dass Perfektion Kraftverschwendung ist. Wenn ich das für mich in Anspruch nahm, sollte ich vielleicht auch Männern gegenüber großzügiger sein … oder einfach nur genauer hinsehen? Andererseits liegt mir Bescheidenheit nicht, und ich liebe das erste Uschi-Prinzip. Ich will mich verhalten wie eine Königin und dann auch wie eine solche behandelt werden. Dann steht mir wohl eindeutig die Crème de la Crème der Männerwelt zu! Die Blindenbetreuung gibt uns die Möglichkeit, die Vor- und Nachteile ausreichend vieler Männer auszuloten und die Ratschläge meiner Mutter auszuprobieren – um sie gegebenenfalls zu verwerfen. Oder aber sie zu teilen. Jede nach ihrer Façon!

Eine andere meiner Uschi-Freundinnen erzählte mir neulich eine sehr interessante Geschichte. Diese meinte, dass sie sich in ihrem bisherigen Leben ausschließlich in Männer verliebt hätte, die sie anfangs total doof gefunden hatte. Sie hatten sie angehimmelt, waren ihr auf die Nerven gegangen und hatten ihren Anrufbeantworter voll gequasselt. Unabsichtlicherweise reagierte Uschi auf die Typen dann genau so, wie man nach den Uschi-Prinzipien jeden Mann behandeln sollte: Sie war zwar nicht unfreundlich zu ihnen, hielt sich aber zurück. Warum auch nicht, sie hatte ja gar kein Interesse an ihnen! Aber dadurch wurden die Männer natürlich nur noch wilder auf sie und belagerten sie umso mehr. Und mehr als einmal passierte dann drei, vier Wochen später etwas Seltsames: Uschi verliebte sich urplötzlich in sie. Und das nicht nur, weil sie dachte: »Mein Gott, dann nehm ich ihn halt jetzt« – nein, sie war dann wirklich und aus vollstem Herzen verliebt. Verrückt, oder? Ihr kennt das vielleicht, sich nur sein Ego pinseln zu lassen, und findet es verwerflich? Wieso? Es erfüllt doch seinen Zweck: Ihr findet euch gut und er fühlt sich gut. Eine Königin liebt Schmeichelei und Ovationen. »Manchmal«, erzählte Uschi mir, »habe ich das Gefühl, ein Typ muss nur lang genug auf dem Barhocker neben mir sitzen bleiben, dann ist es um mich geschehen.« Mag sein. Aber ich glaube eher, sie tat instinktiv das, was ich mit dem »zweiten Blick gönnen« meine. Obwohl der Mann sie anfangs nicht vom (Bar-)Hocker gerissen hatte, stellte sie durch seine Beharrlichkeit fest, dass er doch ein ziemlich guter Typ war. Und die, die ich dadurch kennen gelernt habe, waren es dann auch immer. Wie gesagt, ich bin gar nicht dagegen, Männern, die man eigentlich nicht so toll findet, noch eine Chance zu geben. Das muss jede Frau für sich selbst entscheiden. Aber Vorsicht: Das Gemeine daran ist, dass Männer oft in dem Augenblick, in dem sie die Frau dann »haben«, sehr nachlassen. Spätestens dann ist es wieder an der Zeit, die Uschi-Prinzipien konsequent einzusetzen, damit euch die Kerle auch weiterhin aus der Hand fressen!

Das Uschi-Prinzip Nr. 4: »Sei geheimnisvoll!«
Und was ist die Moral aus der Geschichte? Sei geheimnisvoll. Wenn sich Männer leichter damit tun, sich in uns zu verlieben, wenn wir zurückhaltend sind statt ihnen die Bude einzurennen, dann sollten wir unsererseits auf das Bude-Einrennen verzichten. Wir sind strategisch und halten uns zurück – denn er darf sich unserer nie sicher sein, nur dann holt er uns die Sterne vom Himmel.

Männer ändern?

Aber egal, ob ihr euch für einen Mann entscheidet, den ihr von Anfang an großartig fandet, in den ihr euch erst später richtig verliebt oder von dem ihr denkt, dass er zwar nicht perfekt ist, aber euren Ansprüchen trotzdem genügt. Was ihr auf keinen Fall versuchen solltet: ihn zu ändern. Das ist ein seltsames, typisch weibliches Hobby. Und ich bin immer wieder erstaunt, wie viele Frauen versuchen, Männer zu ändern. Ist es jemals geglückt? Wieso machen die das? Irgendwie finde ich es respektlos. Natürlich mäkel ich auch hin und wieder an Freunden, Nachbarn, Kollegen oder sonst welchen Leuten gedanklich herum und wundere mich, wieso sie nicht genauso toll sind wie ich. Aber wenn ich einige Minuten später wieder bei klarem Verstand bin, kapiere ich, dass meine Weltsicht möglicherweise nicht die einzig gültige ist. Ich bin so, wie ich bin, und der andere ist so, wie er oder sie ist. Ich möchte schließlich auch so gemocht werden, wie ich bin.

Ich habe es aufgegeben zu versuchen, andere zu ändern. Nennt es die vollkommene buddhistische Gelassenheit oder die Arroganz einer Singlefrau, kommen und gehen zu können, wann sie will. Ich würde sagen, es ist in der Tat eher Zweiteres. Natürlich bin ich weit davon entfernt, völlig vergeistigt in höheren spirituellen Ebenen zu schweben und alles auf der Welt zu lieben – meine Güte, gibt es solche Menschen überhaupt? Die, die vorgeben, so weit zu sein, sind mir meist extrem unsympathisch …

Vielleicht ist es tatsächlich die Überheblichkeit einer Singlefrau, einfach zu gehen, wenn ihr etwas nicht passt. Meine Eltern würden es so nennen. In ihren Augen bin ich nicht kompromissfähig und führe das Luxusleben eines Singles; Uschi hingegen nennt es einfach arrogant. Mag ja sein. Aus der Sicht meiner Eltern ist das gut nachvollziehbar. Respekt, sie sind schon mehr als dreißig Jahre zusammen. Da muss man sicherlich eine ganze Reihe Kompromisse machen. Ich hoffe, dass das Soll und das Haben dabei stimmen. Vielleicht ist auch etwas Neid dabei. Schließlich nehme ich mir frech das Recht, einfach frei zu sein. Ist es wirklich schlimm, andere so sein zu lassen, wie sie sind, und zu beschließen, dass es einfach nicht passt? Zu gehen, wenn die Konflikte zu anstrengend werden, und sich sein Glück woanders zu suchen? Es gibt Millionen von Männern und Frauen. Wieso sollte ich versuchen, die, die gerade um mich herum sind, zu ändern, statt einfach loszuziehen und Ausschau zu halten, was mir das Universum noch zu bieten hat?

Das Uschi-Prinzip Nr. 5: »Leg endlich los!«
Genau das ist es! Das Universum hat uns so unendlich viel zu bieten – wir müssen es nur entdecken. Geht dir also einer auf die Nerven, schieß ihn auf den Mond und skandiere: der Nächste, bitte! Anschließend telefonierst du deine SHG zusammen, um gemeinsam auf die Piste zu gehen, oder organisierst dir ein paar neue Kandidaten zur Blindenbetreuung. Es gibt so viele adäquate Männer auf dieser Welt!

Jeder Mensch, der mir auf meinem Lebensweg begegnet ist, war genau zum richtigen Zeitpunkt für mich da: Ich traf sie oder ihn, um genau das zu lernen, was dran war – manchmal war es schön, manchmal weniger. Aber immer war es wertvoll. Was ich damit sagen möchte, ist: Entweder, ich entscheide mich, bei jemandem zu bleiben, ohne ihn ändern zu wollen, oder ich gehe.

Heutzutage spricht man von Lebensabschnittspartnern. Wieso nicht? Ich finde, das ist zwar kein elegantes Wort, aber es spricht sehr deutlich aus, was ich eben über das Lernen sagte. Wir haben verschiedene Lebensabschnitte mit verschiedenen Lernaufgaben, und es grenzt fast an ein Wunder, wenn man diverse Lernaufgaben und Lebensabschnitte mit ein und demselben Menschen »erledigen« kann. Wahrscheinlich ist das dann Liebe. Während ich das schreibe, denke ich an meinen Wüstenrot-Traum ... Natürlich habe auch ich den Wunsch nach diesem Lebensweg-Gefährten.

Aber ich versuche keine Männer – oder Frauen – zu ändern. Ich finde das respektlos. Wer bin ich denn, dass ich versuche, jemandem vorzuschreiben, wie er oder sie zu sein hat? Ihr müsst euch das jetzt nicht so vorstellen, dass ich sofort bei jedem kleinen Konflikt einfach das Weite suche. Nein, natürlich versuche ich, dem anderen zu sagen, was für mich das Problem ist. Durch die möglichst klare Schilderung meiner Gefühle hat der andere die Chance, mich zu verstehen. Was er oder sie dann damit macht, ist letztlich seine oder ihre Sache. Im idealen Fall sind wir beide dazu in der Lage, unsere Gefühle klar zu vermitteln und gemeinsam eine Lösung zu finden. Wenn nicht, dann eben nicht.

Immer wieder erlebe ich, dass Frauen versuchen, Männer zu ändern. Es beginnt bei den Socken und endet häufig beim Heiraten. Die Socken sind wirklich ein hervorragendes Beispiel: Obwohl sich die Welt seit H&M wirklich gebessert hat, gibt es immer noch viel zu viele Männer, die einfach scheußlich angezogen sind. Selbst wenn sie vordergründig ganz o.k. sind, kann ich beim Blick auf unmögliche Socken mit an Sicherheit grenzender Wahrscheinlichkeit voraussagen, dass dieses Exemplar Mann eine gemusterte Unterhose mit Eingriff aus dem Fünferpack trägt. Ich kann Frauen verstehen, denen jeder Sinn für Erotik beim Anblick derartiger Socken und Unterhosen abhanden kommt.

Ich hatte mal einen Freund, der wirklich schlimm angezogen war. Nie war ich mir sicher, ob er in langen Unterhosen auf die Straße geht, weil er vergessen hat, dass er welche anhat, oder weil er provozieren will. Eines Abends wollte er partout mit mir in

Cord-Hausschuhen ins Theater gehen. Schlimm! Aber es hatte auch seine praktischen Seiten. Während des Stückes stand er plötzlich auf und verließ den Raum, ohne mir zu sagen warum und wieso. In der Pause fand ich ihn nicht. Als ich die Garderobenfrau fragte, ob sie zufällig einen Mann in Cord-Hausschuhen gesehen hätte, konnte sie sich an dieses Exemplar Mann natürlich gut erinnern und verriet mir, dass er vor einiger Zeit das Theater verlassen hätte. Nun, so wusste ich wenigstens, dass ihm das Stück nicht gefallen hatte. Ich liebte diesen Mann wirklich sehr – aber ein Vergnügen war es nicht, mit ihm zusammen zu sein.

Aber solche Kleinigkeiten wie das Styling meine ich auch nicht mit »ändern wollen«, da geht es mir mehr um charakterliche Merkmale, Haltungen und Lebensstile. Es spricht nichts dagegen, einem Mann ein wenig modische »Hilfestellung« zu leisten, und nichts liegt näher, als ihm, wenn er so etwas wie ein fester Freund geworden ist, ein Paar Socken zu schenken oder ihn zu neuer Unterwäsche zu überreden. Meist funktioniert das auch hervorragend. Männer sind nicht so shoppingsüchtig wie Frauen und haben die meisten Socken und Unterhosen in ihrem Leben von ihrer Mutter gekauft bekommen. Was liegt also näher, als die Mutter in irgendeiner postpubertären Phase ihres Lebens durch die Freundin zu ersetzen? Fortan ist die Freundin zuständig fürs lästige Einkaufen unwichtiger Dinge, die durchweg nicht-technischer Natur sind.

Männer und Frauen ergänzen sich an diesem Punkt hervorragend. Männer interessieren sich nicht fürs Socken-Shopping, und Frauen lieben es, das Gesamtkunstwerk »Freund« zu vervollkommnen. Das Problem liegt, wie gesagt, einzig und allein darin, dass die meisten Frauen nicht bei Socken und Unterhosen aufhören können. Nach und nach wird der ganze Kerl ummodelliert. Bis am Ende des Tages zwar vordergründig ein perfekter Mann dabei herauskommt – den frau endlich, ohne vor Scham zu erröten, auch ihren kritischen Freundinnen präsentieren kann –, der aber stinklangweilig ist. Welche Frau möchte schon so ein Weichei?

Auch hier habe ich noch eine Geschichte einer meiner Uschi-Freundinnen parat: Sie verliebte sich in einen Mann, der aus einem völlig anderen Umfeld stammte als sie. In seiner Wohnung fand sie die viel zitierte beleuchtete Glasvitrine, an den Wänden kitschige Romantik-Bilder im Airbrush-Style (ihr wisst schon: galoppierende Pferde mit fliegenden Mähnen und ähnlich Schauderhaftes), sein Auto war ein knallroter, tiefer gelegter Prollschlitten mit Spoiler. Ein Schlidder! Nun ja, Uschi hatte es aber trotzdem erwischt, und sie erzählte uns im Brustton der Überzeugung, dass sie seine geschmacklichen Entgleisungen und die Tatsache, dass er es fertig brachte, in einer Bar eine so genannte »Mischung« (Cola und Korn) zu bestellen, nicht im Geringsten störten. Das ging dann auch ein paar Monate gut, aber irgendwann fing es dann doch an, ihr auf die Nerven zu gehen, und sie begann, den Mann umzumodeln.

Am Ende hatte er alle seine Möbel verkauft und sich neue zugelegt, hatte seinen Kleiderschrank und seinen Freundeskreis komplett ausgetauscht, war sogar in einen »hipperen« Stadtteil gezogen und hatte einige Abendkurse belegt, um sich weiterzubilden. Er hatte wirklich alles getan, um Uschi zu gefallen. Tja, was soll ich sagen: Als er endlich so war, wie sie einen Mann haben wollte, sägte sie ihn ab, weil er sie so furchtbar langweilte. Das war ihr in dem Moment klar geworden, als er sich auch noch die Haare hatte abschneiden lassen, weil Uschi immer wieder behauptet hatte, Männer müssten in ihren Augen kurze Haare tragen. Als er vom Friseur glücklich bei ihr auftauchte, war sie der Meinung, der Mann habe kein »Rückgrat«, weil er völlig unkritisch all das tat, was sie sich vorstellte. Der arme Kerl! Wahrscheinlich hockt er noch heute kurzhaarig in seiner durchdesignten Bude, entfremdet von seinen alten Freunden, die zu ihm »passten«, und fragt sich, was er nur falsch gemacht hat. Gar nichts hat er falsch gemacht! Aber Uschi hatte einfach nicht einsehen wollen, dass dieser Mann vielleicht ein kleines, nettes Abenteuer, aber langfristig einfach nicht der Richtige für sie war. Und bei dem Versuch, ihn in den Richtigen umzumodeln, hatte sie ihn unglücklich gemacht. Das ist nicht fair, und auch eine Uschi sollte fair bleiben! Sie hätte lieber eine Weile Spaß mit ihm haben sollen, ihn aber so lassen, wie er ist. Und irgendwann wäre sie dann halt gegangen.

Das Uschi-Prinzip Nr. 3: »Wünsch dir was!«

Es ist gar nicht so einfach, »den Richtigen« beim Universum zu bestellen. Wie soll er sein? Reicht es, wenn man dem Universum die fünf wichtigsten Kriterien sagt? Was passiert, wenn dann eine sechste Eigenschaft von Mr. Right nervt? Bärbel Mohr, der wir die Bestellen-beim-Universum-Methode verdanken, schlägt vor, in der Tat nur »einen, der zu mir passt« zu bestellen und das Universum mal liefern zu lassen. Also macht die Augen auf und seht zu, dass ihr ihn erkennt und die Lieferung auch in Empfang nehmt.

Telefonieren verboten

Jetzt seid ihr schon so weit mit dem Uschi-Prinzip vertraut, dass ich euch einige Regeln zumuten kann. Neben den Uschi-Prinzipien, die natürlich positiv formuliert sind, weil unser Unbewusstes nur positive Aussagen kapiert, gibt es leider auch ein paar Verbote, die ihr in der Anfangsphase eures Uschi-Seins beherzigen müsst, um nicht rückfällig zu werden. Erinnert euch an »Die Regeln«.

Das schwierigste Thema bei der Umstellung auf das Uschi-Sein ist das Telefonieren. Jedenfalls das Telefonieren mit Männern, speziell mit potenziellen Traummännern. Jede von euch kennt sicherlich die leidvollen Stunden, wenn eine von uns auf den Anruf eines Mannes wartet. Ich habe in so einem Fall, als *er* dann endlich anrief, vor lauter Aufregung das Kabel mitsamt Steckdose aus der Wand gerissen und musste dann in dunkler Nacht bei lausiger Kälte eine Telefonzelle suchen und ihn zurückrufen – Frauen sind wirklich manchmal dämlich.

Auch zum Thema Telefonieren haben die Uschis und ich wirklich weise Dinge in »den Regeln« gefunden. Dort heißt es, dass eine Frau unbedingt vermeiden sollte, einen Mann anzurufen: Erstens ist frau ja »wahnsinnig beschäftigt«, und zweitens muss sie den Mann unbedingt im Ungewissen lassen, wie sehr sie ihn mag.

Es ist hart, es ist verdammt hart. Die Autorinnen der Regeln gehen sogar noch weiter. Sie empfehlen, dass immer ihr diejenigen sein sollt, die das Telefonat beenden. Und zwar nicht dann, wenn ihr das Gefühl habt, genügend über den Mann, wie er denkt und was er für euch empfindet, erfahren zu haben, sondern exakt nach zehn Minuten. Mit einem Kurzzeitwecker oder einer Eieruhr sollt ihr euch ans Telefon setzen und knallhart, nach der vorgegebenen Zeit, das Telefonat beenden. Nur so lernt er, was Sehnsucht ist.

Das Uschi-Prinzip Nr. 4: »Sei geheimnisvoll!«

Na, das kommt euch doch bekannt vor, oder? Genau, das ist das vierte Uschi-Prinzip. Wir hatten ja schon lange herausgefunden, dass Männer sich uns gegenüber wesentlich mehr Mühe geben, wenn sie sich unser noch nicht sicher sind. Theoretisch wussten wir also, dass es absolut Sinn macht, niemals anzurufen. Doch praktisch ist das gar nicht so leicht. Deswegen brauchen Nachwuchs-Uschis Regeln. Erst als wir die Tipps der »Regeln« wirklich konsequent ausprobiert hatten, waren wir überzeugt. Aber zugegeben: Schwer fällt es uns trotzdem immer noch!

Kapiert habe ich das Ganze erst, als ich etwas Spannendes in einem anderen Buch las. Ich will das kurz einschieben, damit ihr versteht, wieso es so wichtig ist, diese Regel einzuhalten. Der gute alte John Gray erklärt uns hervorragend die Gedanken und Bedürfnisse der Männer. Aber ein Aspekt gab mir zu denken: Er definiert fünf Phasen dafür, wie man den richtigen Partner findet. Ohne hier ins Detail zu gehen, nenne ich sie kurz. Er spricht von: Anziehung, Ungewissheit, Ausschließlichkeit, Intimität und Verlobung.

Dämmert euch schon, worauf ich hinauswill? Er redet von wochenlanger, laaaaangsamer Annäherung, und ich tobte jedes Mal sofort los und erzählte meinen Freundinnen, ich sei verliebt und dieses Mal wäre es garantiert der Richtige. Ich war zu schnell!

Ich nannte einen aufregenden Zustand bereits Verliebtheit, obwohl ich den Mann noch gar nicht richtig kannte! Statt mir Zeit zu lassen, ihn besser kennen zu lernen, stürzte ich mich blindlings in einen Zustand, in dem ich weder klar denken konnte noch genügend Beurteilungsvermögen hatte, um festzustellen, ob er es wirklich wert war, mich in ihn zu verlieben. In einem Satz: Ich passte mal wieder nicht auf mich und meine Gefühle auf!

Sowohl die Autorinnen der Regeln wie auch der erwähnte Herr Gray predigen Langsamkeit. Und jetzt wird es schwierig. Ich war noch nie in Amerika, aber anscheinend gibt es dort ein ausgefuchstes Datingsystem mit festen Regeln. Wenn ich es richtig verstanden habe, dann muss ein Mann eine Frau mehrmals zum Essen ausführen, bevor sie es auch nur in Erwägung zieht, mit ihm zu schlafen. Und wenn das Leben in den USA so ist wie im Fernsehen, dann behält sie dabei sogar ihre Unterwäsche an. Wir lachen darüber, aber vielleicht sollten wir tatsächlich das System einmal genauer unter die Lupe nehmen.

Das Uschi-Prinzip Nr. 4: »Sei geheimnisvoll!«

Ich rate euch jetzt nicht, prinzipiell mit Unterwäsche ins Bett zu gehen. Das wäre wohl etwas albern, obwohl auch hübsche Wäsche ihren Reiz hat. Aber es ist wichtig, geheimnisvoll zu sein. Zeigt nicht immer alles, und vor allen Dingen verratet nicht immer alles.

Frauen verstehen es als Sympathiebeweis, ihr Seelenleben offen zu legen. Männer finden das am Anfang übertrieben und sind eher abgeschreckt. Seid geheimnisvoll und lehrt ihn, was Sehnsucht ist.

Mittlerweile finde ich die amerikanische Langsamkeit beim Daten gar nicht mehr so schlecht. Die Grundidee, die dahinter steckt ist – auf sich aufzupassen! Es geht darum, jemanden Schritt für Schritt kennen zu lernen und dabei immer zu dosieren, wie viel man selbst dabei investiert. Anscheinend sind wir Frauen aber so gepolt, dass wir in dieser Phase automatisch, biologisch oder sonst wie beeinflusst sind, dass wir von null auf hundert gehen und jeden Mann, mit dem wir ausgehen, gleich als »Bauspar-Traum-Kandidaten« sehen. Nein, wenn ich es mir recht überlege, dann ist das wohl doch nicht biologisch, zum Orgasmus brauchen wir schließlich auch länger. Aber warum auch immer, bei den meisten Frauen, die ich kenne, ist es einfach so, dass sie übereilt in einem angenehmen Flirt den Mann fürs Leben sehen.

Tatsache ist, wir passen nicht auf uns auf. Angeblich behaupten wir, die bessere Intuition, eine viel direktere Verbindung zu unserem Bauch zu haben als Männer. Aber in Wahrheit ist es so, dass wir, sobald wir einen Kandidaten erwählt haben, gar nicht mehr in Frage stellen, ob er der Richtige ist – und das für einen Zeitraum von mindestens drei Monaten. Wir reden nur noch über ihn, bewachen das Telefon, damit uns auch ja kein Anruf entgeht. Kurz: Wir sind völlig verstrahlt und gehen der halben Welt damit auf die Nerven. In diesen Wahnzustand geraten wir im besten Fall nach einem Kuss; dann haben wir uns zumindest zum Teil seiner Bereitschaft und seiner Fähigkeiten versichert. Aber schlimmer noch, manchmal reicht schon ein verheißungsvolles Lächeln, um uns zu überzeugen. Kaum schnippt ein Kerl, wickelt uns dann mit einem Kompliment um den Finger, glauben wir, wir seien verliebt, statt einfach nur den Flirt und das damit verbundene schöne Gefühl zu genießen.

Wenn ich Klamotten kaufen gehe, dann muss ich ein Kleidungsstück mindestens zweimal anprobieren, bevor ich es wirklich kaufe. Besser ist noch, wenn ich eine Freundin dabeihabe, die mir verrät, wie vorteilhaft oder unvorteilhaft ich darin von hinten aussehe. Und ich glaubte doch tatsächlich, dass ich in der Lage bin, an einem einzigen Abend und ohne den Rat meiner Freundinnen entscheiden zu können, ob sich die dauerhafte Investition in einen Mann lohnt oder nicht. Uah, das *kann* ja nur danebengehen!

Wenn wir also so bescheuert sind, im entscheidenden Moment nicht auf uns aufzupassen, dann ist es nur plausibel, harte Regeln aufzustellen, die uns, solange sie uns noch nicht in Fleisch und Blut übergegangen sind, davor schützen, uns so zu verhalten, dass wir uns selbst verletzen. Und eine dieser Schutzmaßnahmen ist nun mal, die Finger von stundenlangen Telefonaten zu lassen, bevor wir nicht sicher sein können, dass dieser Mann diese Intimität auch wirklich verdient. Ich weiß, das ist unheimlich schwierig, ich selbst bin darüber schon manchmal fast wahnsinnig geworden. Vermutlich ist der Telefontrieb bei uns Frauen so stark verankert, dass wir ihn nie vollends loswerden. Umso wichtiger ist die Regel, einen Mann nie, und das heißt wirklich nie, anzurufen.

Wenn du gar nicht mehr anders kannst, als zum Telefonhörer zu greifen, dann rufe auf jeden Fall deine SHG an! Diese wird dann so lange auf dich einreden, bis du wieder klar im Kopf bist und unter keinen Umständen das Objekt deiner Begierde anrufen würdest, auch wenn du dich noch so nach ihm verzehrst. Und solltest du einmal ganz fürchterlich uneinsichtig sein, so werden deine lieben Freundinnen aufopferungsbereit so lange deine Telefonleitungen blockieren, bis du wieder auf vernünftige Gedanken kommst. Also schlag dir die alte Verhaltensweise lieber gleich aus dem Kopf: Rufe niemals, wirklich niemals einen Mann an, nach dem du dich sehnst! Und keine Ausrede, meine Lieben, das Gleiche gilt natürlich auch für Briefe, E-Mails und sinnloses Vor-seinem-Haus-Herumlungern.

Wieso Männer nie anrufen

Ihr werdet jetzt sicher einwenden, dass Frauen manchmal einfach anrufen *müssen,* weil Männer nie anrufen. Vergesst es! Es liegt nicht daran, dass Männer eben nicht diesen weiblichen Telefontrieb haben. Die grausame Wahrheit ist: Wenn er euch nicht anruft, ist er nicht interessiert! Es gibt keine zu schüchternen Männer. Selbst der schüchternste Mann ist in der Lage, ein Telefon aufzutreiben und euch anzurufen, wenn er euch wieder sehen will. Wenn er nicht anruft, dann will er euch offensichtlich nicht wieder sehen, also verschwendet keine weiteren Gedanken oder Gefühle an ihn. Es klingt hart, aber so ist es. Ich muss es noch einmal sagen, damit ihr es wirklich kapiert: Wenn er nicht anruft, dann ist er nicht interessiert! Vergesst ihn und haltet Ausschau nach einem anderen!

Das Uschi-Prinzip Nr. 6: »Lass andere für dich arbeiten!«
Wie schon erwähnt lieben Männer es, Dinge für uns zu tun. Außerdem wollen sie uns jagen und erlegen. Es ist also völliger Quatsch, so etwas wie Telefonieren selbst in die Hand zu nehmen. Der Mann muss vor Sehnsucht vergehen, wenn er uns wiederholt telefonisch nicht erreichen kann. Er muss sich bemühen. Ihr werdet es möglicherweise noch nicht verstehen – aber er genießt es!
Und ganz nebenbei gesagt: Männer sind nicht wie Frauen multi-tasking-fähig. Er kann nicht nebenher telefonieren, wenn er eigentlich gerade etwas ganz anderes tut. Ruft ihr ihn an und stört ihn, könnte er unfreundlicher sein, als er es eigentlich will. Lasst also ihn den Telefon-Job tun.

Der alte Männer- und Frauenversteher John Gray liefert noch andere Gründe dafür, wieso ein Mann nicht anruft. Aber ich hatte immer ein flaues Gefühl im Magen, wenn ich in akuten Situationen dieses Kapitel las, um mir die schlimme Zeit bis zu einem Anruf bzw. Nicht-Anruf zu vertreiben. Ich las und übte mich in Verständnis – oooommmmm –, aber in den meisten Fällen rief ER nicht an. Er interessierte sich einfach nicht für mich.

Für den Fall, dass ihr kein Buch von Herrn Gray besitzt und gerade akut in so einer Situation steckt, will ich euch seine Argumente nennen, um euch die Zeit zu erleichtern. Ich schätze den guten Mann sehr, weil er mit seiner »Männer sind vom Mars und Frauen von der Venus«-Geschichte viel Licht ins Dunkel gebracht hat. Hier also seine Gründe, wieso ein Mann nicht anruft (aber allzu viel Hoffnungen will ich euch nicht machen, meiner Meinung nach muss ein Mann, der an mir interessiert ist, wenigstens in der Lage sein, einen Telefonhörer in die Hand zu nehmen. Tut er es nicht, verzehrt sich aber trotzdem nach mir, bin ich mir nicht sicher, ob ich so ein überlebensunfähiges Exemplar überhaupt haben will. Aber das ist nur meine Meinung, also will ich euch endlich John Grays Ansichten mitteilen, damit ihr eure aufgeriebene Seele ein bisschen hätscheln könnt):

Also, John Gray erklärt uns, dass ein Mann ein Date wie ein Bewerbungsgespräch empfindet. Da man sich bei einem Bewerbungsgespräch auch lächerlich macht, wenn man am nächsten Tag anruft und fragt, ob man die Stelle bekommen hat, ruft er nicht an. Lieber wartet er geduldig darauf, dass man ihn anruft. Wenigstens eine Zeit lang, bis ein Anruf seinerseits nicht mehr allzu ungeduldig wirkt. Der Mann glaubt, er würde seine Position schwächen und an Attraktivität verlieren, wenn er seine Ungeduld zeigt.

Obwohl mir John Grays Verständnistuerei manchmal auf die Nerven geht, finde ich einen seiner Tipps zum Thema Telefon sehr wichtig: Frauen reagieren oft verärgert oder schmollen, wenn ein Mann ihrer Meinung nach zu spät anruft. Der arme Kerl ist dann natürlich äußerst irritiert. Vor einiger Zeit war er noch mit einer netten Frau aus, jetzt ruft er sie an und sie zickt rum. John Grays Tipp lautet nun, auch wenn wir noch so verärgert sind, den Mann trotzdem freundlich am Telefon zu begrüßen und ihm keine Vorhaltungen zu machen. Andernfalls frustrieren wir ihn sofort, und er ruft nie wieder an. Na ja, das stimmt zwar irgendwie, und eigentlich sind wir auch lieber die strahlende Königin als eine alte Zicke, aber richtig überzeugend finde ich es trotzdem nicht. Ein paar Seiten später werde ich euch von der Vierundzwanzigstundenregel erzählen, die ich Herrn Grays Tipps vorziehe. Denn wenn ein Mann zu spät anruft, ist er eine »Thermoskanne« oder ein »Spontaner« (auch dazu später) – und diese Typen kann eine Uschi sich sparen.

Eine andere Vermutung von Herrn Gray, wieso der blöde Kerl nicht anruft: Euer Traummann könnte sich noch nicht sicher sein, wie er euch findet. Hm. Erstens halten wir Uschis dieses Argument nach eingehender Diskussion für absurd. Wir haben es noch nie erlebt, dass ein Mann sich nicht *sicher* ist, ob er verliebt ist oder nicht. Männer verlieben sich schneller als Frauen, diese angebliche Unsicherheit ist ein Konstrukt der Frauen, um sich energieverschwendende Schwärmerei zu erlauben. Zweitens ist es völlig egal, ob er sich sicher ist oder nicht. Nehmen wir John Gray beim Wort und halten uns an die langsamen Phasen des Kennenlernens, dann muss er sich auch gar nicht sicher sein, dass wir die »Richtige« sind. Er muss nur neugierig genug darauf sein, um uns zu einem wunderbaren nächsten Date einzuladen, damit er dort herausfinden kann, *dass* wir es sind. Drittens, und das ist es – Langsamkeit hin, Langsamkeit her –, was eine echte Vollblut-Uschi erwarten sollte: Der Kerl soll sich nicht nur sicher, er soll von uns hingerissen sein! Ich meine, wir sind Königinnen, wir sind toll, schlau, anmutig, hinreißend! Und wenn wir schon einem Mann die Gunst erweisen, unsere extrem kostbare Zeit mit ihm zu verbringen – ja dann soll er doch wohl, verdammt noch mal, sicher sein, dass er so viel Glück auf einmal in seinem Leben nie wieder haben wird! Was heißt hier unsicher? Ein Idiot, der nicht merkt, dass die Chance seines Lebens vor ihm sitzt, darf genau genommen gleich wieder abtreten.

Aber gut, so hart muss man es nicht sehen, das ist eher was für die perfekte Uschi. Und bis dahin ist ein langer Weg. Und einige lange, quälende Stunden vor dem Telefon …

Er darf zahlen

Am Anfang tat ich mich verdammt schwer damit, diese Regel – »er darf zahlen« – zu beherzigen. Mit einem Kumpel kann eine Frau natürlich ausgehen und sich die Rechnung teilen. Nur wird dieser Mann dann eben ein Leben lang ein Kumpel bleiben, weil ihm wahrscheinlich gar nicht in den Sinn kommt, dass er die Chance hätte, zu Mr. Right befördert zu werden. Aber Männer, die uns als Frauen begehren und uns erobern wollen, müssen die Rechnung bezahlen. Immer! Ohne Ausnahme!

Ich diskutierte nächtelang mit den Uschis, bis wir zu dieser Überzeugung gelangten. Natürlich war mir klar, dass Verabredungen irgendwie »datiger« sein müssen. Ich musste mich weniger kumpelhaft geben, wesentlich »uschiger« sein, um einem Mann damit das Gefühl zu geben, dass er einmal mehr als nur ein Kumpel sein könnte. Ihr wisst schon, was ich meine: Ich sehe toll aus – er macht mir zur Begrüßung schon das erste Kompliment. Ich verhalte mich damenhaft – er rückt mir den Stuhl zurecht und so weiter und so weiter. Aber wieso sollten diese Männer, die auch nicht mehr oder möglicherweise sogar weniger Geld verdienten als ich, immer zahlen? Ich verstand das Argument meiner Freundin Uschi, dass es eine Gnade von uns wäre, unsere wertvolle Zeit zur Verfügung zu stellen, damals noch nicht so ganz. Gleichberechtigt, wie ich dachte, schloss ich, dass auch der Mann seine wertvolle Zeit zur Verfügung stellt. Ich hatte das Uschi-Prinzip einfach noch nicht verinnerlicht.

Mein Problem war, dass ich mich immer ganz schrecklich verpflichtet fühlte, wenn ein Mann für mich zahlte. Lud er mich zu einem Drink ein, dann hatte ich das Gefühl, ich müsste mich ihm den ganzen Abend widmen. Bezahlte er gar ein Essen, kam mir der Gedanke, dass ich nun auch mit ihm ins Bett gehen müsste. So ein Quatsch – ich bin doch keine Prostituierte! Es geht doch nicht um Geld gegen Leistung. Es geht um Nettigkeit gegen Nettigkeit. Und so etwas wird eben nicht gleichwertig gegeneinander aufgerechnet.

Vom Kopf her lernte ich mit der Zeit, Uschis Argumentation zu verstehen. Aber immer wieder, wenn wir ausgingen, kamen die komischen Gefühle hoch. Immer wieder ertappte ich mich dabei, wie ich Zeit mit Männern verbrachte, die ich eigentlich völlig bescheuert fand, nur weil sie mir einen Drink ausgegeben hatten. Damit mir die Erkenntnisse endlich in Fleisch und Blut übergingen, vereinbarten wir Uschis Folgendes: Fortan hatte ich jedes Mal, wenn wir ausgingen, eine Aufgabe zu erledigen, sozusagen einen Test zu bestehen, der mich dem Rang einer Uschi näher bringen sollte. Ich startete mit der Aufgabe, mir etwas ausgeben zu lassen, mich ganz herzallerliebst zu bedanken und den entsprechenden Mann – falls ich nicht weiter interessiert war – nach einem halben Bier stehen zu lassen. Nach ein paar Wochen des heftigen Übens merkte ich, dass es die Männer sogar reizte, wenn ich nicht die ganze Zeit brav bei ihnen herumstand, sondern das Weite suchte. Ihr Jagdinstinkt war von neuem erwacht, denn wer will schon eine Frau, die sich nach einem läppischen ausgegebenen Bier herumkriegen lässt?

Das Uschi-Prinzip Nr. 5: »Leg endlich los!«
Üben, üben und noch mal üben. Ihr merkt schon, es ist nicht immer leicht, eine Uschi zu werden. Zu viele alte Gewohnheiten und Überzeugungen stecken in uns drin und hindern uns, das Leben zu genießen. Manchmal hilft eine Erklärung, und wir freuen uns mit einem lautstarken »Aha!«. Meist reicht das aber nicht. Wir wissen zwar, wie es richtig geht, aber wir verhalten uns nach dem alten Muster – oder noch schlimmer: Wir wissen, wie es richtig geht, aber wir haben ein schlechtes Gewissen, wenn wir uns verändern. Da hilft nur Üben und eure SHG. Stellt euch Aufgaben und achtet aufeinander, dass ihr die Aufgaben auch erledigt. Soziale Kontrolle wirkt oft Wunder! Und nach ein paar Mal Üben sind euch die neuen Verhaltensweisen und damit das Uschi-Prinzip in Fleisch und Blut übergegangen!

Schließlich überzeugte mich ein anderes Argument. Ich bin Ökonomin – erklärst du mir etwas sachlich und ökonomisch, dann kann ich es gut verstehen. Also, Uschi führte an, dass wir Frauen vor einem Date im Allgemeinen viel mehr Aufwand betreiben, der schließlich auch bezahlt werden muss. Als Investitionen führte sie hübsche, immer neue Klamotten an, den Frisör, diverse Stylingprodukte. Diese Liste kann natürlich noch unendlich verlängert werden. Das leuchtete mir ein: Klar, was betrieb ich einen Aufwand im Vergleich zu den Männern! Das Zahlen im Restaurant ist der »Return on Investment«.

Das Uschi-Prinzip Nr. 7: »Geh niemals ohne Glitzer!«
Das siebte Uschi-Prinzip hat natürlich seinen Preis. Der Einwand zählt nicht, dass uns das Shoppen schließlich Spaß macht und wir den ganzen Tand lieben. Natürlich lieben wir es. Aber die Männer eben auch. Wenn wir ordentlich »glitzern«, dann stellen wir etwas dar. Männer lieben es, mit schönen Frauen anzugeben. Machen wir ihnen doch das Vergnügen.

Seitdem gebe ich mir mit dem Styling noch etwas mehr Mühe und sehe bei Dates einfach königlich umwerfend aus. Männer genießen den Abend mit einer wunderschönen Frau, die auch noch zu angenehmer Konversation in der Lage ist und finden es toll, zu zahlen – endlich mal wieder Sushi für Uschi.

An dieser Stelle möchte ich euch kurz eine Geschichte erzählen, die eine meiner Uschis erlebte: Sie hatte einen Liebhaber gedanklich schon entsorgt, weil sie zu dem Schluss gekommen war, dass aus der Geschichte von ihrer Seite aus niemals eine feste Beziehung werden würde. Noch bevor sie diesem Mann ihren Entschluss mitteilen konnte, überraschte er sie mit einer Einladung nach Florenz. Dazu muss man wissen, dass unsere Uschi sich seit langem nichts sehnlicher wünschte, als ein paar Tage nach Florenz zu fahren. Sie überlegte hin, sie überlegte her, ob eine richtige Uschi nicht skrupellos die Einladung annehmen, die Tage in Florenz genießen und erst anschließend Schluss machen sollte. Alles, was sie über Dates und das dazugehörige Bezahlen wusste, machte diese Überlegung verführerisch. Immerhin würde sie eine königliche Begleitung sein. Das konnte der Mann doch ruhig genießen. Ihr fielen reihenweise Frauen ein, die sich ohne Bedenken genau so verhalten hätten. Aber es behagte ihr nicht. Schließlich schenkte sie dem Mann reinen Wein ein und brachte sich damit um den Trip nach Florenz. Sie fühlte sich besser mit dieser Entscheidung, denn eine Königin muss sich nicht um jeden Preis einladen lassen. Wir sind ja schließlich nicht käuflich. Warum ich euch das erzähle? Nun, so schön es ist, sich einladen zu lassen – nutzt es nicht aus. Lasst euch nur von den Männern einladen, mit denen ihr wirklich Lust habt auszugehen. Werdet ihr wahllos, seid ihr nicht mehr aufrichtig und macht nur noch fade Konversation. Das ist einer Königin nicht würdig.

Das Uschi-Prinzip Nr. 6: »Lass andere für dich arbeiten!«
Aber Vorsicht, macht nicht den Fehler, jetzt doch wieder Stylingprodukte und Klamotten gegen Essenseinladungen aufzurechnen – ihr zieht da sowieso den Kürzeren. Ihr solltet euch daran erfreuen, euch zu schmücken, fantastisch auszusehen und euch bewundern zu lassen. Wenn ihr aufrechnet, verderbt ihr ihm die Freude, etwas für euch zu tun. Männer lieben es, Frauen zum Essen einzuladen. Das ist so archaisch, das ist der erledigte Säbelzahntiger am Feuer gegrillt. Lass den Mann ruhig für dich arbeiten – mach ihm die Freude!

Aber weiter zum Thema Rendezvous, da ist eine Sache nämlich noch extrem wichtig: Ihr seid nicht verantwortlich für das Date. Das meine ich von Anfang an: Er sucht ein Restaurant aus, das in eurer Nähe ist, selbst, wenn er ganz woanders wohnt. Wozu gibt es das Internet? Er soll euch einen wunderbaren Abend bereiten und keine Mühe scheuen. Das Restaurant muss für euch leicht erreichbar sein, so dass er euch zwar nach Hause bringen kann, aber nicht muss. Das Date könnte ja schließlich so ausgehen, dass ihr darauf absolut keinen Wert legt. Und noch etwas Wichtiges: Auch für die Konversation seid ihr nicht zuständig. Wir Frauen neigen manchmal dazu, einfach loszuplappern, um eine Gesprächspause zu überbrücken. Wieso eigentlich? Er ist für das Date verantwortlich, soll er sich doch etwas Spannendes überlegen. Wenn ihr euch nichts zu sagen habt, dann ist er eben nicht der Richtige. Der Nächste, bitte!

Entspannt euch und genießt euer Date. Das Zahlen ist nur ein Teil dessen, was ein Mann für ein gelungenes Date alles in Kauf nimmt. Eure Aufgabe ist es, entzückend auszusehen und nett zu sein. Es ist eine Ehre für ihn euch auszuführen, und er ist verdammt stolz darauf, denn ihr gebt ihm das Gefühl, alles großartig gemacht zu haben. Er ist ein toller Hecht! Um euch zu revanchieren und zu bedanken, braucht ihr ihm nicht zu sagen, dass ihr verliebt seid. Lasst es lieber, das verwirrt ihn zu diesem Zeitpunkt höchstens. Sagt ihm, wie gut euch das Restaurant gefallen hat. Er wird das als persönliches Lob verstehen, denn schließlich hat er gewählt. Bedankt euch liebreizend, kurz und nett – und er wird der glücklichste Mann auf der Welt sein. Und wenn ihr Glück habt, dann schlägt er sofort die nächste Verabredung vor. Dann braucht ihr nicht auf seinen Anruf zu warten. Aber denkt daran: *Er* muss die nächste Verabredung vorschlagen und sie darf nicht sofort am nächsten Tag sein. Auch hier gilt die Mittwochsregel. Seid geheimnisvoll und wahnsinnig beschäftigt.

Das Uschi-Prinzip Nr. 6: »Lass andere für dich arbeiten!«
Achtung, aufpassen. Natürlich muss er das alles tun. Schließlich fühlt er sich nur dann richtig toll, wenn er sich ordentlich ins Zeug gelegt hat. Aber er muss selbst darauf kommen!
Ich mache immer wieder den Fehler, dass ich zickig werde, wenn ein Mann mich zwar um ein Date bittet, dann aber keine Vorschläge macht, die mir angenehm sind. Ich Dummchen! Er muss selbst darauf kommen, dass er mir etwas bieten muss – und wir Uschis behalten unsere Strategie für uns. Wenn er es wert ist, dass ihr euch nach ihm sehnt, dann wird er wissen, was zu tun ist … vielleicht braucht er dazu ein paar Stunden oder ein paar Tage, aber er wird es wissen. Bleibt also geheimnisvoll, übt euch in Gelassenheit und beschäftigt euch derweil mit etwas anderem.

Was passiert aber, wenn ihr zwar ein ganz reizendes Date mit einem reizenden Mann hattet und er schlägt euch vor, die Rechnung zu teilen? Meine Lieben, dann seid ihr noch keine perfekten Uschis. Wenn euch dieser Vorschlag *völlig unvermittelt* trifft, dann habt ihr vorher nicht ordentlich aufgepasst. Irgendetwas ist bei diesem Date passiert, das ihn dazu veranlasst, sich nicht wie ein Gentleman zu verhalten. Ich kann euch auch sagen, was es gewesen sein könnte. Ihr beide habt das Datingspiel nicht ordentlich gespielt. Ihr habt euch gemustert und abgetestet und mindestens einer von euch beiden ist zu dem Schluss gekommen, dass der jeweilige andere nicht der Partner fürs Leben ist. Und genau das teilt sich auch über Körpersprache, kleine Gesten und unwillkürliche Äußerungen mit. Entweder habt ihr eine unbewusste Absage gegeben, indem ihr eben nicht begeistert und huldvoll auf das Verwöhnen des Mannes reagiert habt, oder aber ihr habt euch nicht königlich genug verhalten, so dass sich der Mann zwar im Klaren darüber war, dass er euch nicht heiraten wird, aber den Abend auch nicht so weit genossen hat, um euch einzuladen.

Nein, meine Lieben, ich will euch jetzt nicht einfach die Schuld in die Schuhe schieben und die schlecht erzogenen Männer entschuldigen. Das ist auch gar nicht nötig, denn ihr seid für euer Leben und euer Vergnügen verantwortlich. Vermutlich habt ihr den Mann im Vorfeld nicht genügend getestet, bevor ihr ihm ein Date gewährt habt, und vermutlich habt ihr euch einfach nicht königlich verhalten. Solange euch das noch passiert, kann es immer wieder sein, dass er euch nicht königlich behandelt. Aber seid nicht frustriert, mir passiert das auch immer mal wieder. Wenn ich bei einem Date merke, dass er einfach nicht meinen Ansprüchen genügt, kostet es mich manchmal zu viel Überwindung, immer noch uschig zu sein – und dann zahle ich lieber selbst. Deswegen hatte ich euch ja auch geraten, beim ersten Date nicht gleich essen zu gehen. Trefft ihn beim ersten Mal nur auf einen Kaffee oder einen kleinen Feierabenddrink und rauscht dann davon, weil ihr noch etwas anderes vorhabt. Das minimiert euer Risiko und schürt die Sehnsucht eures Verehrers.

Für alle, die ich mit den vorangegangenen strengen Verhaltensweisen etwas schockiert oder verunsichert habe, kommt nun eine Geschichte, die beweist, wie richtig es ist, sich an bestimmte Regeln zu halten. Ich erzähle euch davon, wie ich zum allerersten Mal eine echte Königin wurde …

Das erste Mal Königin

Über das Internet hatte ich einen überaus interessanten »Blinden« kennen gelernt, den ich nach einer Weile des Hin- und Hermailens nun endlich treffen wollte. Wir hatten uns donnerstags für den kommenden Dienstag verabredet. Ich hatte »Die Regeln« schon gelesen und konnte ihm deswegen donnerstags unmöglich ein Date für das kommende Wochenende gewähren. Wer nicht bis Mittwoch fragt, hat keinen Anspruch auf einen meiner wertvollen Abende am Wochenende. Diese Abende sind Männern vorbehalten, die rechtzeitig fragen, ob ich ihnen die Ehre gewähre, mit ihnen auszugehen, und mich nicht als Lückenbüßer behandeln. Der Kandidat hatte das zwar von mir nicht mitgeteilt bekommen, aber er akzeptierte den Dienstagstermin klaglos.

Das Uschi-Prinzip Nr. 4: »Sei geheimnisvoll!«
Du musst den Mann immer in Unsicherheit darüber lassen, wie sicher er dich hat bzw. haben könnte, und ihn von Anfang an dazu erziehen, sich dir gegenüber respektvoll zu verhalten.
Die Mittwochsregel garantiert beides. Erstens muss er sich rechtzeitig um ein Date bemühen, und zweitens geht es ihn gar nichts an, wieso du an den anderen Tagen nicht kannst. Lass ihn im Trüben fischen. Deine Standardantwort auf eine mögliche Frage danach lautet freundlich, aber bestimmt (wie du es in den Regeln gelesen hast): »Ich würde mich zu gern mit dir treffen, aber ich bin wirklich wahnsinnig beschäftigt.« Nicht mehr und nicht weniger.

Ihr könnt euch sicher vorstellen, dass ich Montagmorgen schon vor Arbeitsbeginn neugierig auf mein E-Mail-Postfach war. Er hatte am Wochenende nicht angerufen, wir hatten bisher nur per Mail kommuniziert, also war ich sicher, dass er Montag früh unser Date klarmachen würde. Ich ahnte nicht, dass die kommenden dreißig Stunden zum Nervenkrieg werden würden. An jenem Morgen kontrollierte ich ungefähr alle zehn Minuten, ob mein Computer kaputt war, weil ich keine Mail von ihm bekam. Und das, obwohl meine geschäftlichen Mails ohne Probleme in meinem Postfach eintrudelten. Wir Frauen sind doch manchmal bescheuert!

Ungefähr tausendmal war ich kurz davor, ihn anzurufen oder wenigstens zu mailen. Mir war aber klar, dass ich auf *keinen* Fall Kontakt aufnehmen durfte. Weil mir das unheimlich schwer fiel, kontaktierte ich stattdessen meine SHG. Meine zwei Uschis bestärkten mich darin, tapfer zu sein. Das war trotzdem ganz schön hart, aber ich hielt durch. Natürlich nicht, ohne andauernd wieder bei meiner SHG anzurufen und mich darin bestärken zu lassen, ihm keine Mail zu schicken. Endlich dann, am Nachmittag, kam die ersehnte Mail – und es verschlug mir fast den Atem:

Hi Uschi,

das Wetter wird von Tag zu Tag besser. Perfekt für einen romantischen Abend am Wasser. Was hältst du davon, wenn wir uns mit etwas zu trinken an die Alster setzen (ich wohne ganz in der Nähe, hihi) und uns einen schönen Abend machen. Wir treffen uns um 20 Uhr am Alsteranleger und ich bringe eine schöne Flasche Wein mit.

Liebe Grüße …

Was war das? Hatte ich mich geirrt? War das in Wirklichkeit kein Traummann, sondern ein Horst? Eigentlich muss ich gar nicht mehr erwähnen, dass ich an der Elbe wohne und es respektlos von ihm ist, von mir zu erwarten, dass ich zu ihm an das andere Ende der Stadt fahre und nicht er zu mir. Als Gentleman hätte er selbstverständlich den längeren Weg auf sich nehmen müssen. Na ja, und das »hihi« spricht wohl Bände. Ich war entsetzt!

Ich konnte es nicht glauben. Alles, was ich bisher über diesen Mann erfahren hatte, hatte darauf hingedeutet, dass es sich um einen perfekten Kandidaten handelte. Die Uschi-SHG diskutierte seine Mail natürlich mehrmals von vorn bis hinten durch und kam immer wieder zu dem gleichen Schluss: Unhöflich und meiner nicht würdig. Diese komische Mail machte es mir wesentlich leichter, ihm *nicht* zu antworten.

In meinem alten Leben hätte ich nun eine zickige Antwortmail geschrieben. Ich hätte mich empört, beschwert oder schlimmer noch, wahrscheinlich hätte ich mich sogar auf den Vorschlag eingelassen! Nein, noch viel schlimmer: Wenn ich es mir recht überlege, dann hätte ich mich früher sogar über eine solche Mail gefreut! Ich war Meisterin darin, 1. für Männer zu schwärmen, 2. Frechheiten zu überlesen und 3. mich in jeder Hinsicht zu verbiegen, nur damit der Traummann nicht wegläuft. Ich hätte also noch nicht einmal eine zickige Mail geschrieben.

Die SHG, meine geliebte Selbsthilfegruppe mit Uschi und Uschi, gab mir immer wieder den weisen Rat: Nicht antworten! Weil ich es schließlich nicht nötig hatte, mich mit derartigen Kerlen abzugeben. Puh, das war starker Tobak. Schließlich war ich nun schon eine ganze Zeit lang Single, und es handelte sich um ein ausgesprochen wohlgeratenes Exemplar Mann, ein wahrhaftig adäquater Kandidat, mit nur einer kurzzeitigen geistigen Vertrübung. Es fiel mir schwer, nicht in meine alten Verhaltensmuster zurückzufallen. Aber Uschi und ich hatten beschlossen, unser Leben zu ändern: Wir wollten lernen und wir wollten nun nicht mehr nur die Brösel vom Kuchen, sondern *alles*. Also gab ich mir alle Mühe, hart zu bleiben. Meine SHG unterstützte mich dabei. Unnötig zu erwähnen, dass wir drei an diesem und dem folgenden Arbeitstag nicht wirklich viel auf die Reihe bekamen. Aber wir waren schließlich in wichtiger Mission unterwegs.

Zu diesem Zeitpunkt mussten wir noch lügen, wenn wir, wie »Die Regeln« es vorschrieben, Männern gegenüber vorgaben, »wahnsinnig beschäftigt« zu sein, denn in Wirklichkeit waren wir wahnsinnig beschäftigt damit, zu lernen, die Männer zu verstehen. Obwohl wir nämlich normalerweise schon wahnsinnig beschäftigt mit Job, Sport und Freundinnen waren, ließen wir dummen Hühner bisher immer alles stehen und liegen, wenn ein Mann am Horizont auftauchte. Ab jetzt sollte es anders sein: Selbst wenn wir den Drang verspüren sollten, alles stehen und liegen zu lassen, würden wir hart bleiben. Selbst wenn wir den ganzen Tag über nichts anderes tun würden, als unser Mailpostfach zu checken und mit unseren Freundinnen darüber zu diskutieren, wieso er immer noch nicht angerufen hat, würden wir nach außen hin so etwas niemals zugeben. Fortan wären wir jederzeit »wahnsinnig beschäftigt«, denn tolle Frauen sind das nun mal. Wir wussten, dass wir mit der Zeit Routine bekommen würden. Eines Tages wären wir dann wirklich mit anderen spannenden Dingen beschäftigt, und es würde dann keine Ausrede mehr sein.

Ich antwortete also nicht. Den ganzen Dienstag war es mir immer noch nicht klar, ob ich nun am Abend ein Date hatte oder nicht. Erinnern wir uns: *Er* hatte einen konkreten Vorschlag gemacht, und ich hatte dazu nichts gesagt. Was denkt ein Mann in so einem Fall? Denken Männer überhaupt über so etwas nach?

Oder ging der Kerl davon aus, dass er einen Vorschlag gemacht hatte, über den ich begeistert sein müsste?

Nun, ich würde sagen, an dieser Stelle trennt sich die Spreu vom Weizen. Angeblich denken Männer zwischen der Kontaktaufnahme und dem Date überhaupt nicht – jedenfalls nicht an uns. Wenn sie ein Date klargemacht haben, dann können sie zwischendurch etwas anderes machen. Männer tun nichts lieber als »die Welt zu retten«. Also erlegen sie zwischendurch einen Drachen oder machen einen 12-Millionen-Deal – und gehen dann stolz zu ihrem Date.

Wie gesagt, meine Nicht-Reaktion war ein riskantes Manöver: Aber – es trennte tatsächlich die Spreu vom Weizen! Ich hatte recht, ich hatte mir ein gutes Exemplar Mann herausgesucht, denn er dachte nach. Wahrscheinlich dachte er, zeitlich und energiemäßig gesehen, nur einen Bruchteil so viel nach, wie ich und die Uschi-SHG. Aber immerhin: Er dachte!

Endlich! Am Dienstagnachmittag um 17 Uhr bekam ich noch eine Mail von meinem Vielleicht-Date. Ihr könnt euch sicher vorstellen, dass ich zu diesem Zeitpunkt schon vollkommen aufgelöst war. Als ich aber diese Mail las, musste ich sie sofort triumphierend an meine beiden Uschis weiterleiten:

Hi Uschi,

habe ich etwas falsch gemacht? Nun, irgendwie scheine ich dich verärgert zu haben. Sonst schreibst du mir doch jeden Tag unzählige wundervolle Mails. Ich mache also einen neuen Vorschlag:

Was hältst du davon, wenn wir statt an die Alster zu gehen einen richtigen Ausflug an die Elbe machen?

Ich hole dich mit meinem Angeber-Auto ab, packe etwas Picknick ein und wir fahren zu dem romantischen Strand nach Wittenbergen.

Liebe Grüße …

Hach, ich musste diese Mail ungefähr hundertmal alleine lesen und dann noch hundertmal zusammen mit der SHG. Wir drei saßen in unseren Büros – uns trennten hunderte von Kilometern zwischen Hamburg und Luxemburg – und riefen gleichzeitig »Strike!«. Das Schweigen hatte sich gelohnt! Er war *von selbst* darauf gekommen, dass er sich einer Königin gegenüber angemessen verhalten muss, wenn er mit einer Königin ausgehen will!

Das Uschi-Prinzip Nr. 6: »Lass andere für dich arbeiten!«
Ich hatte diesen Mann damit glücklich gemacht, dass ich nicht geantwortet hatte. So konnte er selbst auf die Idee kommen, mir den Himmel auf Erden zu bereiten. Er hatte kapiert, dass er mich nur bekommt, wenn er sich mächtig ins Zeug legt. Und gleichzeitig genoss er wahrscheinlich sogar die Vorbereitungen unseres Dates, weil er sich dabei unheimlich toll fühlte. Bingo!

Ich sage euch, das Date war traumhaft! Uschi war an diesem Abend mit dem Gartenpisser verabredet, weil sie unbedingt diese Woche noch eine Verabredung haben wollte. Wie der Zufall es so wollte, musste sie an meinem Treffpunkt mit dem Mann vorbeilaufen, so dass wir uns zufällig auf meinem Weg dorthin begegneten. Sie sah meinen Date-Kandidaten vor mir, und ich konnte an ihrem Gesichtsausdruck erkennen, dass sie blass vor Neid war. Mit dem Gartenpisser hatte sie nicht gerade einen Hauptgewinn gezogen – als ich meinen Kandidaten und sein Mercedes-Cabrio sah, wußte ich, warum sie neidisch war. Der Hauptgewinn gehörte mir: ein Traumtyp!

Soll ich euch den Mund wässrig machen, indem ich euch erzähle, wie wunderbar der Abend war? Ich sage nur: Ich, hübsch und würdevoll wie Grace Kelly, was sage ich, wie Gracia Patricia persönlich, in dem alten Benz, das Wetter, ein rosaroter Sonnenuntergang, kein Mensch weit und breit, sauberer Sand, eine Picknickdecke, Geschirr, Wein in Weingläsern und ausgesuchteste Antipasti … Hach!

Das Uschi-Prinzip Nr. 1: »Sei eine Königin!«
Seit diesem Abend habe ich es kapiert und werde die Regel nie wieder vergessen. »Nur wenn du dich wie eine Königin benimmst, wirst du auch wie eine Königin behandelt!«

Und der Mann? Nun, wir verliebten uns nicht ineinander und es blieb bei diesem einmaligen Date. Zunächst war ich ein wenig traurig darüber, aber besser hin und wieder so wunderbare Verabredungen statt überhaupt keine. Nach diesem wunderschönen Abend war mir klar: Besser an manchen Abenden genüsslich mit den Freundinnen vor der Glotze hängen und gemeinsam bei einer

Schmonzette zu weinen, als noch einmal auf ein mittelmäßiges Date mit einem Date-Mitnehmer hereinzufallen, der sich schon beim Verabreden meiner unwürdig verhält. Auf unbefriedigende Abende verzichtet eine wahre Uschi und genießt lieber nur noch königliche Dates. Spätestens nach dieser Geschichte müsstet ihr darauf brennen, eine Uschi zu werden. Denn warum solltet ihr nicht genau das wollen, was ich bekam: Von allem nur das Beste!

12.
Achtung!
Uschi ist
verliebt

Verlobte und Verliebte – überholte Definitionen

Eine meiner Uschis und ich hatten einmal überlegt, wie man Männer, die uns interessieren, in verschiedene Kategorien einteilen könnte. Die Bezeichnung »mein Freund« fanden wir nicht nur langweilig, sondern auch noch missverständlich. Wieso sollte man einen Mann, der unser Herz in Wallung bringt und ein Erfolg versprechender »Wüstenrot«-Kandidat ist, nur »Freund« nennen? Wir entsannen uns der alten Tradition, solche Männer »Verlobte« zu nennen. Nun gut, eine wirkliche Verlobung im Sinne von Eheversprechen hatte mit den Männern, die wir fortan »Verlobte« nannten, zwar noch nicht stattgefunden – aber das lag lediglich an ihrem fehlenden Sinn für Romantik und ihrer angeborenen Scheu der Institution Ehe gegenüber. Was aber zeichnet nun also einen Verlobten aus? Bei Uschi und ihrem damaligen Verlobten war die Sache relativ einfach: Sie lebten zusammen und sie wusch seine Wäsche. Eindeutig ein Verlobter.

Zusätzlich führten wir noch eine weitere Kategorie ein: »Verliebter«. Ein Verliebter war ein Mann, dem wir zutrauten, ein adäquater Kandidat für den Posten des Verlobten zu sein. Kurz und gut, ein Verliebter war ein Mann, mit dem wir ausgingen, aber noch nicht geschlafen hatten. Oder aber es handelte sich bei einem Verliebten um einen Mann, in den *wir* verliebt waren, bei dem aber noch nicht klar war, wie sehr *er* sich für uns interessierte.

Allerdings waren wir zu diesem Zeitpunkt noch keine Uschis. Wir befanden uns noch ganz am Anfang einer längeren Phase des Ausprobierens und Lernens. Deswegen hatten wir diverse notwendige Aspekte völlig übersehen. Wir lebten noch den Grundfehler arrogant-intellektueller-kultivierter Frauen aus: Wir waren zu bescheiden. Wir fanden es völlig normal, nicht wie Königinnen behandelt zu werden. Allen unseren Freundinnen ging es so. Dass es auch unseren Müttern so ergangen war, in deren Fußstapfen wir eigentlich nicht hatten treten wollen, übersahen wir geflissentlich.

Uschi, die damals noch keine Uschi war, wohnte wie gesagt mit ihrem Verlobten zusammen. »Wohnte«, weil sie den Irrtum mittlerweile eingesehen hat und nun endlich mit einem Mann zusammenlebt, der sie wie eine Königin behandelt. Dieser Exverlobte behandelte sie nicht besonders gut. Er behandelte sie eben »normal«, so wie alle Männer, die sich einer Frau sicher sind und von ihr nun die Dienstleistungen erwarten, die sie früher von ihrer Mutter bekommen haben. Er trug sie, nach der typischen Werbephase von ungefähr drei Wochen, eben nicht mehr auf Händen – das ist schlecht! Fakt ist: Uschi hatte einen Mann am Hals, der zwar irgendwie ganz nett und repräsentativ war, aber der sie nicht glücklich machte. Möglicherweise kennen das einige von euch.

Ich hatte damals eine ganz besondere Begabung, Fehler zu machen. Mein Problem war die Schwärmerei. Zu diesem Zeitpunkt kannte ich meine andere Freundin Uschi noch nicht, denn diese hätte mir das schnell ausgetrieben. Wie gesagt, damals war ich noch dumm und keine Uschi, so dass ich immer wieder den gleichen Fehler machte.

Ich hatte eigentlich immer einen aktuellen »Verliebten« am Laufen. Das hielt mich irgendwie auf Trab, und man hatte ja dadurch auch immer etwas ungemein Wichtiges mit den Freundinnen zu besprechen. Ich glaube, die Bezeichnung Verliebter kam deswegen zustande, weil ich irgendwie neidisch auf Frauen war, die einen Verlobten hatten, während ich von Schwarm zu Schwarm tingelte – sprich, ich war Singlefrau mit Verliebtheiten und Affären und schaffte es irgendwie nicht, mich auch mal in jemanden zu verlieben, der meine Gefühle im gleichen Maße erwiderte. Meine Freundin Uschi sah mein Leid und versuchte, meine Verzweiflung dadurch zu mildern, dass sie nicht dem Zustand, sondern den besagten Männern einen Titel verlieh. Es half zwar, aber Jahre später musste ich feststellen, dass sich eine nette Idee auch als verdammt schädlich herausstellen kann. Wieso? Na ja, letztlich brachte es mir nichts. Schwärmen ist Energieverschwendung, aber das wollte ich damals einfach nicht verstehen. Indem ich die Schwärmerei auch noch mit einem schicken Wort legitimierte, nahm ich mir die Chance, dieses Energie verschwendende Missverständnis aufzudecken, das mich von meinem eigentlichen Ziel abhielt: Mr. Right, den Wüstenrot-Kandidaten zu finden.

Zu dem Zeitpunkt, als Uschi und ich uns Gedanken über die neuen Männerkategorien machten, hatte ich gerade ein ganz prächtiges Exemplar – einen Vorzeige-Wüstenrot-Kandidaten – an der Angel. Ich spielte damals in einer mehr oder weniger erfolgreichen Band. Wir hatten meist einen kleinen Fanclub um uns versammelt und gestatteten ausgewählten Fans die Ehre, nach der Bandprobe mit uns einen trinken zu gehen. Dieser Verliebte kam ein paar Mal nach den Proben dazu. Es war irgendwie klar, dass er mich mochte. Am ersten Abend hatten wir ein ganz entzückendes, versunkenes Gespräch, bei dem wir die Welt um uns herum nicht mehr wahrnahmen. Fortan bezeichnete ich ihn als meinen Verliebten.

Dieser Verliebte war wirklich ein ganz wunderbares Exemplar. Er war selbstständig, groß, intelligent und auch sonst insgesamt ein adäquater Kandidat. Er kam treu Woche für Woche zu unserem Stammtisch und unterhielt sich bei diesen Treffen fast ausschließlich mit mir. Unnötig zu erwähnen, dass natürlich alle von seinem Status wussten und ihm immer »wie zufällig« einen Platz neben mir freihielten. Wir hatten tolle Gespräche, und er machte mir jede Menge Komplimente. Ich dumme Gans deutete das als sicheres Zeichen seines Interesses. Was ich übersah, war die Tatsache, dass wir uns nie miteinander verabredeten. Wir trafen uns zwar öfter als nur an diesen Abenden, aber das lag daran, dass man sich in unserem Viertel sowieso ständig über den Weg lief. Es war jedes Mal nett – aber er rief nie an, um sich mit mir zu verabreden. Ich redete mir ein, dass er einfach nur zu schüchtern sei und sich irgendwann schon trauen würde. Nun, er traute sich. Allerdings nicht bei mir! Einige Wochen später verliebte er sich in eine andere Frau und war auf einmal gar nicht mehr so schüchtern! Ich hatte bei der ganzen Schwärmerei übersehen, dass er einfach nicht in mich verliebt war. Es ging mir wie Sally aus dem Film »Harry und Sally«, die, als sie von der Hochzeit ihres Exfreundes hört, feststellen muss: »Er wollte gar nicht *nicht* heiraten – er wollte nur *mich* nicht heiraten.« So ist das eben. Wenn Männer wirklich wollen, trauen sie sich auch. Und wenn sie sich nicht trauen, dann wollen sie eben nicht. Jedenfalls nicht uns.

Der Nächste, bitte!

Heute weiß ich, dass die Kategorien »Verliebter« und »Verlobter« in unserer alten Definition absoluter Schrott sind. Was wollen wir mit einem Mann, der das Zusammensein mit uns zwar genießt, uns aber nicht verehrt und wie Königinnen behandelt? Ich brauchte Jahre, um das herauszufinden – aber ich will diese wertvolle Erkenntnis nicht für mich behalten. Wenn ein Mann euch nicht wie Königinnen behandelt: Weg damit! Der Nächste, bitte! Ihr habt es verdient, dass ein Mann euch auf Händen trägt!

Merkt euch das Folgende ganz genau! Die Aussage »Der Nächste, bitte!« ist überhaupt eines der wichtigsten Dinge, die ihr euch merken müsst. Es ist nicht einfach, weil wir es gewöhnt sind, bescheiden zu sein. Die meisten von uns kennen es einfach nicht anders. Sie denken, es sei völlig normal, alles selbst zu machen und alles für den Mann noch dazu. Aber ich erinnere euch noch einmal an unseren Ausgangspunkt: Wir waren neidisch auf die Uschis, weil sie ihre Getränkekisten niemals selbst schleppen. Wir wollten endlich auch die Männer um den Finger wickeln und von ihnen die Sterne vom Himmel geholt bekommen!

Das Uschi-Prinzip funktioniert aber leider nicht bei allen Männern. Bei vielen, aber leider nicht bei allen. Haufenweise Männer wurden von Frauen verdorben, die sich einfach alles gefallen lassen bzw. einfach alles für Männer tun. Männer sind es gewohnt, dass wir emanzipiert sind, dass sie uns spontan anrufen und treffen können, wenn sie gerade nichts Besseres vorhaben. Generationen von Frauen haben Generationen von Männern verdorben. Oder zumindest haben wir, weil unsere Mütter uns mit der Emanzipation das Himmelreich auf Erden versprachen, Männer verzogen, indem wir uns emanzipierten – leider in eine vollkommen falsche Richtung. Ja, wir sollen im Job tough sein, unser Ding machen und auf eigenen Beinen stehen. Ja, wir sollen wissen, was wir wollen und wie wir es bekommen. Aber wenn es um Männer geht, hat die Sache mit der Emanzipation leider einen Haken: Wir haben irgendwann angefangen, uns wie Männer zu benehmen, obwohl wir Frauen sind. Und das hat die Männer verwirrt und sie zu dem gemacht, was sie heute sind: Verzogen.

Männer sind noch weit davon entfernt, »den neuen Mann« tatsächlich emanzipiert zu haben. Sie haben noch nicht aktiv ein neues Männerbild geschaffen. Wieso auch? Es ist verdammt bequem für sie, sich faul zurückzulehnen und die emanzipierte Frau machen lassen. Aber das war doch nicht Sinn und Zweck der Frauenbewegung. Wir wollten Chancengleichheit – das muss nicht bedeuten, dass Männer das »schönere« Geschlecht nicht mehr bewundern, verehren und vor allen Dingen unterstützen dürfen!

Das Uschi-Prinzip Nr. 6: »Lass andere für dich arbeiten!«
Nur weil Horden von Frauen die Männer verzogen haben, brauchen wir uns damit noch lange nicht abzufinden. Wir sind Königinnen und wissen, dass es den Männern in ihrem tiefsten Innern Freude bereitet, wenn sie etwas für uns tun können oder uns jagen dürfen.
Die gute Nachricht ist: Wenn es möglich war, Männer zu verziehen, dann ist es auch möglich, ihnen etwas Neues zu zeigen. Und wenn das nur die begabten Exemplare verstehen, egal, die anderen interessieren uns sowieso nicht.

Wenn wir einmal damit angefangen haben, unsere innere Uschi zu entdecken, dann wird es immer deutlicher, was für merkwürdige Verhaltensweisen wir früher an den Tag gelegt haben, nur um *irgendeinen* Mann um uns herum zu haben. Klar wärmen uns diese Männer hin und wieder im Bett unsere kalten Füße, aber irgendwann merken wir, dass sie uns auch eine ganze Menge Probleme bereiten. Wir diskutieren stundenlang mit unseren Freundinnen über das Wieso und Warum, statt mit den Mädels auf die Piste zu gehen und nach einem besseren Mann zu suchen.

Was ich sagen will ist, dass es wirklich Zeitverschwendung ist, sich mit einem Mann abzugeben, der eine Frau nicht wie eine Königin behandelt. Ein Mann, der sich nicht an die Regeln hält, begegnet uns nicht respektvoll und macht uns nur Ärger. So einer hat uns nicht verdient. Wir ersparen uns – und unseren Freundinnen – eine Menge Ärger, wenn wir ihn uns aus dem Sinn schlagen, ihm nicht hinterherweinen und laut skandieren: »Der Nächste, bitte!«

Dazu fällt mir noch ein wunderbares Chanson ein, das ich bei meinen – glücklicherweise kürzer werdenden – Kummerphasen immer wieder gern höre*:

»Ach du liebe Zeit, wenn eine Freundin greint,
weil ihr Saftbock sie verließ.
Spür' ich nur die Lust zu sagen: Sei keine Gans, du Gans.
Schluss mit dem Geschrei und der Jammerei,
du gewinnst überhaupt gar nichts damit.
Das ist keine Art und Weise, sein Herz neu zu erglühn.

Was soll denn das Gejammer,
sich an den Mann zu klammern,
wenn er sich um dich schert nen Dreck?
Wenn deine Küsse ihn nicht halten können,
ja dann schmeiß ihn einfach weg.
Sei lieber wieder lustig
statt verheult und krustig,
nur weil er glaubt, er braucht sein Glück.
Wenn deine Küsse ihn nicht halten können,
deine Tränen bringen ihn nicht zurück.

* Georgette Dee und Terry Truck (ellis, dee/yellen, truck): Wenn deine Küsse …, auf: Live aus dem Schillertheater, viellieb records 1992

Hör zu, du, wenn deiner Küsse Voodoo
deinen Kerl nicht mehr verhext.
Na, wie kannst du dann erwarten,
als kalter Sonntagsbraten,
wenn du deinen Kopf in den Ofen steckst?
Fang an dich selbst zu pflegen,
sagen wir ins Schaumbad dich zu legen.
Du bist doch selbst dein bestes Stück.
Und wenn deine Küsse ihn nicht halten können,
deine Tränen bringen ihn nicht zurück.

Sag mir mein Liebes, worüber weinst du überhaupt,
du könntest genauso gut
über das zerbrochene Chinaporzellan weinen.
Wenn er kalte Füße kriegt,
deine Tränen werden sie nicht aufheizen.
Und eins möchte ich dir sagen,
es gibt kein sichereres Rezept, einen
Mann aus dem Haus zu treiben, wie eine verheulte Fresse.
Lach, und die Welt lacht mit dir, wein, und du schläfst allein.
Liebe ist wie Selbstgebackenes:
gut und reichlich, und welcher Mann
mag nicht noch einen Haufen Schlagsahne
auf den ganzen Süßkram drauf.
Und wenn du rausfindest, dass er dich bescheißt, na und betrügt
auch noch am End gar, dann gehe raus und mache dasselbe.
Seit Jahren wartest du auf diese Chance!
Tränen, meine Gute, werden dir nichts bringen
als eine rote verheulte Nase.
Also puder ab und mach dich schön, geh raus – Party!
Männer kriegst du zu Tausenden.

Betrogene Frauen haben Sorgen!
Das ist der Grund, wieso Gott die Matrosen erschaffen hat!
Also hör auf zu weinen und hol dir einen Neuen,
nen geilen Matthias oder Jack.
Und wenn dir seine Küsse nicht mehr geil genug sind,
na, dann schmeiß ihn einfach weg!«

Freunde und Verlobte – die richtige Definition

Weg mit den Verliebten, die uns warten lassen und sich für uns nicht ins Zeug legen. Sie sind selbst schuld, wir haben das einfach nicht mehr nötig. Der Nächste, bitte! Haltet euch einfach an die Definitionen der Süßkartoffelköniginnen (vgl. Anhang):

»Freund – heterosexuelle Person männlichen Geschlechts, die dich zum Essen, ins Kino etc. einlädt. Jeder körperliche Kontakt mit einem ›Freund‹ wird von uns vermieden.

Verlobter – heterosexuelle Person männlichen Geschlechts, mit der du momentan eine sexuelle Beziehung unterhältst. Der Status eines Verlobten ist ohne Bedeutung, was die weitere Zukunft der Beziehung, falls es überhaupt eine gibt, angeht.«

Sehr praktisch, oder? Ein Freund ist also ein Mann, den wir uns warm halten. Wir geben ihm die Hoffnung, dass irgendwann einmal etwas mit uns laufen könnte, deswegen gibt er sich alle Mühe, uns das Leben leichter zu machen. Er zahlt, er repariert und hat dabei große Freude, dass wir ihm diese Gunst erweisen. Nun ja, man muss den Süßkartoffelköniginnen ja nicht alles glauben oder alles gut finden. Ich bin da etwas großzügiger: Ich liebe Küsschen und Umarmungen, und wieso sollte ich mir und einem Freund diese kleinen Freuden vorenthalten?

Das Uschi-Prinzip Nr. 6: »Lass andere für dich arbeiten!«
Das sechste Uschi-Prinzip funktioniert nur, wenn ihr euch hin und wieder auch bedankt. Damit meine ich nicht langatmige Dankeshymnen, sondern ein Lächeln, ein bewundernder Blick, ein kleines Küsschen auf die Wange oder ein nettes kleines »Danke«. Die Männer werden euch aus den Händen fressen und liebend gern euer »Freund« sein.

Im Alltag benutze ich allerdings häufig anstelle der Bezeichnung »Freund« den Begriff »Verehrer«. Unsere Gesellschaft ist einfach noch nicht so weit, die wahre Definition der Süßkartoffelköniginnen zu kennen. Viele sind immer fürchterlich verwirrt, wenn ich von Freunden oder Verlobten rede. Sage ich hingegen »Verehrer«, dann wissen die Frauen, denen ich von diesem Mann erzähle, sehr genau, dass er alles für mich tun *kann,* aber nur das, was ich will, tun *darf.*

Ein Verlobter ist nach der Definition der vorbildlichen Süßkartoffelköniginnen ein Mann, der harte Voraussetzungen erfüllen muss. Er *darf* unseren Luxuskörper verwöhnen, wenn er sich brav an die folgenden Regeln hält. Er unterliegt fortwährend sowohl der Vierstundenregel als auch der Vierundzwanzigstundenregel. Wie genau diese beiden Regeln der Süßkartoffelköniginnen aussehen, erkläre ich im nächsten Kapitel.

Wichtig ist, dass es für einen Mann ein unbedingtes Rätsel sein sollte, wann und wieso man ihn in den Status eines Verlobten befördert. Um es mit den Süßkartoffelköniginnen zu sagen: »Der Mann deiner Wahl sollte keinesfalls voraussehen können, ob und wann deine Stimmung zu seinen Gunsten umschlagen wird. Er sollte sich stets bewusst sein, dass dein Wohlwollen eine Gunst ist, die du ihm gewähren, aber auch vorenthalten kannst – ganz wie es dir beliebt.«*

Harte Zeiten für Verlobte

So, jetzt ist es euch klar, wie ihr euch gegenüber Freunden bzw. Verehrern zu verhalten habt. Mit Verlobten ist es etwas schwieriger, deswegen beziehe ich mich auch hier auf unsere großen Vorbilder, die Süßkartoffelköniginnen. Ich muss einfach zitieren:

»Die Vierstundenregel: Sie besagt, dass er dir, bevor du ihn zum glücklichsten Mann auf Erden machst und den Boden unter seinen Füßen zum Beben bringst und ihm das Blut aus den Ohren strömen lässt, mindestens vier Stunden lang detailliert darlegen muss, wie überwältigt er von dem ist, was ihn erwartet. In dieser Phase sollte er dir überschwängliche Komplimente für alles machen, angefangen von Augen/Gesicht/Haaren/Kleidung und Beinen bis hin zu dem schier unglaublichen Liebreiz deines Wesens. Außerdem wird in diesem Stadium erwartet, dass er dir Geschenke und kleine Erfrischungen anbietet.«

* ebenda, S. 120

»Die Vierundzwanzigstundenregel: Vorausgesetzt, er hat den Test mit der Vierstundenregel bestanden und du hast tatsächlich auf einem gewissen Niveau – egal welchem – bei irgendwelchen sexuellen Handlungen mitgemacht, dann ist es absolut zwingend, dass er von nun an die Vierundzwanzigstundenregel beachtet. Diese schreibt klar vor, dass er innerhalb (je früher, desto besser, sollt er sich irgendwelche Hoffnungen für die Zukunft machen) der ersten vierundzwanzig Stunden nach dem besagten Geschlechtsakt anrufen und alle dem Sex vorausgegangenen Komplimente bezüglich Augen/Gesicht/Haaren/Kleidung und Beinen und dem schier unglaublichen Liebreiz deines Wesens wiederholen muss. Darüber hinaus sollte er sich zusätzliche originelle Komplimente den Beischlaf betreffend ausgedacht haben, die in etwa eine Redezeit von fünfzehn Minuten in Anspruch nehmen. Des Weiteren ist erwünscht, dass diese Komplimente mit enthusiastischen Erwähnungen etwaiger Bemühungen deinerseits um seine Person, auch wenn sie noch so gering waren, ausgeschmückt werden.«

Tja, das ist ganz schön hart, oder? Was ziehen wir Uschis daraus für Schlüsse? Nun, ich würde mal sagen, dass euch möglicherweise die Uschi-Prinzipen und die damit verbundenen Vorschläge etwas streng vorkommen. Anhand dieser Textpassage seht ihr aber, dass wir geradezu Milde walten lassen. Und trotzdem habe ich die Süßkartoffelköniginnen zitiert. Denn sie haben Recht! Immer wieder predige ich euch und den anderen Uschis – und die anderen Uschis mir –, dass wir nur wie Königinnen behandelt werden, wenn wir uns auch wie Königinnen verhalten. Wieso fällt uns das nur so schwer?

Wenn wir die Vierstundenregel zusammenfassen, dann besagt sie eigentlich nur, dass er sich sehr, sehr, sehr lange zügeln und gedulden muss. Während dieser Zeit soll er sich nicht einfach verkrümeln und geduldig ausharren – oder wie Männer das dann in der Regel machen, dich vergessen und sich einfach schnöde mit etwas anderem beschäftigen. Ist es nicht unglaublich, dass Männer einfach etwas anderes tun können? Natürlich ist es leicht zu erklären, Männer sind einfach nicht multi-tasking-fähig, das heißt, sie können immer nur eine Sache nach der anderen tun. Aber ist *das* eine Entschuldigung? Nein! Denn in dieser Übergangszeit, in der er sich glücklich schätzen kann, dein Freund zu sein, und in froher Erwartung ist, dass möglicherweise irgendwann deine Stimmung zu seinen Gunsten umschlägt, soll er sich um dich bemühen. Er soll dich umwerben wie eine Königin. Und zu perfektem Werben gehören selbstverständlich Komplimente usw.

Ihr dürft das jetzt nicht falsch verstehen. Selbstverständlich hat unser Kandidat zu diesem Zeitpunkt schon eine mehr oder weniger lange Phase der »Freundschaft« hinter sich. Er durfte sich also im Vorfeld schon bewähren, indem er zum Essen/Trinken/Was-auch-immer einlud, euren Haushalt/Computer/Auto auf Vordermann brachte und euch regelmäßig anrief, damit ihr euch seiner sicher sein und in Ruhe euren Beschäftigungen nachgehen konntet, statt vor dem Telefon zu hocken und zu warten. Die Vierstundenregel bezieht sich auf das Date vor einer möglichen Beförderung in den Status eines Verlobten.

Die Vierundzwanzigstundenregel brauche ich eigentlich überhaupt nicht mehr zu kommentieren. Ich hoffe, es ist für euch eine Selbstverständlichkeit, dass ihr erwartet, dass sich der Mann, dem ihr die Gunst erwiesen habt, »euer Schatzkästlein zu öffnen«, umgehend bei euch meldet. Und glaubt mir, er wird es auch tun, wenn er Interesse an euch hat.

Ihr müsst nicht denken, dass diese Regeln zu hart sind. Weit gefehlt, denn ihr müsst diese Zeit genießen und auskosten bis zum Geht nicht mehr. Der Freund oder Verlobte muss anrufen, lobpreisen, euch mit Geschenken und Aufmerksamkeiten überhäufen und so weiter und so fort. Dem Einfallsreichtum der Männer sind keinerlei Grenzen gesetzt. Denn leider hat das Ganze irgendwann ein Ende. In dem Moment, in dem sie sich eurer sicher fühlen, werden sie das ganze Tamtam plötzlich, ohne ersichtlichen Grund und vor allen Dingen ohne Ankündigung, stoppen. Wir Uschis haben herausgefunden, dass dieser wundervolle Zeitraum bei Verlobten nur ca. drei Wochen anhält. Drei Wochen lang baggern sie, was das Zeug hält, werben und verwöhnen und hören dann plötzlich auf damit. So manche Frau hat das schon in tiefe Verzweiflung gestürzt. Uns ging es genauso, und hätten wir nicht die SHG gehabt, die alles gnadenlos analysiert, wären wir so manches Mal dem Wahnsinn verfallen, weil wir dachten, dass der Stopp der Aufmerksamkeiten auch das Ende der Liebe ist. Aber im Gegenteil: Stellt ein Verlobter die Aufmerksamkeiten ein, so ist er sich deiner Person und eurer Beziehung sicher. Ihr seid nun fest zusammen. Ein merkwürdiger Liebesbeweis, aber so sind sie eben, die Männer. Manche Frauen stehen darauf.

Die Konsequenz daraus ist, je nach Situation und Vorlieben, anders: Entweder man richtet sich in einer langweiligen, aber sicheren Beziehung ein und toleriert den Mangel an Aufmerksamkeiten. Wir Uschis sind zwar der Meinung, dass dieses Verhalten einer Königin nicht gebührt, kennen aber die Verlockung dieses scheinbar sicheren Zustandes nur zu gut. Die zweite Möglichkeit besteht darin, das Verlöbnis eben nur drei Wochen dauern zu lassen. Das Ende der Verwöhnphase wird dann durch totalen Entzug sanktioniert. Das könnte zur Folge haben, dass ihr diesen Mann abschreiben müsst, dafür aber wieder frei für neue Chancen und neues Glück seid. Es könnte aber auch sein, dass er dieses Verhalten versteht und darauf reagiert. Dann kann man euch nur zu einem besonders gelungenen Exemplar Mann gratulieren. Im besten Falle wendet ihr aber auch für Beziehungen ständig sowohl die Vierstunden- als auch die Vierundzwanzigstundenregel an und gebt ihm damit zu verstehen, dass er euch nie völlig besitzen kann – zumindest, bis er euch heiratet. Kapiert er das und fährt kontinuierlich damit fort, euch zu verwöhnen und immer wieder zu überraschen, dann ist er der richtige Prinz für die Königin.

Zu diesem Thema vielleicht noch einmal ein kleiner Lektüretipp: Die Novelle »Die Mathematik der Nina Gluckstein« von Esther Vilar. Es ist eine wunderschöne, aber auch traurige Geschichte, weil sie so viel Wahrheit enthält: Nina Gluckstein schafft es, den Mann ihres Lebens für immer an sich zu binden und seine Verliebtheit in sie nie versiegen zu lassen. Wie sie das macht? Sie zeigt ihm *nie,* wie sehr sie ihn liebt. Das klingt anstrengend, ich weiß. Und ich will euch auch nicht ernsthaft empfehlen, eurem Liebsten nie eure wahren Gefühle zu zeigen. Aber es ist ein Denkanstoß, denn es zeigt, wie die Sache mit der Liebe nun einmal funktioniert: Lasst ihn immer ein wenig im Ungewissen, wie sehr er euch hat. Dann wird er verrückt nach euch sein und keine andere Frau mehr wollen. Wie gesagt, man kann es auch übertreiben (und meiner Meinung nach tut Nina Gluckstein das), aber sich ein bisschen Distanz und Reserviertheit zu Eigen zu machen, schadet auf keinen Fall. Ihr werdet keinen Mann dadurch verjagen, dass ihr euch ihm entzieht – im Gegenteil! Seid geheimnisvoll und schwer zu haben, dann legt er euch sein Herz und seine Liebe zu Füßen!

Das Sexdate

In der vierten Staffel bei Ally McBeal war Ally sich mal wieder nicht sicher, ob sie sich verliebt hatte. Brav hatte sie ihren Trieben widerstanden und die ersten beiden Dates mit einem neuen Mann über die Runden gebracht, ohne mit ihm zu schlafen. Vor dem dritten Date geriet sie in ihre Ally-typische Panik. Eine ganze Folge lang hatte sie furchtbare Angst vor dem nächsten Treffen, weil es angeblich so ist, dass man bei dem dritten Date miteinander schlafen *muss*.

Das ist eine spannende Frage. Wann darf eine Frau heutzutage mit einem Mann ins Bett gehen? Oder wann sollte sie sogar? Wie lange soll sie warten? Wie machen die Uschis das?

Die Frage stellt sich natürlich nur für Männer, an denen ihr ein ernsthaftes Interesse habt. Wieso, das erkläre ich euch im nächsten Kapitel. Also nehmen wir einmal an, dass ihr mit einem Mann ausgeht, an dem ihr ernsthaftes Interesse habt, dann werdet ihr euch irgendwann diese Frage stellen. Eins vorweg: Ich habe leider keine Lösung für euch parat. Die SHG hat diese Frage zwar diverse Male diskutiert, aber wir haben keine allgemein gültige Antwort dafür gefunden.

Ich weiß nicht, ob eure Muttis und Omas das auch immer gesagt haben – aber in meiner Familie hieß es, dass man jeden Tag ordentliche Unterwäsche anhaben sollte, falls man wegen eines Unfalls ins Krankenhaus kommen sollte. Ich hatte spätestens in der Pubertät den Verdacht, dass irgendwie etwas anderes damit gemeint sein könnte. Aber in der Familie wird ja selten offen über Sex gesprochen.

Zweifellos ist es ratsam, auch schon beim ersten Date hübsche Unterwäsche anzuziehen. Auch wenn ihr nicht vorhabt, an diesem Abend mit dem Mann zu schlafen. Erstens gehört die Auswahl der Unterwäsche ebenso wie die Auswahl der restlichen Kleidung zu eurem persönlichen Vorspiel des Abends und ist ein Ritual, das euch ein gutes Gefühl gibt. Zweitens bewegt man sich viel geschmeidiger, wenn man weiß, dass man sexy Unterwäsche anhat. Denkt an das erste Uschi-Prinzip! Und drittens müsst ihr nicht gleich mit einem Mann schlafen, nur weil er bei irgendeinem gemeinsamen Unterfangen möglicherweise einen Blick auf eure Unterwäsche erhascht.

Die Uschis und ich sind uns aber darüber einig, dass es bei einem Mann, an dem ihr ernsthaftes Interesse habt, keinesfalls empfehlenswert ist, mit ihm am ersten Abend zu schlafen. Natürlich habt ihr Lust darauf – und dass er es will, darauf würde ich blind wetten. Aber genau das ist der Trick. Allein dadurch, dass ihr euch beim ersten Date rar macht, weckt ihr eine unbändige Jagdlust in ihm. Vorausgesetzt, er hat wirklich Interesse an euch. Die Enthaltsamkeit des ersten Dates ist ein wirksamer Test, mit der ihr euch Typen vom Hals schafft, die euch nur benutzen wollen.

Die Amis sind ja wirklich etwas streng mit ihrem Datingsystem. Und nur weil es so streng ist, bekommt Ally diese Panik. Wer sagt denn, dass man zu irgendeinem Zeitpunkt mit dem Typen schlafen muss? Ihr könnt euch auch dafür entscheiden, ihm den Posten eines Verehrers zu geben. Freunde bzw. Verehrer kann eine Frau nie genug haben. Müssen müsst ihr gar nix. Macht, wie ihr es wollt, aber traut nicht immer eurem Gefühl. Bewahrt euch euer Geheimnis noch ein Weilchen auf, lasst ihn ruhig etwas zappeln. Denn so sehr, wie er sich in den ersten Wochen um euch bemüht, wird er es anschließend nie wieder tun.

Falls ihr aber gar keine weiteren Dates in Erwägung zieht, falls euch die Vorstellung gar nicht reizt, dass genau dieser Mann euch die Welt zu Füßen legt, dann geht noch einmal kurz in euch und denkt scharf nach: Seid ihr euch wirklich sicher, dass er nicht der Richtige ist? Seid ihr euch sicher, dass ihr nicht verknallt seid, wenn ihr am nächsten Morgen neben ihm aufwacht? Besteht keine Gefahr, dass ihr die gemeinsamen Intimitäten mit Liebe verwechselt? Seid ihr sicher, dass er euch garantiert nicht das Herz brechen und euch wehtun wird? Und habt ihr trotzdem Lust auf ihn? Na, dann solltet ihr euch das kleine Geschenk nicht entgehen lassen!

Verlobter oder One-Night-Stand?

Genau das ist der Punkt. *Ihr* müsst im Vorfeld darüber entscheiden, ob ihr hohe Maßstäbe ansetzt und harte Regeln vorgebt. Sonst werdet *ihr* verletzt.

Ich bin die Allerletzte, die etwas gegen schnellen Sex bei Bedarf hat. Ich meine, schließlich haben wir Frauen auch eine Libido, und manchmal haben wir eben Lust, mit einem Mann zu schlafen. In diesem Fall spricht meiner Meinung nach überhaupt nichts dagegen, sich das zu nehmen, was man gerade braucht. Aber dann muss es ja nicht unbedingt gleich der Mann fürs Leben sein. Viele Frauen verwechseln das noch immer. Keine Ahnung, warum, aber es fällt uns schwer, körperliche und seelische Liebe voneinander zu trennen. Manchmal denke ich, dass das bei uns Frauen so eine Art Mechanismus ist, um den Sex »moralisch« zu rechtfertigen: Eine Frau, die einfach nur deshalb mit einem Mann schläft, weil sie Lust darauf hat, wird von vielen immer noch schräg angesehen. Männer können und dürfen Sex und Liebe trennen, Frauen nicht, das ist die herrschende Meinung. Also glauben wir Frauen schnell: Ich habe mit ihm geschlafen, dann muss ich jetzt wohl auch verliebt sein! Dabei ist das wirklich kompletter Unsinn, man muss sich nicht gleich verlieben, weil man Lust auf Sex hat. Meistens ist es sogar besser, wenn frau es nicht tut. Glaubt mir, die meisten Männer eignen sich weder für den Status eines Freundes noch eines Verlobten. Es wäre völlig verschwendete Zeit, auch nur mehr von ihnen zu erwarten. Und trotzdem gibt es manchmal hormonell-astrologische Konstellationen, bei denen ich einem spontanen sexuellen Kontakt ohne viel Gedöns vorher und nachher aufgeschlossen bin. Viele werden jetzt sagen, dass das eine ziemlich männliche Einstellung ist. Das sehe ich anders: Es ist eine *gesunde* Einstellung, eine, die mich vor Herzschmerz bewahrt.

Das Geheimnis liegt darin, sich bei diesem Abenteuer nicht verletzen zu lassen. Ich weiß, es funktioniert nicht immer, denn wir Frauen sind schrecklich emotionale Wesen, die merkwürdigerweise darauf stehen, von Männern enttäuscht und verletzt zu werden. Aber das muss wirklich nicht sein. Wie ich oben schon sagte, *ihr* entscheidet, wie viel Aufwand ihr um einen Mann betreibt. Und glaubt nicht, Maßstäbe und Regeln wären kein Aufwand für euch! In den Zeiten, in denen ihr sozusagen noch Probe-Uschi seid bzw. noch nicht jahrelang Routine mit den Prinzipien habt, braucht ihr viel Zeit mit eurer SHG, um mit den anderen Uschis Sinn und Zweck dieser Maßstäbe und Regeln immer wieder zu diskutieren, bis ihr sie verinnerlicht habt. In dem Moment, in dem ihr aus konkretem Anlass eure SHG bemüht, um über einen Mann zu sprechen, mit dem ihr Sex hattet, ist er in euren Augen vom One-Night-Stand zum Verlobten geworden. Aber wenn ihr ihn wert findet, eine Blitzkarriere zum Verlobten machen zu lassen, ohne dass er sich vorher tage- oder wochenlang als Freund bewiesen hat, dann müsst ihr noch viel strenger als üblich mit der Vierundzwanzigstundenregel sein, damit ihr nicht hinterher diejenige seid, die weint.

Das Uschi-Prinzip Nr. 2: »Lebe nach dem Lustprinzip!«
Lebe nach dem Lustprinzip, gönn dir hin und wieder etwas, aber pass auf dich auf. Mit der Zeit bekommst du ein Gespür dafür, was bzw. welcher Mann dir gut tut und welcher nicht. Achte auf die Männer, auf die Uschi verzichten kann, und ziehe das Hobby, das ich dir später noch vorschlagen werde, in Erwägung.

Aber völlig egal, ob ihr nun mit einem Mann geschlafen habt, den ihr schon länger kennt, oder mit einem, der euch gerade erst zugelaufen ist: Wenn ihr ihn ernsthaft als Verlobten in Erwägung zieht, *muss* er sich an die Vierundzwanzigstundenregel halten. Bitte, achtet darauf, sonst wird euch der Kerl das Herz brechen! Hält er sich nicht daran, gibt es für euch nur noch eines, bevor er euch wehtut: ihn vergessen. Der Nächste, bitte!

13. Weg damit – Männer, auf die Uschi verzichten kann

Bevor ihr euch nun auf die Jagd nach Männern macht, darf ich einen Hinweis nicht vergessen: Wie ihr bereits gemerkt habt, liegt mir nicht nur eure Lust am Leben, sondern auch eure Laune am Herzen. Das heißt, unnötiges Leid sollet ihr euch ersparen. Und wie fügt man sich als Frau unnötiges Leid zu? Natürlich mit Energieverschwendung auf den falschen Mann. Folgende Exemplare solltet ihr unbedingt meiden:

Mitnehmer

Mitnehmer sind Männer, die euch einfach mal mitnehmen, weil gerade nichts Besseres in Sicht ist. Nicht sehr schmeichelhaft! Mitnehmer trifft man häufig eine Stunde vor Schließung eines Clubs. Uschi und ich haben irgendwann herausgefunden, dass exakt eine Stunde vor der Sperrzeit die Luft in einem Schuppen hochgradig zu flirren anfängt. Die anwesenden Männer werden aktiv. Wer noch nichts für die Nacht klargemacht hat, muss sich beeilen, denn innerhalb weniger Minuten fallen die Würfel. Ich muss euch sicherlich nicht erklären, dass es nicht sonderlich schmeichelhaft ist, um diese Zeit von jemandem angesprochen zu werden. Wenn ihr euren klaren Verstand, den ihr zu dieser Uhrzeit hoffentlich noch habt, zusammennehmt, dann könnt ihr euch an fünf Fingern abzählen, dass der Kerl bei einer anderen Frau, die er eigentlich toller fand, nicht gelandet ist und sich euch sozusagen schöngetrunken hat, damit er an diesem Abend nicht leer ausgeht. Empörend! Das geht natürlich nicht mit einer Königin!

Das Mitnehmen unsererseits ist natürlich gestattet. Männer baggern, Frauen wählen aus. Und sollte die Königin in uns ihrem hormonellen Überschwang erliegen und an diesem Abend unbedingt jemanden mit nach Hause nehmen wollen, sollte sie unbedingt darauf achten, die Sache vor der magischen letzten Stunde klarzumachen. Alles danach ist nur noch billig und bringt am nächsten Tag einen fürchterlichen Kater. Um die königliche Würde zu bewahren, hilft nur eins: Eine Stunde vor der Sperrstunde gehen und sich mit den batteriebetriebenen Freunden zu vergnügen.

Thermoskannen

Thermoskannen sind klassische Warmhalter. Als Thermoskannen bezeichnen die Uschis und ich Männer, die uns gewogen sind, sich uns gegenüber adäquat verhalten, aber einen entscheidenden Nachteil haben: Sie melden sich nur, wann es *ihnen* passt. Ich kenne da eine Thermoskanne, ein etwas bauchigeres Modell, das wunderbar küsst, aber ansonsten von mir noch nicht vom Status des Freundes zum Verlobten befördert wurde. Glücklicherweise! Denn es stellte sich in den folgenden Monaten heraus, dass dieser reizende junge Mann zwar jedes Mal nicht abgeneigt war, mit mir zu flirten und mich ganz allerliebst zu küssen, dass er aber zwischen diesen Treffen immer wie vom Erdboden verschwunden war. Etwa alle drei Monate bekam ich eine Mail von ihm. Mir war erst gar nicht aufgefallen, dass es sich dabei immer nur um Thermos-Mails handelte. Aber erstens waren sie voll belangloser Geschichtchen und zweitens – noch viel schlimmer – völlig unverbindlich. Er bat darin noch nicht mal um ein Treffen. Unglaublich!

Das erwähnte Exemplar ist also eine typische Thermoskanne. Er hält sich mich warm. Empörend und einer Königin nicht würdig. Eigentlich sollte ich ihn sofort entsorgen, denn wenn überhaupt, dann ist es mein Recht, mich zu melden, wann ich will. Wenn, dann halte ich mir den Mann warm – aber ganz sicher nicht umgekehrt! Wenn dieses Exemplar nicht so überaus gut küssen würde, wäre ich schon lange hart geblieben. Ihr seht, auch perfekte Uschis werden manchmal schwach, aber ich möchte euch trotzdem den Ratschlag mit auf den Weg geben, euch niemals – und damit meine ich *wirklich niemals* – in eine Thermoskanne zu verlieben.

Das Uschi-Prinzip Nr. 1: »Sei eine Königin!«
Findet ihr das frech, dass ich behaupte, dass für mich andere Regeln gelten als für Männer? Na und!? Wieso denn nicht? Wieso sollte eine Königin nicht das Recht haben, Verehrer damit zu beglücken, dass sie ihnen spontan eine Audienz einräumt? Ihr erkennt sehr schnell an seiner Reaktion, welchen Rang ihr auf seiner Prioritätenliste habt. Ein wunderbarer Test. Falls er öfter zickt, solltet ihr euch schnellstens abwenden: Der Nächste, bitte!

Spontane

Der Spontane ist eine Variante der Thermoskanne. Ihr erkennt ihn an den typischen Worten: »Hallo … ich wollte mich mal spontan melden. Wie geht's denn so?« Auch er hat eure Telefonnummer nicht weggeworfen oder verloren, aber er hat sie auch nicht »auf

Wiedervorlage gelegt« wie die Thermoskanne. Er kümmert sich einen Dreck darum, wann er sich das letzte Mal bei euch gemeldet hat, wenn es ihn juckt und er an diesem Abend unbedingt eine Frau braucht, dann telefoniert er sein Adressbuch durch, um ja nicht leer auszugehen. Vermutlich kennen Frauen, deren Namen mit A, B oder C anfängt, mehr Spontane als Xenias und Yvonnes. Nehmt es ja nicht als Kompliment, nur weil er sich gerade bei euch meldet, wenn er ein sexuelles Bedürfnis hat. Ihr wisst ja nicht, wie viele Frauen er schon durchtelefoniert hat, die leider spontan keine Zeit für ihn haben. Er ist euch nur nicht abgeneigt. Das reicht aber nicht, schließlich wollt ihr mehr, ihr wollt angerufen werden, weil ein Mann vor Sehnsucht nach euch schier vergeht, und nicht nur, weil es ihn gerade juckt.

Jedenfalls sind Spontane für Königinnen völlig inakzeptabel. Was soll das denn? Glaubt so ein Mann etwa, wir warten nur auf seinen Anruf? Aber leider ist es so, dass unzählige Frauen diese Spontanen verdorben haben und immer parat stehen und sich sogar freuen, wenn sie mal einen Anruf bekommen. Ich sage nur: Der Nächste, bitte!

Psychos

Eine Zeit lang hatte ich eine fatale Vorliebe für Psychos. Meine Bandbreite reichte von ge-burn-outeten Typen, die ihren Beruf hinschmeißen wollten, um auszuwandern, über Künstler, die nur unter Drogenkonsum glaubten, die Welt zu verstehen, bis hin zu Selbstmordkandidaten, die aber immer noch unter uns weilen. Nicht zu vergessen natürlich die unzähligen Männer, die »irgendwie ein Problem mit Frauen oder Bindung haben«, die Söhnchen, die nicht von Mutti loskommen oder von Mutti ganz arg böse behandelt wurden, und diejenigen, die sich immer noch pubertär an unserem Gesellschaftssystem abarbeiten und deswegen überhaupt nichts auf die Reihe bekommen.

Ich weiß nicht genau, was mich an ihnen anzieht. Vermutlich ist es mein Helferinnensyndrom auf hohem Niveau, das glaubt, ich würde das Wunder vollbringen und deren Leben retten, in der Hoffnung, dann aufgrund dessen bis an ihr Lebensende (mehr noch als Mutti) von ihnen geliebt zu werden. Es bedeutete mir immer sehr viel, dass sie sich mir anvertrauten, und ich fühlte mich gut dabei, mich für sie aufzuopfern und mich abzurackern.

So ein Quatsch! Was soll das denn? Diese Beziehungen waren allesamt problematisch und erfüllten niemals den Zusatznutzen, dass ich diese Männer meinen Eltern vorstellen konnte, um ihre ewige Frage nach Enkeln zu beruhigen. Diese Beziehungen waren vor allen Dingen anstrengend – und zwar für mich. Den Männern ging es vermutlich mit mir recht gut, schließlich organisierte ich ihr Leben: sozusagen Therapeutin, Sekretärin und Putzfrau in einer Person. Was bekam ich dafür? Ein irgendwie geartetes gutes Gefühl, auf dieser Welt nützlich zu sein, Vorhaltungen von meinen Freundinnen und – wenn ich Glück hatte – einigermaßen guten Sex.

Irgendwann beschloss ich, dass diese Kategorie Männer eindeutig auch zu denjenigen gehört, auf die eine Uschi verzichten kann. Ich musste ganz schön an mir arbeiten, um die Verbindung zwischen Verliebtsein und Aufopferung, die tief in meinem Glauben verankert war, zu lösen. Der Lohn dafür war Leichtigkeit. Ich konnte mich endlich auf Männer einlassen, die Leichtigkeit und Freude in mein Leben brachten. Bei denen ich mich wirklich auf ein Treffen freute, anstatt mich insgeheim davor zu gruseln, welche schlimmen Überraschungen mir wohl dieses Mal bevorstehen würden. Die Konsequenz daraus war, dass ich das Beraten und Helfen zu meinem Beruf machte: Wieso sollte ich Männern meine Dienstleistungen schenken? Entweder ich investiere meine Qualitäten gratis in Menschen, die es wert sind und mir auch Gutes tun, oder aber in Menschen, die dafür bezahlen. Das ist besser für mein Seelenleben, mein Konto und mein Selbstbewusstsein.

Im Privatleben bin ich mittlerweile so konsequent, dass ich beim ersten Date abfrage, ob der Kandidat einen besten Freund hat, bei dem er seinen Seelenmüll lassen kann. Hat er dies nicht und versucht mir überzeugend zu erklären, dass Frauen die besseren Zuhörerinnen sind, suche ich das Weite – es sei denn, er nennt mir die Adresse seiner Therapeutin. Ich bin nicht auf der Welt, um den männlichen Teil der Menschheit zu retten. Eine wahre Uschi hilft und schenkt sehr gern – allerdings nicht an Sauger. Der Nächste, bitte!

Arschlöcher

Die schlimmste Gattung Mann sind die so genannten Arschlöcher. Es gibt sie in verschiedenen Kategorien. Mein Verhängnis sind die so genannten Karriere-Arschlöcher. Es muss eine frühkindliche Prägung von mir sein, denn schon als kleines Mädchen fand ich meinen Vater im Anzug am attraktivsten. Anders kann ich mir meine leidige Fixierung auf offensichtlich schädliche Männer nicht erklären. Das Schlimme ist: Ich bin nicht allein mit dieser Fixierung. Ganze Heerscharen von Frauen fallen auf diese Spezies herein.

Mein persönliches Geheimrezept, um mich von meinem Tick zu kurieren: Ich lese das Buch »Böse Männer kommen in jedes

Bett« (siehe Anhang) und sehe mir sehr intensiv Videos von Robbie Williams an. Robbie ist die lebende Verkörperung eines Arschlochs: sehr charmant, frech und betörend. Wenn ich allerdings zwei bis drei Stunden jauchzend auf der Couch lag und »Swing when you're winning« mit abwechselnden Kommentaren im Sinne von »Aaaaachhh, wie reizend« und »Was für ein Arschloch« begleitet habe, bin ich wieder für eine Weile von ihnen kuriert.

Eigentlich will ich ja auch gar kein Arschloch. Selbst wenn er ausnahmsweise kein Fremdficker ist – ausnahmsweise deshalb, weil in meinem Alter die meisten Männer noch (!) verheiratet sind –, hat er trotzdem nicht die Absicht, sich zu binden. Genau das ist sein Trick. Das Arschloch ist der perfekte Verführer. Und wir lieben diese Werbephase, weil wir die Hoffnung hegen, dass sie ein Leben lang anhalten könnte und wir für den Mann die Auserwählte für die Traumhochzeit sind. Weit gefehlt, das Arschloch sieht zwar toll aus, fährt ein imposantes Auto und überschlägt sich vor Charme – aber leider einzig und allein, um uns ins Bett zu bekommen. Anschließend ritzt er eine Kerbe in seinen Gewehrlauf und macht sich von dannen. Selbst wenn wir dieses Verhalten durchschauen, lassen wir dummen Gänse uns trotzdem oft genug noch davon blenden. Gerade weil wir wissen, dass diese Kategorie Mann immer auf der Jagd ist, ist es eine ganz besonders reizvolle Herausforderung für uns, zu versuchen ihn zu zähmen. Wir glauben tatsächlich, dass er ausgerechnet bei uns derart in Liebe verfällt, um sein Verhalten von dem einen auf den anderen Tag komplett zu ändern. Ein Trugschluss. Klar gibt es Frauen, die von den Arschlöchern geheiratet werden (diese sind aber meist im Gegensatz zu uns: klein, zierlich, zurückhaltend und häufig Sekretärinnen). Aber beneiden sollten wir diese nicht – schließlich werden auch sie früher oder später von ihrem Gatten betrogen.

Ganz besonders gemeine Arschlöcher – also fast alle – kombinieren diese Verhaltensweise mit der Thermoskanne: Sie melden sich immer, kurz bevor sie mal wieder in der Stadt sind, wenn sie gerade mit einer anderen durch sind oder einfach dann, wenn sie Langeweile haben. Empörend! Das Fatale an Arschlöchern ist, dass sie aus Spaß mit unseren Gefühlen spielen. Sie spielen mit uns, und wir sind, wenn wir Gefühle investiert haben, nicht mehr in der Lage, ihnen Paroli zu bieten. Vermutlich weiß das der Mann sogar noch nicht mal. Möglicherweise glaubt er, dass er uns mag. Aber wahrscheinlicher ist, dass er tief in seinem Innersten Frauen verachtet, weil ihn seine große Liebe – vermutlich seine Mutti – einmal sehr enttäuscht hat. Das alles lässt er jetzt an uns aus. Und wenn wir nicht auf uns aufpassen, dann lassen wir das jahrelang mit uns machen. Denn diese verflixten Arschlöcher machen süchtig.

Auch wenn ich eigentlich schon eine ganz gute Uschi bin – wenn es um Arschlöcher geht, muss ich hin und wieder leider noch Ausnahmen machen und meine Prinzipien über Bord werfen. Tja, selbst wir liebreizenden Königinnen sind nicht perfekt. Also gestehe ich, dass ich immer wieder schwach werde bei Arschlöchern. Meistens erzähle ich den anderen Uschis noch nicht einmal davon, weil ich schon weiß, dass sie mit mir schimpfen werden. Wenn es euch also passiert, dass ihr wie ich an ein Arschloch geratet, dann versucht zumindest, kein Herz zu investieren. Geht mit ihm aus, lasst euch in das teuerste Lokal der Stadt einladen, trinkt eimerweise Champagner, fühlt euch mal wieder einen Abend lang wie die tollste Frau auf der Welt, küsst ihn zum Abschied und lasst ihn dann am langen Arm verhungern. Er hat es nicht anders verdient. Ein Arschloch darf man auf keinen Fall vom Freund zum Verlobten befördern. Wenn ihr es aber doch tut, dann macht euch auf Leiden gefasst und organisiert euch vorher das Robbie-Williams-Video.

Uschi ist sich noch nicht sicher

Manchmal ist es aber anders: Ihr habt Mr. Right getroffen – glaubt ihr zumindest. Ihr seid verliebt. Richtig verliebt. Ihr habt Herzklopfen, ihr denkt an ihn, ihr genießt es, euch mit ihm zu treffen und mit ihm zusammen zu sein – ihr wisst, ihr seid verliebt. Ihr habt euch alle Mühe gegeben, nicht gleich von der ersten Begegnung an zu schwärmen, sondern habt gut auf euch aufgepasst, seid erst ein paar Mal mit ihm ausgegangen, bevor ihr mehr in Erwägung gezogen habt, und habt dann brav die Vierstundenregel beachtet. Jetzt liegt ihr neben ihm, in der Nacht hattet ihr fantastischen Sex, er schläft noch. Die Sonne scheint durchs Fenster herein, ihr schaut stundenlang entzückt auf die goldenen Härchen an seinem Haaransatz und euer Herz will vor Gefühl bersten – ihr seid verliebt.

Obwohl ihr es genießt, neben ihm zu liegen und ihn beim Schlafen zu beobachten, fürchtet ihr ein wenig das Aufwachen. Gestern Abend wart ihr eine Königin, und jetzt liegt ihr zerknautscht neben ihm und riecht bestimmt ganz und gar nicht königlich aus dem Mund – tröstet euch, er auch nicht. Ihr fragt euch, was passieren wird, wenn er aufwacht. Wird er aufspringen, sich die Klamotten anziehen und irgendwas von »wir telefonieren« murmeln? Wird er verliebt noch ein paar Stunden mit euch herumturteln und sogar das Frühstück machen?

Das Verrückte ist: Es ist egal. Wenn er nicht gerade die nächsten zehn Tage ohne Unterbrechung mit euch verbringt, euch währenddessen einen Heiratsantrag macht und mit euch stante pede nach Las Vegas fliegt, um die Hochzeit zu vollziehen, und anschließend treusorgender Vater eurer Kinder wird, um euch bis zum Lebensende zu lieben, dann ist jede andere Reaktion dagegen nur ein laues Versprechen. Egal, ob er noch Sekunden, Minuten oder Tage mit euch verbringt. Glaubt mir: Ihr wisst, dass *ihr* verliebt seid – ob er es weiß, wisst ihr noch lange nicht.

Denn das Seltsame ist: Selbst wenn er es weiß, ist es für euch auch egal, denn damit wisst ihr es noch lange nicht. Es gibt eigentlich nur zwei Möglichkeiten. Entweder ist er verliebt oder er ist es eben nicht. In beiden Fällen können aber die gleichen Dinge passieren: Er meldet sich bei euch oder aber er meldet sich nicht. Kompliziert, oder? Wenn er sich nicht meldet, kann es sein, dass er nur ein Abenteuer wollte, oder aber ihr seid ihm so nahe gekommen, dass er Angst hat und nun erst mal in seine Höhle muss, um nachzudenken. Jedenfalls meldet er sich nicht und lässt euch im Unklaren. Schlecht! Meldet er sich und ihr trefft euch eine Weile, er macht euch den Hof, ihr spielt Verliebt-sein, dann kann euch aber nach einigen Tagen genau dasselbe passieren. Er meldet sich oder er meldet sich nicht. Gehe zurück auf Los und denke noch einmal nach.

Was ist der Schluss daraus? Meine lieben Nachwuchs-Uschis! Seid sehr, sehr vorsichtig mit eurem Herzen. Ich weiß, wie toll es sich anfühlt, verliebt zu sein, aber euer armes, kleines Herz ist in diesem Zustand völlig nackt und ungeschützt. Manchmal schießt auch eine echte Uschi alle Vorsicht in den Wind und genießt dieses Gefühl – wieso auch nicht, schließlich leben wir nach dem Lustprinzip. Aber wir vergessen dabei nie, dass wir Königinnen sind, und beachten strikt die Vierstunden- und die Vierundzwanzigstundenregel.

Gebt euch Zeit! Schließlich geht es doch darum, vielleicht ein ganzes Leben mit diesem Mann zu verbringen. Da müsst ihr nicht sofort alles auf einmal haben – und vor allem nicht alles auf einmal geben! Eine schöne Nacht bedeutet noch nicht, dass es für immer ist. Selbst drei schöne Monate bedeuten das leider noch nicht. Ich weiß, es klingt hart, aber so ist es heute eben. Bleibt auf der Hut, lasst ihn erst ganz nah an euch heran, wenn ihr wirklich sicher sein könnt – soweit man sich in dieser Angelegenheit überhaupt sicher sein kann –, dass er es auch verdient hat. Klingt das zu pessimistisch? Mag sein. Ich nenne es »Lebenserfahrung«. Ich habe einfach zu viele Freundinnen schon herzzerreißend weinen sehen, weil sich ihr »Traummann« auf einmal doch sang- und klanglos von ihnen verabschiedet hat. Genießt das schöne Gefühl, aber macht euch nicht abhängig davon. Und vor allem dürft ihr eines nicht vergessen: Egal, wie verliebt ihr euch fühlt – das sind zum Großteil nur die Hormone! Ihr wisst doch selbst, was davon übrig bleibt, wenn sich alles wieder normalisiert. Also gebt euch die Chance herauszufinden, ob *ihr* euch wirklich langfristig an diesen Mann binden wollt. Nicht nur er ist unsicher – ihr seid es mit Sicherheit auch! Nein, nein, höre ich euch jetzt sagen. Ich weiß doch, wenn ich verliebt bin! Tja, wissen wir das wirklich immer? Ich glaube, nein.

Wenn ich euch den Rat gebe, einen Mann erst einmal ziemlich lange Zeit auf Abstand zu halten, geht es nicht nur darum, dass ihr euch schützt. Es geht auch um Zeit, die ihr braucht! Ich werde es an einem Beispiel erklären: Eine meiner Uschi-Freundinnen hatte sich mal wieder unsterblich verliebt. Permanent redete sie von diesem Mann, der ja ach so toll, so charmant, so gutaussehend, einfach wunderbar war. Ich kann euch sagen, eine verliebte Freundin ist zwar einerseits eine schöne Sache, aber manchmal kann einem das ständige Gerede über einen Kerl ganz schön auf die Nerven gehen. Aber egal, Uschi war eben verliebt. Nur wollte der Mann noch nicht so recht wie sie, sie sah ihn höchstens einmal pro Woche und litt darunter ganz furchtbar. Sie wünschte sich eine Beziehung, er wollte es ganz ruhig angehen lassen. Eigentlich fand ich das eine ganz gute Herangehensweise, aber Uschi sah das vollkommen anders: Sie wollte ihn jetzt, und zwar ganz und gar. Nun, sie bekam, was sie sich wünschte. Eines Tages stand er vor ihr, sagte ihr, dass er sie liebt und mit ihr zusammen sein wollte. Und was passierte dann? Uschi merkte, dass sie das überhaupt nicht wollte. Sie hatte sich einfach nur so sehr in das Gefühl ihrer Verliebtheit hineingesteigert, dass sie sich nicht die Zeit genommen hatte, sich zu fragen, ob der Mann denn auch zu ihr passte. Als sie ihn dann haben konnte, fiel ihr auf, dass er einige für sie nicht akzeptable Seiten an sich hatte. Versteht ihr, was ich meine? Nicht nur der Mann muss sich sicher sein, dass er eine Beziehung mit uns will – wir müssen uns diese Frage auch stellen! Manchmal habe ich den Verdacht, dass viele von uns Frauen so sehr auf eine glückliche Partnerschaft fixiert sind, dass sie das vergessen.

Also, ich sage es noch einmal: Genießt eure Verliebtheit im Hier und Jetzt – und wartet einfach ab, was morgen ist. Und so lange haltet ihr euer Herzchen noch ein bisschen fest: Das ist für beide das Beste.

Uschi ist empört

O.k., o.k., es läuft nicht immer alles glatt. Wir können noch so gründlich die Männer auswählen, mit denen wir ausgehen. Wir können noch so gut auf uns aufpassen, wenn wir merken, dass wir wieder einmal zu schnell anfangen zu schwärmen. Wir können noch so cool mit Arschlöchern umgehen, damit sie uns nicht das Herz brechen – manchmal geht doch einiges schief. Wir waren überzeugt davon, jetzt endlich mal ein Exemplar Mann an Land gezogen zu haben, der unser würdig ist, der uns auf Händen tragen könnte, und er fängt an zu zicken. Was macht Uschi dann?

Ja genau, auch Männer zicken, natürlich machen sie es anders als wir, aber merkwürdigerweise hat es immer denselben Grund: Sie wollen sich nicht festlegen. Es ist wirklich empörend, da haben wir uns entschieden, dieses Exemplar Mann an uns, unseren Luxuskörper und unser Herz heranzulassen, und er macht drei Schritte vor und drei Schritte zurück. Jede Frau kennt diese »Bindungsängste« – wir Uschis sind völlig genervt davon und lassen uns das nicht bieten.

Ein deutliches Beispiel dafür ist, dass er sich in der Öffentlichkeit nicht zu uns bekennt. Unverschämt! Kaum sind wir in einem geschlossenen Raum, fällt er über uns her, aber in der Öffentlichkeit tut er, als würden wir nur neben ihm im Café sitzen, weil sonst kein anderer Tisch frei ist. Obwohl wir gerade noch mit ihm redeten, schaut er ungeniert anderen Frauen nach und flirtet sogar mit ihnen. Wir Uschis haben zwar herausgefunden, dass Männer deswegen so auffällig Frauen hinterherschauen, weil sie es einfach nicht wirklich verstecken können (sie drehen immer den ganzen Körper, wo wir nur aus dem Augenwinkel linsen), aber das sollen sie gefälligst tun, wenn sie mit ihren Kumpels unterwegs sind und nicht mit uns. Wenn wir einem Mann die Gunst unserer Gesellschaft schenken, dann können wir ja wohl erwarten, dass wir in diesem Moment für ihn die schönste und begehrenswerteste Frau auf der Welt sind und er uns genau dies permanent in Worten, Blicken und vor allen Dingen mit seiner ungeteilten Aufmerksamkeit versichert. Einzige Ausnahme, die rechtfertigt, dass er uns nicht seine hundertprozentige Aufmerksamkeit schenkt, ist seine Aufgabe, uns vor drohenden Gefahren zu schützen – alles andere geht ja wohl gar nicht. Fällt uns Uschis auf, dass ein Mann sich diesbezüglich danebenbenimmt, gibt es wohl nur eines: Der Nächste, bitte!

Ein Mann, der euch nach einer angemessenen Frist nicht seinen Freunden oder seinen Eltern vorstellt, sucht nur eine Frau zum Vögeln. Tut mir Leid, so ist es eben. Natürlich haben beide in den ersten Tagen der Wollust nichts Besseres zu tun und entwickeln gar nicht erst den Wunsch, das Haus zu verlassen. Aber seien wir doch mal ehrlich, irgendwann ist es an der Zeit, auch mal etwas anderes gemeinsam zu tun. Fängt euer Traummann dann an, Ausreden zu erfinden und auf einmal keine Zeit mehr für euch zu haben, dann hoffe ich inständigst, dass ihr noch nicht zu viel Herz investiert habt. So ein Verhalten ist von einer Uschi ebenfalls nicht zu tolerieren: Der Nächste, bitte!

Der schlimmste Fall von »Bindungsängsten« ist eine angeblich noch nicht aufgearbeitete Beziehung. Ich könnte kotzen, wenn ich so was höre. Ist das denn mein Problem? Wieso flirtet er mit mir, wenn er angeblich noch nicht so weit ist? Bin ich Gratis-Therapeutin und muss mir die Erzählungen über seine Ex anhören? Nein! Eine Uschi muss das nicht. Es ist wirklich eine Frechheit, was sich nicht gerade wenige Männer erlauben, und es ist wirklich schrecklich, wie viele Frauen dieses Spiel mitspielen. Wieso tun Frauen sich das an? Ist es wirklich so wichtig, unbedingt einen Kerl zu haben? Muss es gerade dieser sein? Nein! Uschis sind Frauen, die wissen, was sie wollen und was sie wert sind. Sie wollen umworben und dann geliebt werden und nicht als Taschentuch missbraucht werden. Wir wollen Dates, die Spaß machen, und das nicht mit unentschlossenen Jammerlappen, die nur was zum Ausheulen und zum Vögeln suchen. Wir sind Königinnen und skandieren in diesem Fall: Der Nächste, bitte!

Versteht ihr, worauf ich hinauswill? Das Uschi-Sein muss euch irgendwann so ins Blut übergehen, dass ihr in solchen Fällen nur noch empört seid. Ihr *fühlt* die Empörung im ganzen Körper! Ihr könnt nicht mehr verstehen, wieso ihr euch früher auf Männer eingelassen habt, die solche Spielchen mit euch trieben. Dass diese Spielchen daneben sind, wusstet ihr schon lange, denn immer, wenn euch eine Freundin derartige Geschichten erzählt hat, gabt ihr ihr den Rat, den betreffenden Mann in den Wind zu schießen. Das Fatale ist nur, wenn es euch selbst betrifft, schliddert ihr unwillkürlich in so eine Situation hinein und fangt an, den Mann zu verteidigen, wenn eure Freundinnen auf ihn schimpfen. Damit ist jetzt Schluss. Ihr seid auf dem Weg, eine perfekte Uschi zu werden, und lasst euch nicht mehr auf der Nase herumtanzen. So ein Verhalten ist empörend! Der Nächste, bitte!

Etwas anderes ist es natürlich, wenn *ihr* hin und wieder Spielchen spielt. Spiele eurerseits sind absolut angemessen, wenn ein Mann sich nicht korrekt verhält. Da hätte ich zum Beispiel von dem »Besucher-Trick« meiner Freundin Uschi zu berichten. Ein wunderbares Beispiel, was man mit einem Mann machen kann, der immer noch mit »Bindungsängsten« rumzickt.

Der »Besucher-Trick« ist ein etwas gemeiner Uschi-Trick – aber deshalb ist er auch so wirkungsvoll. Meine Freundin Uschi wendet ihn immer an, wenn ein Kerl ihr gegenüber nicht aufmerksam genug ist oder sich nicht genug Zeit für sie nimmt. Aber sie schwört Stein und Bein, dass er *jedes Mal,* und damit meint sie wirklich jedes Mal, funktioniert. Allerdings muss man dafür ein ziemliches Durchhaltevermögen an den Tag legen. Uschi meint aber, es lohnt sich:

Der Mann, für den ihr euch interessiert, ruft euch an, um ein bisschen mit euch zu plaudern. Ihr wisst schon, dass er euch gern hat, aber irgendwie kommt er nicht so richtig in die Hufe und ihr seht ihn nur selten. Wenn er sich jetzt also bei euch meldet, telefoniert ihr fünf Minuten mit ihm. Dann schleicht ihr euch zu eurer Haustür und drückt selbst auf den Klingelknopf (am besten, es ist abends). Dann sagt ihr ins Telefon: »Es hat gerade geklingelt, wartest du kurz?« Dann legt ihr den Hörer weg, geht zur Tür und führt dort ein imaginäres Gespräch:

Uschi: (sehr erfreut) Oh! Was machst du denn hier?

Pause

Uschi: Da freu ich mich aber! Warte kurz, ich bin noch am Telefon!

Dann geht ihr wieder ans Telefon und sagt so etwas wie: »Tut mir Leid, ich muss jetzt auflegen. Ich melde mich, ja?« Und dann legt ihr auch sofort auf. Der Mann am anderen Ende der Leitung wird sich nun, ohne dass er es verhindern kann, fragen, wer euch denn da besucht hat. Möglich sogar, dass es ihn wahnsinnig macht. Und jetzt, ganz wichtig: Die nächsten vier Tage meldet ihr euch nicht bei ihm! Ihr geht nicht ans Telefon, ihr macht die Tür nicht auf, wenn es klingelt, ihr seid wie vom Erdboden verschluckt! Glaubt mir, er wird merken, was es heißt, Sehnsucht zu haben! Sicher fällt es euch auch nicht leicht, die vier Tage durchzuhalten, aber ihr tut es ja schließlich für einen heiligen Zweck. Am vierten Tag dürft ihr ihn dann anrufen. Plaudert ganz locker mit ihm, so, als wäre alles völlig normal. Und wahrscheinlich wird er dann irgendwann fragen, wer denn neulich bei euch geklingelt hat. Dann habt ihr ihn, wahrscheinlich hat er sich ohne Ende den Kopf darüber zerbrochen! Eure Antwort ist natürlich geheimnisvoll: »Ach, ein alter Freund, der in der Stadt war …« Mehr sagt ihr nicht! Ihr seid die Frau, der die Männer zu Füßen liegen, er soll ruhig wissen, dass er Konkurrenz hat. Falls er dann noch wissen will, was ihr denn die letzten Tage gemacht habt – dann ist die Antwort doch wohl klar: »Ich war einfach wahnsinnig beschäftigt.« Also, wenn ihr diesen kleinen Trick ausprobiert, würde es mich wundern, wenn ein Mann, dem etwas an euch liegt, hinterher nicht wesentlich aufmerksamer ist! Ihr glaubt das nicht? Na gut, ich habe noch eine Geschichte auf Lager:

Eine andere Uschi aus meinem Freundeskreis führte einmal eine schreckliche Beziehung mit einem eigentlich ganz netten Mann. Die Sache hatte nur einen Haken: Der Mann wollte sich nicht exklusiv an sie binden. Ständig traf er sich noch mit anderen Frauen, mehrmals täglich piepte sein Handy, weil er Kurznachrichten von irgendwelchen Verehrerinnen bekam. Das ging Uschi natürlich ziemlich auf die Nerven. Ein halbes Jahr lang sah sie sich die Sache an, immer in der Hoffnung, dass er sich irgendwann für sie ganz allein entscheiden würde. Als er sie fragte, ob sie mit ihm zwei Wochen lang in Urlaub fahren wollte, war sie selig: Sie nahm das als Zeichen, dass er es nun wirklich ernst mit ihr meinte. Als sie morgens am Flughafen auf ihre Maschine warteten, piepte sein Handy mal wieder munter drauflos, und er bekam einen Anruf. Uschi war entsetzt, als sie hörte, wie er mit der Frau, die ihn angerufen hatte, redete. Er flirtete hemmungslos mit ihr rum und versprach ihr, sie nach seinem Urlaub so bald wie möglich zum Essen einzuladen. Natürlich erwähnte er nicht, dass er mit Uschi verreisen wollte, er sprach immer nur von »ich«. Da reichte es Uschi, ihr Maß an Verletzungen war mehr als voll. Kurzerhand schnappte sie sich ihren Koffer und ließ ihn einfach am Flughafen stehen. Während sie traurig zum Taxistand ging, hoffte sie natürlich, er würde ihr nachlaufen. Tat er aber nicht, er flog tatsächlich allein in den Urlaub.

Die nächsten Tage waren der reinste Horror: Uschi weinte jeden Tag, verfluchte den Kerl und hoffte doch gleichzeitig, dass er sich aus dem Urlaub melden würde. Das tat er dann auch, allerdings anders, als wir es alle vermutet hätten: Er brach seine Reise frühzeitig ab, kam zurück nach Deutschland und machte Uschi einen Heiratsantrag. Das war wirklich so! Uschi hatte alles auf eine Karte gesetzt – und alles gewonnen. Ihrem Freund war erst in dem Moment, in dem sie eine Grenze gezogen hatte, klar geworden, dass Uschi ihm wichtig war. Natürlich hätte das auch nach hinten losgehen können, aber dann wäre Uschi im Zweifel nur einen blöden Idioten losgewesen. Mittlerweile sind die beiden zwei Jahre verheiratet und andere Frauen sind kein Thema mehr. Also, ich kann es nur immer wieder sagen: Wenn euch jemand schlecht behandelt: Der Nächste, bitte! Wenn jemand sich nicht binden will und auf euren kostbaren Gefühlen herumtrampelt: Der Nächste, bitte! Oft merkt der Typ tatsächlich erst, was er an euch hat, wenn ihr ihn stehen lasst. Wenn nicht, ist das eben sein Pech! Ihr seid Königinnen, und wer das nicht versteht, wird entsorgt. Punkt. Aus. Ende.

Uschi bricht alle Vorsätze: Verliebt in den Liebhaber

Ich weiß nicht, ob Affären wirklich funktionieren. Es ist eine verführerische Idee für eine vielbeschäftigte Frau, sich einen Liebhaber zu nehmen, von dem sie hin und wieder Streicheleinheiten bekommt, der aber ansonsten keine Ansprüche stellt. Oft passiert so etwas gar nicht geplant. Wir treffen jemanden, der charmant grinst, nehmen ihn mit nach Hause, und weil es toll war, treffen wir ihn öfter. Unversehens wird aus dem harmlosen One-Night-Stand eine Affäre. Das Blöde ist nur, dass Affären meist nur drei bis fünf Treffen lang funktionieren. Früher oder später verliebt sich einer der beiden – meist ist es die Frau. Ich habe mich oft gefragt, wie ich in so einem Fall besser auf mich aufpassen könnte. Wann ist der entscheidende Moment, an dem das Wellness-Erlebnis umschlägt in Quälerei? Viele Männer machen es sich leicht, sie erzählen uns bereits beim ersten Treffen Dinge wie »heute ist heute und morgen ist morgen« und glauben, dass sie sich damit auf die sichere Seite gebracht haben. In diesem ersten Moment hören wir darüber hinweg, schließlich wollen wir zu diesem Zeitpunkt auch nur Hautkontakt und nicht den Mann fürs Leben. Einige Treffen später kann das ganz anders aussehen: Wir sind verliebt und der Herzschmerz ist vorprogrammiert, falls nicht ein Wunder passiert und auch er sich in uns verliebt hat. Was soll eine Uschi in so einem Fall tun?

Ich hatte mal so einen Liebhaber. Er war fantastisch. Ich hatte vorher und nachher niemals so wundervollen Sex wie mit ihm, unsere Körper passten einfach zueinander. Wir konnten sogar miteinander reden. Jedes Mal, wenn wir ein paar Stunden zusammen verbrachten, war ich anschließend verliebt. Er sagte ganz klar und deutlich zu mir, dass er mich nur einmal im Monat sehen wollte, sonst wäre es ihm zu nah – schließlich wollte er keine Beziehung. Ich weiß nicht, welcher kleine Teufel mir manchmal im Ohr sitzt, jedenfalls hinterfragte ich diese Erklärung nicht weiter. Seine Einmal-im-Monat-Regel akzeptierte ich klaglos. Zwar war ich jedes Mal 48 Stunden lang verliebt und schier wahnsinnig vor Sehnsucht, aber ich wusste bereits, dass Schwärmen Energieverschwendung ist – schließlich hatte er mir deutlich genug gesagt, dass er an einer Beziehung nicht interessiert war. Also war ich vernünftig und bekam mich auch nach besagten 48 Stunden wieder ganz gut in den Griff. Ich dachte: »Besser als nichts.« Wie dumm von mir! Die Geschichte zog sich ein paar Monate hin. Ich redete mir ein, cool zu sein, und irgendwie war ich es auch. Nach 48 Stunden wurde ich wieder zu einer Königin und sagte mir, dass ich es gar nicht nötig hätte, einem Mann hinterherzulaufen.

Doch auch diese Geschichte ging nicht ewig gut. Eines Tages sagte er zu mir, dass er mich deswegen nicht häufiger sehen wollte, weil er mich sehr mögen würde und es so wunderbar mit mir sei. Würde er mich häufiger sehen, würde er mit mir in eine Beziehung hineinrutschen, und das wolle er doch gar nicht. Daraufhin spielten meine Gefühle verrückt. Statt zu hören, dass er nach wie vor keine Beziehung wollte, hörte ich dummes Ding nur, dass er mich mochte. So wie man ein von Zweigen verdecktes Stoppschild trotzdem erkennt, dachte ich, ich könnte mit meiner blühenden Fantasie die Geschichte einfach ergänzen, und spielte die bekannten Varianten durch: »Er hat Bindungsängste«, »Er hängt noch an seiner Ex«, »Er ist beruflich gerade so eingespannt« und, und, und. Statt mich wie eine Königin zu verhalten, lag ich meinen Freundinnen mit diesen Hypothesen in den Ohren, bis eine genervte Freundin zu mir sagte: »Ja, dann kämpfe doch um ihn.«

Ich war baff. Ich wusste gar nicht, wie das geht. So eine Gebrauchsanweisung gibt es doch nur in Romanen und nicht im Uschi-Prinzip. Auf einmal begriff ich, dass ich mich spätestens vom zweiten Date an nicht an meine eigenen Regeln gehalten hatte. Das wäre auch nicht schlimm gewesen, wenn der Kerl mein Herz nicht berührt hätte. Männer, die uns nichts bedeuten, können wir gern zu Liebhabern machen – aber Männer, die uns irgendwie gefährlich werden könnten, dürfen wir auf keinen Fall ein zweites Mal in unser Bettchen lassen, wenn sie uns nicht umwerben und erobern. Alles andere bringt nur Ärger. Die Konsequenz: Ich beschloss, nach Uschi-Manier zu kämpfen – also gar nicht – und schoss ihn konsequenter Weise, obwohl es wehtat, in den Wind. Als ich mich nicht mehr meldete, meldete er sich auch nicht mehr bei mir. Er war einfach nicht der Richtige. Schade, aber so ist es eben. Der Nächste, bitte!

Oh weh! Uschi hat Liebeskummer!

Es ist also passiert: Ihr habt euch in ein Arschloch verliebt. Oder ihr seid von einem wundervollen Mann verlassen worden. Oder euer Herz hängt an einem Typen, der sich nicht wirklich für euch interessiert. Was auch immer der Grund sein mag: Ihr seid unglücklich! Liebeskummer ist wirklich das widerlichste aller Gefühle, dagegen ist eine sechsstündige Wurzelbehandlung beim Zahnarzt Pillepalle. Das Herz tut weh, ihr fühlt euch leer und kraftlos, alles ist so grau in grau, ihr wisst morgens nach dem Aufstehen gar nicht, warum ihr das eigentlich tut. Und vor allem wisst ihr nicht, wie ihr den Tag überleben sollt, die Stunden ziehen sich endlos dahin, noch nie im Leben habt ihr euch so einsam gefühlt. Ja, ich weiß, wovon ich rede, auch ich habe das mehr als einmal erlebt. Und am schlimmsten ist der Gedanke: Wie soll ich es denn nur *ohne ihn* aushalten? Er ist doch der Einzige, den ich will, ohne ihn scheint alles sinnlos! Vor solchen Gedanken ist leider auch eine Uschi nicht gefeit. Aber Uschi hat eine ziemlich wirkungsvolle Methode, damit umzugehen.

Als Erstes solltet ihr richtig trauern. Richtig! Das heißt, steigert euch ordentlich hinein, heult, was das Zeug hält, und bemitleidet euch, bis ihr eure Augen vor lauter Weinen im Spiegel nicht mehr seht. Dann reicht es auch. Nicht eure Freundinnen, ihr selbst wisst, wann es genug ist – die Tipps von Freundinnen sind allerdings nicht zu verachten. Zumindest drüber nachdenken sollte eine Uschi, wenn ihr die Freundinnen sagen, dass jetzt endlich mit der Heulerei Schluss ist. Aber alle Tränen müssen raus – werden sie nicht geweint, machen sie sich als Fressattacken gegenüber dem wehrlosen Kühlschrank bemerkbar. Nichts gegen ein tröstendes Stück Schokolade und die lieblichen Rundungen an euren Hüften – aber übertreiben wollen wir es ja nicht.

Lenkt euch ab! Eine Freundin von mir liest in solchen Situationen tonnenweise spannende Bücher, weil es – so meint sie – einfach unmöglich ist, sich gleichzeitig aufs Lesen und auf Liebeskummer zu konzentrieren. Es kann auch ein guter Film sein oder was auch immer euch für eine Weile in seinen Bann schlägt, sodass ihr gar keine Chance habt, an den Dreckskerl zu denken. Aber fangt bloß nicht an, die Orte aufzusuchen, an denen ihr zusammen wart. Das ist pure Selbstquälerei!

Und das Wichtigste, wenn euch jemand das Herz herausgerissen hat: Wenn ihr denkt, dass ihr nie mehr jemanden finden werdet, den ihr so sehr liebt wie den Idioten, der euch verlassen hat, müsst ihr euch unbedingt klarmachen, dass das Unsinn ist. Ich weiß, ihr fühlt jetzt so, und das ist auch ganz normal. Aber leider entspricht das nicht der Wahrheit, unsere Emotionen spielen nur verrückt und lassen uns in ein tiefes, hoffnungsloses Loch plumpsen. Der Beweis: Erinnert euch einfach einmal an all die Typen, über die ihr schon Tränen vergossen habt. Hat sich das nicht ganz genauso angefühlt? Wart ihr nicht genau so verzweifelt, wie ihr es jetzt seid? Und wenn euch einer eurer abgelegten Liebhaber heute begegnen würde, würde es dann immer noch so wehtun? Wahrscheinlich nicht! Wir waren schon oft verzweifelt, weil uns irgendein Mann nicht wollte – und ein paar Monate später interessiert er uns nicht mehr als der berühmte Sack Reis in China! Denkt daran: Schon bald wird es euch mit dem Kerl, wegen dem ihr jetzt so traurig seid, genauso gehen. Und ja: Ihr werdet euch wieder verlieben! Es gibt da einen so wunderschönen Satz in dem Film »Männerzirkus«. Die Hauptperson weint ganz fürchterlich wegen eines Manns namens Ray, der sie verlassen hat. Und in diesem Moment sagt ihr bester Freund zu ihr: »Ray wird nicht der letzte Mann sein, den du geliebt hast.« Hach, bei so einem Satz geht einem doch das Herz auf! Weil er so wahr ist! ER wird nicht der letzte Mann sein, in den ihr euch verliebt habt! Ihr werdet euch wieder verlieben! In einen, der es wert ist. In einen, der weiß, was für ein Glück er hat, dass ihr euch für ihn interessiert. Der euch gut behandelt, der euch *verdient* hat. Und wenn das alles nicht hilft: So manche Frau hat ihren Kummer überwunden, indem sie sich ein nettes, kleines Abenteuer zugelegt hat – und so etwas kann eine echte Uschi nur gutheißen …

Ja, ja, so reden sie, die lieben Freundinnen. Geben sich alle Mühe, uns zu trösten, obwohl wir doch lieber in unserem Liebeskummer zerfließen und uns im Elend wälzen wollen. Wir hören uns brav an, was sie zu sagen haben, und wenn sie nach Hause gegangen sind, weinen wir einfach weiter. Irgendwann ist aber der Zeitpunkt gekommen, an dem keine Träne mehr kommt. Ihr presst noch ein wenig, seid irritiert, aber auf einmal stellt ihr fest, dass der Tränenfluss versiegt ist. Nichts mehr übrig, alles trocken. Prima! Dann ist es Zeit für den nächsten Schritt: ein richtig fieses Ritual.

Jetzt müsst ihr den Kerl »rituell abfackeln«. Keine Sorge, ich versuche jetzt nicht, euch zu kriminellen Handlungen zu überreden. Ich schlage eher eine Art Voodoo vor. Als mein erster Freund plötzlich zu der Überzeugung gelangte, »Irgendwie passen wir doch nicht zusammen« – ich liebe diese ausführlichen Begründungen –, schenkte mir meine Mutter eine Kerze in Form eines Nikolauses mit dem trockenen Kommentar »Fackel ihn ab!«. Meine Freundin Uschi steuerte für das Ritual noch eine Flasche Schampus dazu, wir betranken uns, sahen in die Flammen, redeten darüber, dass er eigentlich ein Scheißkerl war, während der Scheißkerl bzw. sein Stellvertreter vor unseren Augen in sich zusammensackte und irgendwann nur noch ein hässlicher Haufen Wachs war. Hierzu empfehle ich besonders billige Kerzen, denn die sacken ganz extrem schnell und eklig in sich zusammen. Eine wahre Uschi kauft nach Weihnachten sämtliche reduzierten Restbestände auf, um ihren Freundinnen beim eventuellen Liebeskummer-Entsorgungsritual zur Seite stehen zu können – den Schampus sollte frau sowieso immer für alle Fälle im Kühlschrank haben.

Wenn alle Tränen versiegt sind, eine wohlverdiente Trauerzeit vorbei und das Ritual vollbracht ist, müsst ihr unbedingt mit den anderen Uschis ausgehen. Als Liebeskummer-Uschi habt ihr euch die letzten Tage oder Wochen gegen spaßige Musik und exzessives Ausgehen zu Recht gewehrt, weil ihr noch tränenschwer und voller Wut wart. Aber nach dem Abfackeln ist nur noch ein kleines Quäntchen Wut übrig. Diese kann nun aber wunderbar dazu genutzt werden, wieder einmal den eigenen Marktwert beim Ausgehen zu testen. Glaubt mir, niemals ist man so sexy, wie wenn man sich erneut auf den Markt wirft. In einer drin brennt das Feuer à la »Wenn er mich nicht will, egal, er wird noch sehen, was er an mir hatte« und »Ha, wenn er sehen würde, wie viele Männer sich nach mir verzehren, dann würde er auf Knien zu mir rutschen und darum betteln, dass ich ihm verzeihe!«. Die Männer werden Schlange stehen, und du, eben noch vor Liebeskummer zerfressen, in dem festen Glauben, dass du sowieso nie mehr so einen Mann wie Mr. Idiot finden wirst, hast auf einmal die freie Wahl. Du entdeckst, dass auch noch andere Mütter prima Söhne haben und dass sie nur darauf warten, von dir erhört zu werden, wenn du endlich wieder, wie eine wahre Uschi, exzessiv nach dem Lustprinzip lebst.

Egal, ob ihr nun einen dieser Männer erhört oder nur nett mit einem flirtet, euch amüsiert und dann nach Hause geht – ihr seid wieder ihr selbst, ihr lebt wieder nach dem Lustprinzip und wisst: So einfach kann euch auch so ein fieser Kerl nicht aus der Bahn werfen.

Das Uschi-Prinzip Nr. 5: »Leg endlich los!«
Ich weiß, ich weiß, es ist wahnsinnig schwer, den richtigen Zeitpunkt herauszufinden, wann eine Liebeskummer-Uschi soweit ist, wieder auf Piste zu gehen. Aber hört auf eure innere Stimme, denn sie weiß genau, WANN es so weit ist. Und dann wird nicht gefackelt: Sofort die anderen Uschis anrufen, aufrüschen, vorglühen und losziehen. Glaube mir, die lieben Freundinnen werden auf der Stelle für dich da sein, denn sie sind entzückt: Endlich haben sie ihre alte Uschi wieder, mit der man Spaß haben kann und die nicht ständig so wirres Zeugs über Traummänner erzählt.

Die SHG – deine Freundin und Helferin

Kurz und gut: Es ist gar nicht so leicht, mit den Kerlen umzugehen. Immer wieder passiert es uns, dass wir – an sich mittlerweile schon eine ganz respektable Uschi – rückfällig werden, weil unser Bauch und unser Herz dazwischenfunken. Aber das Geheimnis für ein erfolgreiches und zufriedenes Leben ist, die Uschi-Prinzipien nicht nur zum Spaß anzuwenden, sondern auch gerade dort, wo es uns wichtig ist. Wir brauchen also ein Notfallszenario für kritische Situationen im richtigen Leben.

Variation 1: Dein Bauch sagt dir, dass du irgendetwas tun solltest, von dem dir dein Kopf ganz eindeutig meldet, dass es absolut nicht königlich ist.
Bevor du auch nur irgendwie loslegst, rufst du zuallererst deine SHG an und berätst dich mit ihr. Du erklärst ihnen, warum du so

im Dilemma bist und welche Argumente es für deinen Plan geben könnte. Meist ist es schon so, dass du selbst kapierst, wie unsinnig dein Vorhaben ist, wenn du es nur einmal laut aussprichst. Manchmal bist du allerdings schon so verstrahlt, dass das noch nicht ausreichend ist. Dann werden dir deine Freundinnen so lange den Kopf waschen müssen, bis du einsiehst, dass sie Recht haben. Anschließend wendest du dich einer anderen königlichen Beschäftigung zu, die dir Freude bereitet und dich ablenkt.

Variation 2: Es juckt dich in den Fingern, etwas Unsinniges zu tun, du hast auch brav deine SHG angerufen, aber keine deiner Freundinnen war erreichbar.

Ja, so ist es leider manchmal. Die herzallerliebsten Freundinnen müssen auch hin und wieder arbeiten oder liegen mit ausgeschaltetem Telefon in den Armen eines Prinzen. Wichtigste Vorsorge für eine derartige Situation: Konzentriere dich bei deiner SHG nicht auf deine Busenfreundin, sondern erweitere den Kreis. Damit mindert sich die Wahrscheinlichkeit, dass du gar keine deiner Freundinnen in Krisensituationen erreichst. Manchmal ist es aber wie verflixt. Du telefonierst dir die Finger wund, um deine Mädels zu erreichen, dabei würdest du viel lieber den betreffenden Mann anrufen. Dann lenke dich ab. Gehe zum Sport, ins Kino, setze dich mit einem guten Buch in ein Café – kurz: Tu dir etwas Gutes. Das »Problem« könnte sich in dieser Zeit von selbst lösen. Ist es aber richtig groß, dann existiert es vier Stunden später auch noch – bis dahin solltest du doch eine der Uschis erreichen. Also, es ist völlige Zeitverschwendung, zum vierten Mal auf eine Mailbox zu sprechen. Rüsch dich auf und mach etwas Schönes.

Variation 3: Du hast deine SHG erreicht, sie rät dir etwas, aber du willst dich partout nicht daran halten.
Es könnte sein, dass deine Freundin dir zustimmt, dass in diesem schwierigen Fall ausnahmsweise ein Regelbruch taktisch sinnvoll sein könnte. Das kann schon mal passieren. Uschis haben ja keinen Stein an Stelle eines Herzens und werden auch hin und wieder schwach. Trotzdem haben sie meist eine Idee, wie du das, was du vorhast, vielleicht auf eine etwas elegantere Art und Weise angehen könntest, um deine königliche Würde zumindest nicht komplett zu zerstören. Aber in den meisten Fällen wird dich deine SHG vor unsinnigen Handlungen bewahren und dir raten, lieber etwas Anständiges zu tun. Wenn du dann partout davon überzeugt bist, dass du weißt, was das Richtige ist – tja, du Nachwuchs-Uschi, dann mach es – aber auf eigene Verantwortung, um daraus zu lernen.

Variante 4: Deine SHG rät dir etwas, du wirst wütend, unflätig und beendest sauer und enttäuscht das Telefonat.
Manchmal ist es wirklich hart, was die SHG einer vorschlägt. Ganz entgegen der eigenen Gefühlslage soll dann eine Reaktion an den Tag gelegt werden, die dazu noch nicht mal Spaß macht. Eigentlich hattest du die SHG nur aus Pflichtgefühl angerufen – schließlich tut eine Uschi so was, bevor sie Dummheiten macht. Obwohl du schon vorher wusstest, wie du dich entscheiden wirst und obwohl du auch wusstest, dass die SHG dir davon abraten würde. Es kam, wie es kommen musste: Ihr zickt euch an, ein Wort gibt das andere, und du legst mit den Worten »Ich mache sowieso das, was ich will« auf.

Wenn du viel Glück hast, dann lieben dich deine Freundinnen so sehr, dass sie *stante pede* eine konzertierte Aktion starten, sich zum Vorglühen innerhalb von zehn Minuten bei dir einfinden und dich überreden, mit ihnen Party zu machen, statt eine Dummheit zu begehen. Welche Uschi kann bei einem solchen Liebesbeweis schon widerstehen? Falls nicht, dann musst du eben tun, was du tun musst – um daraus zu lernen. Deine Freundinnen werden dann zwar mit den Augen rollen. Aber weil sie dich lieben, werden sie dir sicherlich verzeihen, dich trösten, wenn deine Aktion nach hinten losgegangen ist, und dich wieder in die SHG aufnehmen, weil sie wissen, dass auch eine Uschi niemals perfekt ist.

Aus allen Varianten geht hervor: Es ist wunderbar, Freundinnen zu haben, die dich bei deinen neuen Erfahrungen unterstützen und begleiten. Ohne sie wäre das Leben viel schwerer – dabei wollen wir es doch leichter haben. Was passiert aber, wenn Variante 5 zutrifft?

Variante 5: Du hast die Uschi-Prinzipien gelesen und bist begeistert, aber deine beste Freundin findet die Vorschläge doof und will partout nicht deine SHG sein.

Das ist natürlich schade, aber manchmal eben der Fall. Als meine Freundin Uschi sich vor ein paar Jahren Inlineskates kaufte, fand ich die Idee, mich in meinem Alter und einem kaputten Knie auf Rollschuhe zu stellen, völlig bescheuert. Es dauerte zwei Jahre, bis sie mich überredet hatte, und mittlerweile bin ich eine begeisterte Skaterin. Ebenso kann es dir mit deiner Freundin und dem Uschi-Prinzip gehen. Es kann ein paar Jährchen dauern, bis sie mit dir eine SHG gründet. Das ist schade, aber wenn sie nicht will, will sie eben nicht. Dann solltest du schauen, dass du dir ein paar neue Freundinnen suchst. Die SHG muss nicht unbedingt deine beste Freundin sein. Sie kann auch aus Frauen bestehen, die du bisher noch gar nicht oder nicht so gut kanntest, die aber genau wie du das Bedürfnis haben, sich zu verändern und ihr Leben in die Hand zu nehmen. Die Begeisterung für das Uschi-Prinzip bringt und hält euch zusammen. Also geh auf die Suche und halte Ausschau nach Frauen – statt nach wie vor Fehler im Umgang mit Männern zu machen.

15. Uschi dreht auf

Das Königinnengefühl macht süchtig

Die Uschis und ich erleben wirklich ungemein spannende Dinge miteinander. Das Tolle an uns ist, dass wir immer abwechselnd mutig sind und neue Dinge ausprobieren. Eine oder zwei gehen vor, testen etwas aus und berichten den anderen anschließend von ihren Erfahrungen. Wenn sie dann mit den anderen Uschis ihre Erfahrungen teilen, fällt es den anderen meist nicht schwer, beim nächsten Mal auch den Mut aufzubringen und mitzuziehen.

Achtung, jetzt wird es heiß: Ich erzähle euch nun eine wirklich brisante Geschichte. Es kann sein, dass ihr entsetzt sein werdet! Es kann sein, dass ihr unserem Weg bisher gefolgt seid, euch auf spannende neue Abenteuer eingelassen habt, schon ein wenig zur Uschi geworden seid – und dass ihr jetzt aussteigt. Nicht schlimm! Zum nächsten Schritt gehört viel Mut, und den bringt man allein oft nicht auf. Sucht euch andere Uschis, um ihn irgendwann einmal gemeinsam zu machen – dann, wenn ihr bereit dazu seid! Und wenn nicht, dann lasst es halt, jede nach ihrer Façon! Aber auch, wenn ihr auf den folgenden Seiten zu der Überzeugung gelangt, dass wir Uschis unmöglich sind, will ich euch die Geschichte trotzdem erzählen, weil sie meiner Meinung nach wichtig ist.

Das Uschi-Prinzip basiert auf Unabhängigkeit. Ihr müsst euch selbst toll finden und auf Männer verzichten können, um den Richtigen zu finden. Eigentlich nichts Neues. Aber oft fällt das gar nicht so leicht. Hin und wieder bekommt auch eine Uschi einen hormonellen Stoß, und bevor sie ihre Prinzipien über Bord und sich selbst einem unwürdigen Mann vor die Füße wirft, sollte sie lieber die folgenden Kapitel lesen, um einem Leben als Königin noch eine Stufe näher zu kommen.

Swing and you're singing

Eines Tages besuchten drei Uschis einen Swinger-Club. Wie kommt man nur auf so eine Idee? Wohl fast jeder hat eine Reihe Vorurteile über derartige Etablissements. Bei dem Wort »Swinger-Club« tauchten in meinem Kopf sofort abschreckende Bilder auf: Sabbernde, dickbäuchige Mittfünfziger mit den dazugehörigen Ehefrauen. Ich hatte im Fernsehen mal eine schlimme Dokumentation über FKK gesehen. Anschließend verfolgten mich wochenlang diese Bilder von wabbelnden FKK-Volleyball-Spielern. Das geht ja wohl gar nicht! Irgendwie nahm ich an, dass genau solche Leute in einen Swinger-Club gehen würden. Frustrierte, Hässliche, Perverse, Abartige, die ganze Palette halt. Nie im Leben wäre ich auf die Idee gekommen, auch nur einen Fuß in so eine Einrichtung zu setzen. Aber wir waren neugierig und mutig genug, uns das Ganze wenigstens einmal anzusehen. Wir waren völlig überrascht. Und zwar angenehm: Die Leute in dem Club waren bunt gemischt, viele in unserem Alter, hübsche Männer und richtig nette noch dazu.

Wie kamen wir auf diese verrückte Idee? Eine andere Uschi hatte uns einmal von so einem Clubbesuch erzählt. Wir kannten sie noch nicht so lange, hörten ihr aber neugierig und gebannt zu, weil wir es natürlich aufregend fanden und uns gern die Erfahrungen anderer Frauen anhören. Also, sie erzählte uns davon, wir kicherten eine Menge – und dann vergaßen wir die Geschichte wieder. Schließlich war es uns viel zu peinlich, uns so etwas zu merken. Ich muss allerdings gestehen, dass wir Uschis eigentlich nicht so zimperlich sind. Wenn der Eisprung auf Vollmond fällt, kann es passieren, dass wir kaum mehr zu bremsen sind. Manchmal habe ich Angst, dass ich an solchen Tagen wahllos über arglose Männer in öffentlichen Verkehrsmitteln herfalle. Wenn es früher eine derartige hormonelle-astrologische Koinzidenz gab, fackelten wir manchmal nicht so lange, gingen tanzen und nahmen einen hübschen Mann mit nach Hause.

Das Uschi-Prinzip Nr. 2: »Lebe nach dem Lustprinzip!«
Die meiste Energie ist da, wo die Lust sitzt. Wenn Energie für eine Idee da ist, dann wäre es doch Verschwendung, sie nicht auch zu nutzen. Du wirst sehen, dass du auf einmal viel mehr Spaß im Leben hast, wenn du diesen Grundsatz beherzigst.

Im Grunde genommen betrieben wir es natürlich rein wissenschaftlich: Je größer die Grundgesamtheit, um so stichhaltiger die sexuellen Lernergebnisse. Aber einfach jemanden mit nach Hause nehmen ist oft nicht wirklich befriedigend – und vor allen Dingen gefährlich.

Meinen Single-Freundinnen erging es nicht anders. Sie hatten zwar Lust, sich hin und wieder ein paar schöne Stunden mit einem Mann zu machen, wollten sich aber keinen angetrunkenen One-Night-Stand in einer Bar aufreißen. Was also tun? Sie telefonierten herum, um jemanden zu finden, der mit ihnen das »Abenteuer Swinger-Club« wagen wollte. Ich dachte: »Wieso eigentlich nicht?«, und willigte ein. Die einzige Bedingung, die wir ausmachten, war die, dass unser Vorhaben möglichst schnell in die Tat umgesetzt werden musste, damit uns nicht zwischendurch der Mut verlassen würde. Gesagt, getan, ein Termin wurde festgesetzt und dann noch vorab ein bisschen im Internet recherchiert. Ihr glaubt gar nicht, was für Informationen zum Thema man da alles findet!

Eins war klar: Wir mussten im Vorfeld auf jeden Fall shoppen gehen. Ohne ein passendes Outfit – das hatten wir bereits in den wilden Uschi-Zeiten gelernt – fällt es schwer, mutige Schritte zu tun. Gesagt, getan, wir gingen los und kauften vor Aufregung ein halbes Wäschegeschäft leer. Die andere Uschi hatte derweil im Bekanntenkreis nach einem empfehlenswerten, das heißt vor allen Dingen sauberen Club, in den auch Frauen allein gehen können, herumgefragt und einen genannt bekommen, der tatsächlich bei mir um die Ecke ist. Man ahnt ja gar nicht, in welcher Nachbarschaft man so wohnt!

Die letzte Vorbereitung war natürlich das Vorglühen. Wir trafen uns, zeigten einander, für welche hübschen Dessous wir uns entschieden hatten, berieten über das Schuhwerk, legten letzten Glitzer auf und tranken einen Schluck gegen die Nervosität. Wir hatten zwar mittlerweile herausgefunden, dass Frauen in so einem Club den Eintritt frei haben und dass alle Getränke, auch alkoholische, für sie umsonst sind, aber nervös wie wir waren, brauchten wir eine seelische, sprich hochprozentige Unterstützung, um uns dorthin zu trauen.

Ich kann euch nicht sagen, wie froh ich darüber bin, so tolle Freundinnen zu haben. Nicht jeder ist es vergönnt, Frauen zu kennen, die gemeinsam mit ihr neue Dinge ausprobieren, mutige Schritte wagen und anschließend auch noch für tagelange Auswertungen bereitstehen. Wenn ihr noch nicht die richtige Freundin gefunden habt, dann pausiert mit der Suche nach einem Mann und konzentriert euch auf Frauen – etwas Besseres als eine oder mehrere gute Freundinnen kann euch gar nicht passieren.

Das Uschi-Prinzip Nr. 7: »Geh niemals ohne Glitzer!«
Nutze deine Freundinnen, berate dich mit ihnen beim Styling. Du fühlst dich sicherer, wenn du adäquat angezogen bist. Und adäquat angezogen bist du, wenn mindestens eine Uschi neben dir das anhat, was du auch trägst. Erinnerst du dich an die Uschi-T-Shirts? Trug ich es alleine, fand ich die Reaktion der Männer merkwürdig. Tauchten wir zusammen damit auf, begann die Party.
Vorglühen ist zum Aufbrezeln da. Gemeinsam den Glitzer auflegen ist ein wichtiges Ritual für ein strahlendes Selbstbewusstsein.

Wir drei Uschis waren nach ungefähr zwei Stunden so weit, uns endlich auf den Weg zu machen. Wir hatten ja keine Ahnung, um welche Uhrzeit man ein derartiges Etablissement betritt. Aus unseren arrogant-intellektuell-kultivierten Zeiten hatten wir die Angewohnheit übernommen, überall recht spät aufzutauchen. Ist ja auch irgendwie königlich, erst dann in einen Saal zu rauschen, wenn die Untertanen schon anwesend sind, um Spalier stehend zu applaudieren. Was wir allerdings nicht wussten, war die Tatsache, dass Pärchen anscheinend die Angewohnheit haben, Stunden vor Singles ins Bett zu gehen, und deswegen schon pünktlich zur Öffnungszeit an der Eingangstür kratzen. Nun, das sollte erst einmal nicht unser Problem sein. Wie wir später feststellten, kamen wir zwar *nach* den Pärchen, aber *vor* einigen wahnsinnig beschäftigten Single-Männern. Ihr könnt euch sicher vorstellen, dass wir die Sensation des Abends waren: Drei allein stehende Frauen auf einmal, dazu noch gut gelaunt, beschwipst und zu neuen Abenteuern bereit – der Traum eines jeden Mannes!

An der Eingangstür wurden wir unglaublich herzlich begrüßt, sodass uns schon einmal ein paar riesige Steine vom Herzen fielen. So eine patente und herzliche Gastgeberin! Eigentlich wollte sie uns erst einmal den ganzen Club zeigen, aber nervös, wie wir waren, mussten wir zuerst aufs Klo. Wir huschten durch den Club, immer der Gastgeberin hinterher, warfen scheue Blicke nach rechts und links und verschwanden gemeinsam in einem liebevoll eingerichteten Badezimmer.

Zuerst fühlten wir Uschis uns nicht recht wohl in unserer Haut, schließlich waren wir halb nackt, und das mitten im Winter. Auch eine selbstbewusste Uschi ist etwas schüchtern, derart gekleidet auf eine Party zu gehen. Aber es ist in einem Club nun einmal üblich, in Unterwäsche bzw. aufreizenden Klamotten à la Sexshop herumzulaufen. Keine Angst, so schlimm ist das nicht. Man kann einfach hübsche Unterwäsche anziehen, und falls ihr euch damit etwas nackt fühlt, dann zieht doch einfach eine durchsichtige Bluse drüber oder wickelt euch ein Tuch um die Hüften. Den meisten Frauen geht es so, dass sie nach mehreren Besuchen Lust bekommen, sich auch mal etwas Gewagteres zu kaufen, aber es gilt auch hier das Motto: »Alles kann, nichts muss.«

Als wir uns etwas akklimatisiert hatten, wagten wir uns an die Bar. Die Bar ist sozusagen der Kontakthof. Man sitzt dort rum und lässt sich ansprechen. Ihr wisst ja schon: Im Zweifelsfall eben der Tequilatrick.

Das Uschi-Prinzip Nr. 7: »Geh niemals ohne Glitzer!«
Mach dich sexy zurecht, damit du in Stimmung kommst. Jede Frau weiß, dass es zum Vorspiel gehört, vor einem Date den halben Kleiderschrank anzuprobieren. Such dir etwas aus, das sexy genug ist, um dich wie eine Königin zu fühlen, und achte darauf, dass es nicht zu sexy ist und du verklemmt wirst. Geh niemals ohne Glitzer!

Nachdem wir etwas beschwipst herumkicherten, trauten sich endlich ein paar Männer, uns sehr nett anzusprechen. Das »sehr nett« war wirklich so. Wir wurden charmant und respektvoll behandelt. Was dann passierte, gehört nicht in dieses Buch. Aber vertraut mir, es war unglaublich!

Am nächsten Tag mussten wir natürlich ausgiebigst Kaffee trinken, um die ganze verrückte Geschichte auszuwerten. Ich kann euch sagen, unsere Hormone spielten verrückt. Wir schwebten über dem Boden und fühlten uns – noch mehr als sonst – wie Königinnen. Wieso? Na, ganz einfach, wir hatten herausgefunden, wie man sich als Frau schnell, einfach, sauber und vor allen Dingen respektvoll Sex organisiert, wenn man gerade einen hormonellen Überschwang oder Notstand hat. Meine Güte, wie einfach das ist! Man braucht nicht den ganzen Abend in verrauchten Schuppen rumzustehen oder möglichst sexy zu tanzen, nur um dann einen betrunkenen Mann mit nach Hause zu nehmen, der in der Regel sowieso nur noch ungenügende Leistung bringt. Nein, man kann einfach in einen Club gehen, auswählen und sich dann verwöhnen lassen.

Es gibt keinen Ort auf der Welt, in dem eine Frau sich mehr wie eine Königin fühlen kann, als einen Swinger-Club. In jeder

Kneipe, auf der Straße und bei jeder Tanzveranstaltung wirst du als Frau blöder angemacht. Männer sind in einem Club extrem respektvoll, und Frauen sind dort die absoluten »Bestimmerinnen«. Wenn ihr euch für einen Mann und ein Zimmer entschieden habt, das man nicht abschließen kann, werden immer mal lüsterne Männer vorbeischauen, in der Hoffnung, mitspielen zu dürfen. Aber jetzt kommt das Tollste: Ihr bestimmt, wer mitmachen darf und wer gehen muss. Ein großartiges Gefühl! Die Männer müssen gehorchen, sonst fliegen sie raus. Sei eine Königin!

Was hat das mit dem Uschi-Prinzip zu tun?

Was das mit dem Uschi-Prinzip zu tun hat? Ganz einfach: Uschis sind zufrieden und beschäftigt. Nur wenn sie das sind und nicht rollig irgendwelchen Männern hinterhergieren, fliegen ihnen Männer, Hilfeleistungen und so weiter und so fort zu.

In meinem früheren Leben – bevor ich eine Uschi wurde – war ich manchmal nicht zufrieden über dies und das. Häufig konnte ich mich nicht auf eine Beschäftigung konzentrieren, weil ich, im wahrsten Sinne des Wortes, unbefriedigt war. Viele Stunden, Tage und vielleicht sogar Monate meines Lebens vergeudete ich damit, einem Mann hinterherzulaufen, der mich glücklich machen sollte. Was ich übersah, war, dass Männer uns nicht glücklich machen können. Nur wir selbst sind in der Lage, unser Leben gut zu gestalten und glücklich zu sein. Männer sind wundervoll, sie sind das i-Tüpfelchen, der Klecks Schlagsahne im Leben, aber sie sind nicht unser Lebensinhalt.

Es ist prima, wenn es einen Mann an unserer Seite gibt, aber es ist auch kein Weltuntergang, wenn wir zwischendurch mal Single sind. Es gibt Zeiten, da sind wir auf der Suche nach einem Mann, und andere Zeiten, da ist der Rest unseres Lebens so spannend, dass wir gar keine Zeit für eine feste Beziehung hätten. Das, was ich von dem Mann an meiner Seite erhoffe, wie zum Beispiel Rat bei Entscheidungen, Zuwendung, Zuhören und vieles mehr, bekomme ich auch gratis und umwerfend gut von meinen Freundinnen. Dinge, die meine Freundinnen nicht können oder tun wollen, wie Computer reparieren oder Getränkekisten schleppen, übernehmen auch irgendwelche Verehrer. Aber die müssen ja nicht gleich bei mir einziehen oder mir das Herz brechen.

Als ich nach und nach verstand, dass es tatsächlich manchmal reicht, Freundinnen und den einen oder anderen Verehrer zu haben, war mir klar, dass das einzige Defizit, das es in einer Single-Phase noch zu füllen galt, der Hautkontakt und die sexuelle Befriedigung war. Ihr dürft das nicht unterschätzen. Sex ist der beste Jungbrunnen überhaupt. Kein Sport macht derartig gute Laune, schöne Haut und eine wunderbare Ausstrahlung. Und dass ihr diese Ausstrahlung braucht, um das Uschi-Prinzip Nr. 1 aus vollem und ganzem Herzen zu leben, brauche ich sicher nicht zu erwähnen. Hin und wieder brauchen wir Frauen Sex – und das sofort! Männer heiraten, um regelmäßigen Sex zu bekommen beziehungsweise um einen Anspruch darauf zu haben. Das klingt hart, ist aber wahrscheinlich so. Ich bin wirklich der Meinung, dass wir Frauen eine ganze Menge Bedürfnisse von unseren Freundinnen befriedigt bekommen, außer, dass sie nicht neben uns einschlafen und aufwachen. Aber ehrlich gesagt: Ist es wirklich erstrebenswert, *jede* Nacht neben einem Schnarcher zu schlafen, nur weil er uns die Füße wärmt? In den meisten Fällen tut es auch eine Wärmflasche.

Nicht erschrecken, ich will euch die feste Beziehung und die Männer keinesfalls ausreden – ihr kennt meinen Wüstenrot-

Traum. Es ist wundervoll, wenn wir *ihn* gefunden haben, aber es ist auch keine Tragödie, wenn gerade keiner da ist. Ich will euch nur sagen, dass ihr nicht um jeden Preis einen Mann braucht. Verschwendet euch nicht an Männer, die es nicht wert sind. Blockiert euch nicht mit Beziehungen, in denen ihr nicht glücklich seid. Und werft euch nicht dem Nächstbesten an den Hals, nur weil er einen Schwanz hat und verstopfte Abflüsse reparieren kann. Wozu gibt es Swinger-Clubs und Klempner?

Das Uschi-Prinzip Nr. 1: »Sei eine Königin!«

Königin zu sein heißt oft auch, »Nein« zu sagen. Das Problem mit Entscheidungen ist, dass man sich für etwas entscheidet und die unendlich vielen anderen möglichen Optionen dafür ausschließt. Wie ich das meine, seht ihr im nächsten Kapitel zum Stichwort »Whirlpool«. Aber denkt daran, ihr habt es verdient, glücklich zu sein und gut behandelt zu werden. Um dies zu erreichen, müsst ihr manchmal Entscheidungen treffen. Passt auf euch auf, Mädels.

Ihr wisst, wie man den Richtigen sucht und findet. Aber gut Ding will Weile haben, und in der Zwischenzeit haltet ihr es einfach mit Cher und habt Spaß mit den Falschen.

Heiraten?

Was ist aus meinem Wüstenrot-Traum geworden? Wie steht es nun mit meinen Heiratsfantasien? Im Prinzip hatte ich jetzt alles, was ich mir wünschte: Es ging mir gut, ich erlebte spannende Dinge mit meinen Freundinnen, und das hormonelle Problem war auch gelöst. Trotzdem gab es Momente, in denen immer noch etwas fehlte. Ich glaube, diese romantischen Träume vom Heiraten wird eine Frau nicht so schnell los. Der Wunsch, irgendwann ein elegantes, weißes Sissy-Kleid zu tragen und per Dogma die schönste Frau des Tages zu sein, sitzt zu tief in uns drin. Wir haben Bridget Jones gelesen, über sie gelacht und gleichzeitig mitgefiebert, dass sie ihren Traummann auch bekommt. Genau das beschreibt unser Dilemma.

Natürlich können wir ohne Mann. Wieso auch nicht? Einige von uns beweisen das schon seit Jahren. Andererseits macht es uns die Umwelt nicht wirklich leicht, unser Single-Dasein zu genießen und als Normalzustand zu definieren. Unsere Eltern fragen regelmäßig nach Enkeln, und wenn wir in vertrauter Runde sitzen, gestehen wir uns gegenseitig, dass wir Rosamunde-Pilcher-Filme anschauen und endlich auch so einen charmanten Schwiegersohntyp abbekommen wollen. So sind Frauen nun einmal. Tief in uns drin haben wir Sehnsucht nach einem Partner. Wir suchen den Seelenverwandten, die fehlende andere Hälfte. Wir können auch ohne, aber es wäre schon schön mit.

Leider funktioniert es aber nicht auf Knopfdruck. Obwohl wir wissen, wie es funktioniert, einen Mann zu suchen und zu finden, ist es dennoch manchmal nicht so einfach. Haben wir uns nach einer Single-Periode und der Konzentration auf Beruf und Karriere entschlossen, das Experiment Beziehung oder Ehe zu wagen, dann funktioniert es leider nicht von heute auf morgen, den richtigen Partner dazu zu finden. Wenn *wir* wollen, reicht das noch lange nicht. Das Problem ist wohl eher, dass die Männer nicht wollen. Wieso eigentlich? Und wieso ist das in Filmen ganz anders? Die einleuchtendste Erklärung fanden wir Uschis beim Ehepaar Pease (vgl. Anhang): Männer zögern eine Heirat so lange es geht hinaus, weil sie denken, es könnten ihnen Chancen entgehen, wenn sie verheiratet wären: Zum Beispiel ein Whirlpool voller Supermodels. Unglaublich, oder? Tja, wozu gibt es das Uschi-Prinzip und die Regeln? Wenn ihr euch bewußt dazu entschließt, dass die Single-Phase vorbei ist, und einen Traummann beim Universum bestellt, dann wird er auch geliefert. Und glaubt mir, wenn ihr das richtig uschimäßig angeht und wenn Mr. Right euch ordentlich jagen musste, dann wird er euch um keinen Preis mehr verlieren wollen und ist plötzlich sogar einer Heirat gegenüber nicht mehr abgeneigt. Es ist nicht einfach – aber es funktioniert.

Vielleicht sollten wir gar nicht so skeptisch sein. Irgendwann werden wir den Richtigen schon treffen – aber zwischendurch können wir viel Spaß mit den Falschen haben. Denn planen können wir es sowieso nicht, und Madonna hat auch mit über vierzig noch ein Kind bekommen. Wir brauchen nicht wirklich einen Mann, weil wir ja mittlerweile besser auf uns aufpassen. Wir suchen uns einen Kandidaten aus, der würdig ist, mit uns den Rest unseres Lebens zu verbringen, und halten uns nicht mit BAMS auf (vgl. Anhang). BAMS? BAMS sind »Besser-als-nichts-Männer« – ihr kennt sie alle.

Ich muss mich einfach wiederholen: Viele Frauen glauben, sie könnten einen Mann ändern. Ich fand das schon immer furchtbar. Ich habe eine alte Freundin namens Uschi mit einem Faible für BAMS: Sie suchte sich immer wieder wirklich schlimme Männer aus, mäkelte an ihnen herum und polierte sie auf. Sie kleidete sie neu ein, brachte ihnen Manieren bei und ließ sich ansonsten von ihnen von vorn bis hinten bedienen. Nach einigen Jahren wurden ihr diese Männer immer langweilig. Das war nicht wirklich ein Problem, denn schließlich gibt es fürchterlich viele von diesen BAMS. Der Nächste, bitte, dachte meine Freundin Uschi und fing wieder von vorn an.

Mein Vorschlag ist: Vergesst es, ihn zu ändern – ändert euch selbst! Die Uschi-Prinzipien funktionieren nicht nur für Singles. Auch wenn ihr einen Partner habt, schadet es nie, sofort damit anzufangen, sie auszuprobieren. Ändert euch, und er wird sich ändern. Tut er es nicht, dann schießt ihn in den Wind. Der Nächste, bitte – weil ihr es euch wert seid!

Das Uschi-Prinzip Nr. 1: »Sei eine Königin!«

Auch wenn ihr es nicht mehr hören könnt: Nur wenn ihr euch wie eine Königin benehmt, werdet ihr auch wie eine Königin behandelt. Es wird ein Schock für euren Liebsten sein, wenn ihr ihn nur noch ranlasst, wenn er euch wie eine Königin behandelt. Aber es wirkt Wunder.

Heiraten ist sicherlich schön und gut – aber nicht um jeden Preis. Wenn eine Uschi immer öfter königliche Dates hatte, fällt es ihr schwer, ihre Ansprüche anschließend wieder zurückzuschrauben. Sie entscheidet sich wenn, dann nur für einen Prinzen, der ihrer würdig ist. Einmal Uschi, immer Uschi – auch in der Ehe wird sie sich weiterhin königlich verhalten und die Uschi-Prinzipien leben, damit sich die Ehe wie eine unendliche Kette von königlichen Dates anfühlt. Ist kein Kandidat in Sicht, der auch nur annähernd Hoffnung auf ein königliches Zusammensein macht, wird eine richtige Uschi lieber auf eine Partnerschaft verzichten. Sie geht entweder ihren Geschäften nach und sucht sich bei Bedarf einen Liebhaber oder macht mal wieder Blindenbetreuung, wenn sie Lust auf die Suche nach dem Richtigen hat. Nur Kompromisse macht eine Uschi nicht!

Nie mehr Single?

Nach einigen Monaten Ausprobieren und Verfeinern der Uschi-Prinzipien stellte sich für uns die Frage, ob wir überhaupt noch auf der Suche nach Mr. Right waren. Meine Busenfreundin Uschi und ich wurden auf einmal unsicher. Eigentlich hatten wir in den letzten Monaten so viel Spaß gehabt, fehlte uns überhaupt noch ein Mann? Wir sind da unterschiedlicher Meinung – aber das macht das Leben und auch eine Freundschaft erst spannend. Uschi behauptet, dass sie nie mehr heiraten will, und hat momentan einen festen Freund, während ich mein Single-Leben weiter genieße und heimlich immer mal wieder den Wüstenrot-Traum träume. Es lebe die weibliche Logik!

Aber wieso sollten wir uns überhaupt entscheiden? Wieso sollten wir heute für alle künftigen Zeiten beschließen, ob wir lieber Single sein oder einen Mann haben wollen? Beides sind prima Lebenssituationen. Wir können uns jederzeit neu entscheiden, was wir *gerade jetzt* am liebsten hätten. Denn wir wissen, wie es funktioniert und wie wir mit Männern umgehen sollten. Wir wissen, wie wir uns Spaß, Sex oder einen Handwerker organisieren können. Das reicht in manchen Situationen, in denen wir gerade wirklich sehr beschäftigt sind, aus, um unser Leben angenehm leicht und schön zu machen. Wenn wir dann aber den ganzen anderen Kram, der uns zwischenzeitlich beschäftigte, erledigt haben und tatsächlich dazu bereit sind, einen Mann in unser Leben zu lassen, dann wird das mit Hilfe des Uschi-Prinzips schon passieren. Wir halten die Augen offen und verhalten uns wie eine perfekte Uschi. Taucht dann ein Traumprinz auf, lassen wir ihn gern in unser Königinnen-Schloss herein, solange er sich wie ein adäquater Prinz verhält. Fängt er an zu spinnen – der Nächste, bitte! Wir sind schließlich wahnsinnig beschäftigt!

Eben sah ich im Fernsehen einen neuen Werbespot. Werbepausen zwischen *Ally McBeal* oder *Sex and the City* sind toll. Nur Werbung für uns Königinnen und keine lästigen Auto- oder Putzmittelspots. Dafür aber »Wimpernarchitekten« und jede Menge Wundercremes. Besonders gut hat mir eine neue Slipeinlage gefallen: Eine junge Frau überlegt hin und her, ob sie den bequemem Slip oder den sexy Stringtanga tragen soll. Für beide funktioniert diese Slipeinlage. Genau wie das Uschi-Prinzip: Wir haben die Wahl!

Freundinnen

Wenn ich mir jetzt das Uschi-Prinzip ansehe, ist es eigentlich ein Buch über Freundschaft geworden. Das war so gar nicht geplant! Ausgangspunkt waren die Männer, die Schwierigkeiten, die wir Frauen haben, sie zu verstehen, mit ihnen umzugehen und sie zu erobern. Ich wollte euch über einen Lernprozess berichten und euch aufmuntern, euch ebenso auf eine Reise zu begeben. Auf eine Abenteuerreise des Lernens. Ursprünglich ging es mir darum zu zeigen, was ich nun alles Tolles über Männer gelernt habe. Schaue ich zurück, dann stelle ich fest, wie viel ich über *mich* gelernt habe.

Das Tolle daran war, dass ich die Reise nicht allein unternehmen musste. Auf dieser Reise haben mich Freundinnen begleitet – mal die eine, mal die andere Uschi. Ich liebe meine Freundinnen!

Vielleicht seid ihr ein wenig neidisch geworden. Nicht jede ist so reich mit Freundinnen gesegnet wie ich. Freundinnen sind wunderbar, aber leider sind sie manchmal nicht verfügbar. Manchmal beschäftigen sie sich gerade mit etwas anderem, und wir fühlen uns ein wenig einsam. Eine meiner Lieblings-Uschis, die das Buch Korrektur las, wies mich darauf hin, dass es noch eine wunderbare Ergänzung wäre, zu verraten, wie eine Frau bei Bedarf eine Freundin findet. Ein toller Tipp, fast die Idee zu einem neuen Buch!

Aber sie hat Recht. Irgendwie gehört das noch dazu, denn ich fände es toll, wenn ihr euch nicht allein auf die abenteuerliche Reise begeben müsst. Es fällt mir nicht leicht zu überlegen, wie man eigentlich eine Freundin bekommt.

Es ist eine Gabe von mir, tolle Leute zu treffen und zu Freunden zu machen. Irgendwie schickt mir das Universum immer genau die Menschen, die gut für mich sind. Anscheinend bin ich für solche Lieferungen besonders empfänglich. Mir fällt es leichter, über Probleme zu schreiben, die mir selbst Kopfzerbrechen bereiten, weil ich dafür richtig nach Lösungen suchen und sie ausprobieren muss. Aber ich werde trotzdem versuchen, mein Geheimrezept zur Freundinnensuche zusammenzufassen.

Meine Freundinnen traf ich auf zwei Arten. Entweder wir unternahmen etwas gemeinsam, oder ich traf sie an Abenden, an denen ich ursprünglich auszog, um einen Mann zu erobern. Der erste Fall bezieht sich auf ein gemeinsames Hobby oder die Arbeit. Ich weiß, ich bin zuvor über Hobbys hergezogen, aber auch mein Leben besteht nicht nur aus Arbeit. Es schadet nichts, sich die Menschen einmal genauer anzuschauen, mit denen man etwas gemeinsam macht. In der Regel haben sie mehr Facetten, als sie zunächst preisgeben. Es lohnt sich also, neugierig zu sein. Was habt ihr zu verlieren? Beginnt mit einem Kaffee und findet heraus, ob ihr euch etwas zu sagen habt. Jede tolle Frau zusätzlich in eurem Leben ist ein Gewinn.

Der zweite Fall ist so interessant, dass ich ihn noch einmal genauer unter die Lupe nehmen möchte. Es passierte mir mehr als einmal, dass ich beim abendlichen Beutezug auf der Suche nach Mr. Right schlussendlich eine tolle Frau kennen lernte. Aber eine ganze besondere Situation ist mir noch lebhaft in Erinnerung. Es ist schon viele Jahre her, und ich lernte an diesem Abend eine meiner Lieblings-Uschis kennen. Ich war auf dem Geburtstag eines äußerst attraktiven Mannes eingeladen, den ich erst kurze Zeit kannte. Ich fand ihn sehr interessant, war aber nicht in ihn verliebt. Trotzdem war ich an diesem Abend aufgeregt, denn interessante Männer haben in der Regel auch interessante Freunde. Nun, es war eine Geburtstagsfeier, wie sie damals üblich war: Wir waren jung, studierten, waren chronisch ohne Geld und feierten meist mit viel zu vielen Leuten in einer winzigen Wohnung. Es war irgendwie ganz nett. Nicht mehr und nicht weniger. Ich fand es etwas schade, dass so wenig Platz da war, denn man konnte sich fast nicht bewegen. Es bestand also kaum eine Chance, sich unters Volk zu mischen und verschiedene Leute kennen zu lernen. Ich saß zwischen ein paar Menschen, die ich mäßig interessant fand, als zu später Stunde eine Frau in die Wohnung rauschte. Das ist genau das richtige Wort: Sie rauschte wie eine Königin in diese winzige

Wohnung. Ich war damals sehr beeindruckt, wie sie das machte. Manche Leute schaffen es einfach, mit einem Schlag präsent zu sein und dabei zu beeindrucken.

Das Uschi-Prinzip Nr. 1: »Sei eine Königin!«
Versuch es einmal: Rausche in einen Raum und sei eine Königin. Die Leute werden sich darum reißen, in deiner Nähe zu sein. Du musst nur daran glauben. Es macht unheimlich Spaß!

Diese Frau schlug mich in ihren Bann. Ich vergaß fortan, weiter attraktiv in verschiedenen sexy Positionen zu sitzen, um auf interessante Männer Eindruck zu machen, denn ich lauschte dem, was diese Frau zu sagen hatte. Keine Ahnung mehr, worüber sie genau sprach, es war unheimlich intellektuell, und wir waren alle sehr betrunken. So war das nun mal auf Studentenpartys. Jedenfalls war ich auf einmal ganz verliebt in sie. Nein, nicht so, wie ihr denkt. Meine erotischen Fantasien beziehen sich allein auf Männer. Aber ich war fasziniert und angetickt. Ich wollte sie besser kennen lernen und mehr von ihr haben. Wenn das nicht Verliebtsein ist!

Was ich damit sagen will: Wir Frauen müssen uns manchmal erst dafür öffnen, uns auch in Frauen zu verlieben. Ich spreche ausdrücklich nicht von homosexuellem Begehren und lesbischer Liebe. Das ist ein ganz anderes Thema. Ich meine wirkliches Interesse an anderen Frauen und große Lust, sie kennen zu lernen. Manchmal sind wir viel zu fixiert auf Männer, um zu sehen, welche tollen Frauen sich um uns herumtreiben. Ich kenne das! Es gibt

Monate, die damit vergehen, dass ich wie verrückt auf Männerfang bin und kaum noch etwas um mich herum wahrnehme. Ein Wahnsinn ist das! Aber es gibt auch andere Zeiten. Momente, in denen ich von großem Glück erfüllt bin, so tolle Frauen zu kennen, und feststelle, dass es noch viel mehr von ihnen gibt. Die Welt ist voll von großartigen Frauen, von denen ich viel lernen und mit denen ich viel erleben kann. Ich muss nur neugierig sein.

Meine Lieben! Ich wünsche euch unendlich viele Freundinnen und mindestens eine wirklich gute. Es gibt nichts auf der Welt, das euch Freundinnen ersetzen könnte. Auch wenn ihr vielleicht schon doofe Erfahrungen mit Frauenkonkurrenz und Zickentum gemacht habt: Kein Mann wird euch jemals so gut verstehen wie eine Freundin, und es ist von unschätzbarem Wert, jemanden zu haben, der euch die Wahrheit sagt. Haltet die Augen offen, lasst sie in euer Herz, und falls euch trotzdem dabei immer noch keine auffällt, dann kommt in eines meiner Seminare. Dort werden sie sein, die Frauen, die Lust auf eine Abenteuerreise und eine neue Freundin haben.

17. Das Uschi-Prinzip im Schnelldurchlauf

Jetzt kennt ihr also unsere Geschichte. Meine Güte, war das alles aufregend! Aber Spaß hat es gemacht. Ohne dass wir es wirklich merkten, hatte sich unser Leben komplett verändert – was sage ich, *wir* hatten uns komplett verändert! Am auffälligsten war, dass wir auf einmal völlig anders auftraten. Irgendwie wirkten wir anders und irgendwie behandelten uns daraufhin die Leute anders. Endlich waren wir Königinnen.

Sei eine Königin!

Erinnert ihr euch? Ich sagte, auch wenn ihr euch noch nicht wie eine Königin fühlt, verhaltet euch schon einmal so, denn die Welt wird euch glauben und euch wie eine Königin behandeln. Dieses »Alsob«-Verhalten ist wirklich faszinierend. Eigentlich verrückt. Sind die Leute so naiv oder werden sie gern getäuscht? Ich bin jedes Mal verblüfft, dass es in der Tat funktioniert. Immer wieder. Stets, wenn ich nach kurzem Zweifeln in einen aufrechten Gang wechsele, die Brust rausstrecke und selbstbewusst durch das Leben spaziere, fallen mir auf einmal Dinge zu, von denen ich vorher nicht zu träumen wagte.

Vermutlich liebt das Volk einfach Königinnen. Die Königin der Herzen ist tot, es lebe die Königin! Mal ganz ehrlich, ihr seid doch auch lieber mit attraktiven, strahlenden Menschen zusammen als mit dem Jammerlappen aus dem dritten Stock. Selbstbewusste Menschen strahlen mehr, sind humorvoller, weil sie auch über sich selbst lachen können, und nehmen das Leben insgesamt etwas leichter. Wie angenehm! Sie rauschen mit Schwung durch die Welt und nehmen sich das, was ihnen zusteht. Keiner zweifelt es an, und so richtig traut sich keiner, es ihnen zu neiden, weil es einfach bezaubernd ist. Es ist ein Tauschgeschäft: Sie verzaubern die Welt mit ihrer Lieblichkeit, und die anderen legen ihnen dafür die Welt zu Füßen. Win-Win.

Was spricht dagegen, dass du, genau du, eine Königin bist? Heutzutage wird man nicht mehr als Königin geboren. Heutzutage macht frau sich selbst zur Königin. Vergesst »Deutschland sucht den Superstar«, wer braucht schon eine Jury? Ihr seid eure eigene Jury. Wenn ihr euch toll findet, findet euch die Welt toll. Macht *ihr* euch nieder, dann treten euch auch die anderen.

Ausgerechnet in den üblen Schuppen habe ich das Königinnenprinzip zum ersten Mal gespürt. Genau in dem Moment, als ich mich entschloss, Spaß zu haben, hatte ich Spaß. Genau in dem Moment, als ich beschloss, mich sexy zu finden, wurde ich sexy. Verrückt! Ich merkte auf einmal, dass tatsächlich ich diejenige bin, die sich selbst zur Königin krönt. Allerdings, und das muss ich zugeben, ist es am Anfang hilfreich, ein paar Verehrer als »Untertanen« zu haben, die durch Lobpreisung und Kniefälle glaubhaft versichern, dass sie mich, die Königin, auch tatsächlich verehren.

Also Mädels, falls ihr immer noch Schwierigkeiten habt, königlich durch die Welt zu spazieren: Rüscht euch auf, geht aus, habt Spaß und lasst euch verehren. Trefft Freunde und lasst euch von ihnen verehren. Arrangiert ein paar Blinddates und gebt den Kerlen die Hoffnung, in den Rang eines Verlobten befördert zu werden. Lasst euch von vorn bis hinten bedienen und genießt es. Ihr seid Königinnen!

Und grämt euch nicht, wenn ihr zwischendurch vergesst, dass ihr eine Königin seid. Ich gestehe, mir passiert das auch immer wieder. Jahrelange Gehirnwäsche lässt sich nicht so leicht löschen.

Wenn ihr bisher im Spiegel immer nur nach Pickeln und Speckfalten gesucht habt, dann braucht es einfach etwas Übung, eine andere Perspektive einzunehmen. Aber wer sagt, dass ihr nicht regelmäßig vor dem Spiegel stehen solltet, die Haare ein paar Mal theatralisch von links nach rechts werfen, sie neckisch im Nacken zusammennehmen, sie hochhalten und durch eine Strähne, die ihr vorne lasziv rausfallen lasst, verführerisch blinzeln solltet? Fragt eure Mütter: Pony und lose Haarsträhnen im Gesicht nannte man in den Fünfzigern »Herrenwinker« – also blinzelt eurem Spiegelbild zu, bewundert eure Schönheit. Strahlt euch an und winkt euch selbst zu, wenn gerade kein Verehrer in der Nähe ist. Übt für den großen Auftritt, und falls gerade die Läden geöffnet haben, zieht ihr euch was Hübsches an, geht mit der neuen Frisur zum Gemüsehändler, kauft einen Apfel und lasst euch verehren. Ich liebe Gemüsehändler!

Es gibt keinen Grund, frustriert zu sein. Ist es passiert und ihr seid in eine schlechte Laune hereingeschliddert, so drückt den symbolischen An-Knopf und werdet wieder eine Königin. Manchmal ertappe ich mich dabei, dass ich schlecht gelaunt auf den Bus warte oder muffelig durch eine Fußgängerzone laufe. Trübe Gedanken gehen mir durch den Kopf, und die ganze Welt um mich herum geht mir auf die Nerven. Immer wenn ich mich bei dieser Laune ertappe, sage ich zu mir selbst: »Sei eine Königin!« Automatisch fange ich an zu grinsen, nehme die Schultern zurück und gehe aufrechter. Und schon passiert es, immer wenn ich den königlichen Gang starte, weichen mir die Entgegenkommenden respektvoll aus und lächeln mich freundlich an. Es funktioniert. Bei euch auch! Probiert es aus! Immer wieder, bis euch die königliche Art in Fleisch und Blut übergegangen ist. Denn wenn ihr euch wie eine Königin verhaltet, wird euch die Welt auch wie eine Königin behandeln.

Das Uschi-Prinzip Nr. 1: »Sei eine Königin!«
Neid ist Unsinn. Es steht alles für mich bereit und es steht mir zu. Die Welt ist wunderschön, und es ist würdig und recht, dass ich mich tagtäglich in ihr amüsiere. Statt rumzujammern tue ich schon mal so »als ob«, und die Welt wird es mir glauben. Ich bin nicht arrogant, sondern mir selbst bewusst und freue mich am Leben.

Lebe nach dem Lustprinzip!

Wenn ihr das erste Uschi-Prinzip verstanden habt, dann fällt es euch auch nicht schwer, nach dem zweiten Prinzip zu leben. Den An-Knopf kennt ihr bereits: Ihr müsst eine Entscheidung treffen. Eine Entscheidung für ein neues Leben, eine Entscheidung dafür, dass es euch gut geht, eine Entscheidung für das Leben nach dem Lustprinzip.

Ich gebe zu, die Entscheidung für das zweite Uschi-Prinzip ist eine freche Entscheidung. Ihr beschließt, euer Leben selbst in die Hand zu nehmen und zu tun, worauf ihr Lust habt. Lauter große Pippi Langstrumpfs bevölkern auf einmal die Erde und machen sich die Welt, wie sie ihnen gefällt, organisieren sich ein Leben voller Spaß. In meinen Augen nicht das schlechteste Szenario.

Ihr könnt euch gar nicht vorstellen, welche zwei Seelen in meiner Brust rangen, bis ich mich für das zweite Uschi-Prinzip entschied. Das geht doch nicht, sagte ein kleines Teufelchen auf meiner Schulter, du musst doch vernünftig und erwachsen sein, da muss man auch mal unangenehme Dinge machen.

Ich kenne eine Uschi, noch eine arge Anfängerin, die seit vielen Jahren mit einem missbilligenden Unterton in der Stimme über ihren Bruder sagt: »Der macht es sich leicht!« Für sie ein schlimmes Vergehen, und aus ihrer Perspektive hat sie auch Recht. Sie erhofft sich manchmal Unterstützung von ihm – und er denkt nur an sich. Aber ich kann ihr einfach nicht zustimmen. »Der macht es sich leicht!«, denke ich und füge ein »Jawohl!« hinzu. Wieso auch nicht? Jeder kann nur die Verantwortung für sich und sein Leben übernehmen. Wenn jemand wenigstens diese Entscheidung getroffen hat, dann hat er oder sie wenigstens schon einmal eine Entscheidung getroffen.

Ihr kennt alle das typische Muster von Vorabendserien oder Herzschmerzschmonzetten: Aus Liebe verschweigt Person A Person B etwas, weil sie nur das Beste für Person B will. Na toll, woher weiß Person A eigentlich, was das Beste für Person B ist? Ihr habt diese Story sicherlich auch schon hundertmal gesehen oder gelesen. Wie geht sie aus? Es gibt achtzig Minuten lang Irrungen und Wirrungen, irgendwann kommt das Geheimnis raus, Person B schmollt, es gibt weitere Irrungen und Wirrungen, und nur weil es ein Film ist, gibt es anschließend ein Happy End.

Leider ist das Leben kein Film. Das automatische Happy End ist in unserem Leben dummerweise nicht vorprogrammiert. Wir müssen selbst etwas dafür tun, dass es so kommt. Wir müssen Entscheidungen treffen und Verantwortung für unser Leben übernehmen. Das ist erwachsen! Und glaubt mir, es gibt keine erwachsenere Entscheidung, als nach dem Lustprinzip zu leben.

Ich sage ja nicht, dass ihr nie wieder putzen sollt. Ihr müsst es nur nicht ausgerechnet freitags tun, weil freitags der Putztag ist. Ihr putzt eben einfach dann, wenn euch danach ist. Und spätestens, wenn alles klebt oder Gäste eingeladen sind, spürt ihr ihn, den inneren Drang, die Lust zu putzen. Wenn ihr dann loslegt, geht es euch leicht und schnell von der Hand. Mit der Auswahl der richtigen Begleitmusik singt ihr sogar dabei.

Sicherlich, die Alternative zum Lustprinzip ist die Disziplin. Funktioniert natürlich auch, macht aber leider nur halb so viel Spaß. Außerdem gibt es noch einen weiteren Haken: Die Qualität der Ergebnisse ist nicht so hoch. Ich bin wahrlich keine Expertin für Disziplin. Ich denke an die protestantische Ethik und das Militär. Die Erstere predigte Disziplin für das irdische Leben und versprach das Himmelreich nach dem Tod. Das Militär braucht Disziplin, weil Menschenmassen unsinnige Dinge tun sollen. Dafür braucht es Disziplin. Aber ihr braucht keine Disziplin. Ihr seid Königinnen und entscheidet für euch selbst. Unsinnige Dinge tut ihr nicht – es sei denn, sie machen Spaß. Und wer will schon auf das Himmelreich warten? Wir wollen das Himmelreich auf Erden. Jetzt, sofort und das jeden Tag, weil es uns zusteht. Jawohl!

Das zweite Uschi-Prinzip ist radikal. Jetzt müsst ihr eure Kämpferinnennatur auspacken und es der Welt zeigen. Lebt ihr das erste Uschi-Prinzip, dann freut sich die Welt über eine strahlende Königin. Das zweite Uschi-Prinzip irritiert die anderen. Viele arme Zeitgenossen können sich einfach nicht vorstellen, nach dem Lustprinzip zu leben. Es geht nicht in ihre Köpfe. Und noch schlimmer, sie fühlen sich provoziert, wenn ihr es tut.

Um noch mal auf die Anfänger-Uschi und ihren Bruder, der es sich ach so leicht macht, zurückzukommen: Aus Uschis Blickwinkel ist es nicht o.k., dass ihr Bruder tut, worauf er Lust hat, denn er enthält ihr etwas vor, das sie zu gern hätte. Tja, wieso spricht sie nicht mit ihm? Wieso sagt sie nicht, was sie gern hätte, sie ist doch auch eine Königin und es steht ihr zu. Tja, das ist eine verfahrene Situation, über Jahre aufgebauscht, alte Kränkungen zuhauf. Dabei liegt die Lösung auf der Hand: Sie lebt nicht die Uschi-Prinzipien! Weder fühlt sie sich wie eine Königin, noch lebt sie nach dem Lustprinzip. Sie glaubt noch nicht, dass ihr die Erfüllung ihrer Wünsche tatsächlich zusteht, und sie weiß noch nicht, wie sie andere für sich arbeiten lassen kann. Noch!

Ich denke, ihr merkt, worauf ich hinauswill. Bevor ihr nicht das erste Uschi-Prinzip verinnerlicht habt, werdet ihr immer wieder Schwierigkeiten mit dem zweiten bekommen. Das schlechte Gewissen hält euch davon ab, so zu leben, wie es am wundervollsten für euch wäre. Ihr versucht, es anderen recht zu machen, und nehmt dafür Dinge in Kauf, die ihr eigentlich nicht wollt. Dabei ist es so einfach! Das zweite Uschi-Prinzip eignet sich hervorragend, um sich dem ersten Prinzip zu nähern. Jedes Mal, wenn ihr etwas aus vollstem Herzen gern tut und vor Glück dabei strahlt, seid ihr eine Königin! Genießt es, freut euch darüber und seid euch dabei bewusst, dass es euch zusteht. Niemand sagt, dass das Leben eine Qual sein soll. Niemand will ernsthaft, dass es euch nicht gut geht: Weder eure Feinde und schon gar nicht die Menschen, die euch lieben. Alle genießen die Gegenwart von strahlenden Königinnen, auch wenn sie zunächst irritiert sind, dass ihr euch anders verhaltet. Es ist ungewöhnlich, wenn Leute sich plötzlich nicht mehr an – scheinbar unumstößliche – Regeln halten. Die anderen werden euch ein wenig beneiden, und wenn sie schlau sind, lernen sie daraus, gönnen sich auch immer öfter etwas nach dem Lustprinzip und werden schließlich auch zu Königinnen.

Sicher, ihr braucht etwas Mut, auf die Tanzfläche zu stürmen, wenn euer Lieblingslied läuft und sonst noch kein Mensch tanzt. Aber ist es dann nicht toll, aus vollem Herzen zu genießen und die neidischen und bewundernden Blicke zu spüren? Probiert es aus und entscheidet euch für ein wundervolles Leben – ein Leben nach dem Lustprinzip.

Das Uschi-Prinzip Nr. 2: »Lebe nach dem Lustprinzip!«
Ich nutze die Energie und lasse mich von der Lust treiben, weil ich weiß, dass ich gut bin, wenn ich etwas mit Leidenschaft mache. Das Leben ist nicht schwer – deswegen nehme ich es leicht und habe immens viel Spaß dabei.

Wünsch dir was!

Meine Lieben, leider reicht es noch nicht aus, sich für ein Leben als Königin und nach dem Lustprinzip zu entscheiden. Denn was euch genau zusteht und was euch Lust bereitet, dass muss jede für sich selbst herausfinden, wissen und verkünden.

Deutlicher? Ihr müsst wissen, was ihr wollt, damit ihr es auch bekommt. Wenn ihr ziellos durch die Gegend trudelt, dann passieren zwar auch irgendwelche Dinge, aber ob sie immer Spaß machen? Und glaubt mir, es ist gar nicht so einfach herauszufinden, was man will, insbesondere wenn man auf einmal feststellt, dass die Lebensentwürfe und Wünsche der anderen überraschenderweise ganz unterschiedlich sind.

Aber keine Angst, so schlimm ist es auch wieder nicht. Ich fordere euch jetzt nicht auf, euch ein großes Papier zu nehmen und eure Vision, eure kurz-, mittel- und langfristigen Ziele aufzuschreiben. Obwohl das nicht das Schlechteste wäre. Das dritte Uschi-Prinzip geht pragmatischer vor, es übt das Wünschen mit den kleinen Dingen des Alltags und bereitet damit das Wünschen in immer größeren Kategorien vor.

Das Problem mit Visionen ist meist, dass sie so unheimlich groß sind. Da hat man ein funkelndes Ziel und fühlt sich plötzlich wie ein kleines Kind, weil man selbst gar nicht daran glauben kann, dass man jemals in diese großen Schuhe hineinwachsen könnte. Tja, meine Lieben, so ist das, wenn man noch keine Uschi ist, die das erste und das zweite Uschi-Prinzip lebt. Einfacher wäre es, wenn euch die ersten beiden Prinzipien bereits in Fleisch und Blut übergegangen wären, aber das Wundervolle an den Uschi-Prinzipien ist, dass ihr an jeder Stelle beginnen könnt. Habt ihr also Lust auf das dritte Uschi-Prinzip und seid richtig scharf darauf, dass eure Wünsche in Erfüllung gehen, dann startet einfach hier.

Und übt schon mal mit den kleinen Dingen: Den berühmten Parkplätzen oder einem Drink, den ihr zu gern ausgegeben bekommen würdet, weil euer liebliches Kehlchen schon ganz vertrocknet ist. Denkt, mit einem Lächeln auf dem Gesicht, vor euch hin: »Liebes Universum, ich hätte zu gern jetzt einen wundervollen Cocktail spendiert.« Vertraut auf die geheimnisvollen Kräfte des Universums und macht eure Augen auf, wer der Ausliefe-rungsbote sein könnte.

Ich weiß, ich weiß, es gibt immer wieder Beschwerden, dass das mit dem Universum nicht klappt. Tja, das stimmt leider. Glücklicherweise schrieb Bärbel Mohr noch den Ergänzungsband »Reklamationen beim Universum«, der bei hartnäckigem Nichtfunktionieren von Bestellungen eine große Hilfe sein kann. Vorhin sagte eine Freundin zu mir, noch eine Nachwuchs-Uschi, dass sie beim Universum bestellt hätte, dass ihr Schwarm bei ihr anrufen würde, und er hätte sich immer noch nicht gemeldet. Anscheinend funktioniert das Bestellen wohl nicht bei allen Wünschen. Ziemlich doof, oder? Woran könnte es liegen? Ich glaube einfach, dass das Universum es besser weiß als wir. Wenn der besagte junge Herr sich bei ihr nicht meldet, weil er eben kein tieferes Interesse an dieser Nachwuchs-Uschi hat, dann wäre es doch total unsinnig, wenn das Universum ihn dennoch dazu veranlassen würde, sie aus irgendeinem unwichtigen Grund anzurufen. Meine liebe Freundin würde sich nach diesem Anruf ganz umsonst Hoffnungen machen. Eine weitere Runde Leiden wäre angesagt. Insofern *könnte* das Universum bestimmt den Anruf bewirken, aber besser ist es, wenn es nicht klappt, denn Uschi steigert sich dann nicht in eine unsinnige Verliebtheit hinein, die sowieso keine Chance hätte. Es war schlicht und einfach der falsche Wunsch! Meine liebe Uschi hätte einfach beim Universum einen Mann bestellen sollen, der sie liebt und regelmäßig anruft. Wenn sie dann offen genug ist, die Lieferung auch anzunehmen, wird das Universum sicher pünktlich liefern.

Das Uschi-Prinzip Nr. 3: »Wünsch dir was!«
Ich pfeife auf die Knappheit! Die Welt steht mir offen, und wenn das Universum bisher noch nicht geliefert hat, dann liegt es wohl daran, dass ich nicht zu Hause war. Ich akzeptiere, dass ich manchmal noch nicht bereit für etwas bin und das Universum für mich mitdenkt, aber seitdem ich eine Königin bin, werde ich wie eine Premiumkundin behandelt.

Auch beim dritten Uschi-Prinzip gilt: Wenn du es nicht ausprobierst, wirst du nie herausfinden, ob es funktioniert. Üben, üben, üben. Je mehr Beweise ich dafür sammelte, dass es funktioniert, umso leichter fiel es mir, daran zu glauben. Ich bin mittlerweile gelassener geworden, wenn mal eine Bestellung nicht prompt ausgeliefert wird – das Universum wird's schon richten. Aber nach wie vor erzähle ich allen von meinen Wünschen und vertraue darauf, dass mir das Universum schon den Richtigen schickt, der mir diesen oder jenen Wunsch erfüllen wird. Früher oder später. Und je mehr wir bestellen, umso leichter wird es, denn das Universum behandelt Großkunden – wie jedes andere Versandhaus auch – bevorzugt. Also, probiere es einfach aus: Wünsch dir was!

Sei geheimnisvoll!

Seid geheimnisvoll, seid schwer zu durchschauen, seid schwer zu kriegen – all das erhöht euren Marktwert in den Augen der anderen immens. Ein hoher Marktwert ist wichtig, schließlich sollen euch die Männer die Welt zu Füßen legen.

Das vierte Uschi-Prinzip ist so subtil, dass meine Freundinnen und ich eine Weile brauchten, bis wir es bei den Uschis entdeckten. Kein Wunder, sie sind Meisterinnen im Schwer-zu-kriegen-Sein, obwohl es auf den ersten Blick ganz anders aussieht. Früher dachte ich, diese Original-Uschis mit den sexy Klamotten und dem mädchenhaften Kichern wären leicht zu haben. Es war nicht schwer, zu diesem Schluss zu kommen, denn wenn ich sie beobachtete, hatten sie irgendwie nichts anderes im Sinn als Männer. Lediglich meine Schlussfolgerung war falsch. Jahrelang bin ich diesem Irrtum erlegen, denn ich beobachtete die Uschis nie über einen längeren Zeitraum. Echte Uschis sind nie leicht zu haben – und zwar mit Absicht. Sie halten sich einen ganzen Stall von Verehrern und Freunden, die ihnen die unangenehmen Dinge des Lebens abnehmen, nähren kontinuierlich deren Hoffnung, schließlich doch irgendwann befördert zu werden, sind aber undurchschaubar, wieso und zu welchem Zeitpunkt sie einem bestimmten Mann den Karrieresprung ermöglichen.

Als ich endlich kapierte, wieso ich meine Getränkekisten selbst wuchten musste, war ich zutiefst beeindruckt von den Taktiken der Uschis. Natürlich mussten sie geheimnisvoll sein! Es gibt so viele unangenehme Dinge im Leben, da reicht ein einziger Mann gar nicht aus, um sie zu übernehmen. Hinzu kommt, dass sich ein Mann sowieso ausschließlich in der Werbephase ein Bein ausreißt, um eine Frau zu erobern. Wähnt er sich sicher, lassen seine Dienstleistungen und Heldentaten prompt nach. Zudem ist der Auserwählte auch nicht immer vor Ort, und manche Dinge können einfach nicht warten. Eine richtige Uschi braucht also viele Verehrer oder besser noch *jeden* Mann als Verehrer – bereit, eine ganze Reihe von Dingen für sie zu erledigen.

Daraus folgt, dass sich eine Uschi auch gegenüber jedem Mann uschi-like zu verhalten hat. Sie muss jedem Mann, dem sie begegnet, das Gefühl geben, dass er toll ist und möglicherweise Chancen bei ihr hat. Ich brauchte eine ganze Weile, um diese Erkenntnis zu verdauen. Schließlich hatte ich lange Zeit eine völlig andere Perspektive eingenommen. Ich schaute nach den Männern, die *ich* in Erwägung zog, anstatt davon auszugehen, dass *alle* Männer mich begehren könnten. Ich war eben noch keine Uschi und weit davon entfernt, mich königlich zu verhalten. Versteht ihr, was ich meine? Das vierte Uschi-Prinzip funktioniert in der Tat erst dann ganz hervorragend, wenn ihr euch wie eine Königin verhaltet, denn dann ist quasi automatisch die Annahme zur Realität geworden, dass alle Männer irgendwie scharf auf euch sind. Folglich könnt ihr *alle* Männer dazu nutzen, euch unangenehme Dinge abzunehmen. Unglaublich, oder?

Wie das genau funktioniert, beschreibt das sechste Uschi-Prinzip. Direkt damit verbunden ist aber das vierte Uschi-Prinzip, dass dich dazu anhält, geheimnisvoll zu sein. Was glaubst du, was passiert, wenn Männer das, was ich im vorangegangenen Abschnitt beschrieb, wüssten? Wahrscheinlich würde es nicht mehr funktionieren. Glaubt mir, ich habe lange überlegt, ob ich die Uschi-Prinzipien nicht lieber für mich behalten soll, statt sie zu veröffentlichen. Doch irgendwann fiel mir ein, dass Männer keine Ratgeberbücher lesen – wenn ihr sie also nicht verratet, dann sind die Geheimnisse sicher.

Das vierte Prinzip funktioniert wie ein Tanz: Immer ein paar Schritte vorwärts und wieder einen Schritt zurück. Euer Tanzpartner muss den Tanz genießen, sich Hoffnungen auf mehr machen, aber ihr führt, ihr bestimmt den Rhythmus und die Geschwindigkeit – nur merken darf er es nicht.

Einige meiner Freundinnen haben mit den Teilen des Uschi-Prinzips Schwierigkeiten, in denen ich rate, sich hin und wieder dümmer zu stellen als man ist. Das kann ich gut verstehen. Wozu die ganzen Anstrengungen und Ausbildungen, um sich dann bescheiden in Sack und Asche zu hüllen? Ach, meine Lieben, ihr müsst das doch nicht auf immer und ewig tun. Wenn ihr einen Mann besser kennen lernt und ihn fest am Wickel habt, dann könnt ihr ihm selbstverständlich irgendwann erzählen, welche wichtige Funktion ihr im Job habt und dass ihr hoffentlich mehr verdient als er. Im Stadium des Kennenlernens und des Eroberns könnte das den Mann eurer Wahl aber ganz schön ausbremsen, wenn nicht gar abschrecken. Es ist ausschließlich eine Frage des Zeitpunktes. Seid geheimnisvoll, wickelt ihn um euren bezaubernden Finger und hüllt euch in Schweigen. Eure bequeme Lieblingsunterhose zeigt ihr ihm ja auch nicht beim ersten Date.

Das Uschi-Prinzip Nr. 4: »Sei geheimnisvoll!«
Strategie ist etwas für Fortgeschrittene, also genau das Richtige für mich. Ich achte darauf, dass es mir gut geht und mich niemand übervorteilt. Habe ich eine gute Strategie, dann gelingen mir Win-Win-Situationen, in denen alle Beteiligten zufrieden sind. Aber egal, welche Strategie ich habe – sie geht niemanden etwas an. Ich verhalte mich strategisch und geheimnisvoll und zeige damit anderen, was Sehnsucht ist.

Leg endlich los!

Natürlich habe ich wiederholt darauf hingewiesen, dass einige Prinzipien wesentlich besser klappen, wenn ihr das erste Uschi-Prinzip »Sei eine Königin!« lebt. Aber wenn ihr genau aufgepasst habt, wisst ihr bereits, dass es auch funktioniert, wenn ihr noch keine perfekte Uschi seid.

Ihr glaubt es nicht? Es ist wirklich kinderleicht zu beweisen. Erstens funktioniert das erste Uschi-Prinzip auch bereits einfach so. Selbst wenn ihr euch nur verhaltet, *als ob* ihr schon eine Königin wärt, wird euch die Welt wie eine Königin behandeln. Na? Genau, das erste Uschi-Prinzip ist direkt mit dem fünften verbunden. Legt einfach los, probiert es schon mal aus, wie es wäre, wenn ihr eine Königin wärt, und, schwups, seid ihr eine. Es ist nicht notwendig, vorher eine Königinnenausbildung zu machen und ein adliges Diplom zu erwerben, ihr müsst noch nicht mal einen Prinzen heiraten. Wenn ihr einfach loslegt und euch königlich verhaltet, dann werdet ihr auch königlich behandelt. Es ist so einfach, dass man es kaum glauben kann.

Das fünfte Uschi-Prinzip »Leg endlich los!« ist mein ganz persönlicher Tritt in den Hintern für euch. Perfektion ist Kraft- und Zeitverschwendung. Wartet nicht, bis Weihnachten und Ostern zusammenfallen, legt einfach los! Tobt los, probiert mal etwas Neues aus, egal, ob ihr oder die Welt schon dafür bereit seid oder nicht. Versucht es einfach.

Einige Nachwuchs-Uschis wiesen mich darauf hin, dass sie ein paar Mal versucht haben, sich gegenüber Männern anders zu verhalten und dass die Männer es einfach nicht verstanden hätten. Ganz besonders beliebt ist dieses Argument, wenn es um die strittige Frage geht, ob man einen Mann anrufen darf oder nicht. Um sich selbst und die Regeln auszutricksen, argumentieren die Nachwuchs-Uschis damit, dass die Männer heutzutage verzogen sind und das Dating-System, wie es in Amerika praktiziert wird, gar nicht kennen. Ja, das stimmt. Leider sind viele Männer schlecht erzogen – und zwar von uns, von uns Frauen, die es ihnen zu leicht machen. Deswegen gibt es auf dieser Welt so viele Spontane, Thermoskannen, Psychos und Arschlöcher.

Das macht aber nichts. Wenn ihr euch entscheidet, eine Uschi zu werden, dann habt ihr sowieso schon gewonnen und erspart euch eine Menge Leid und Scherereien. Die wirklich tollen Männer werden verstehen, was Sache ist, und sich entsprechend verhalten. Auf die verzogenen Männer könnt ihr sowieso verzichten. Wenn ihr einfach loslegt und euch nach den Uschi-Prinzipien verhaltet, wird die Welt darauf reagieren. Benehmt ihr euch wie eine Königin, werdet ihr königlich behandelt. Lebt ihr nach dem Lustprinzip, werdet ihr schön und strahlend. Kennt ihr eure Wünsche und nehmt ihr die Bestellungen auch an, dann könnt ihr euch vor Blinden kaum noch retten. Seid ihr geheimnisvoll, weckt ihr das

Begehren der Männer. Lasst ihr andere für euch arbeiten, seid ihr auf einmal von Helden umgeben, und geht ihr niemals ohne Glitzer, dann erkennt die Welt sowieso, dass ihr etwas ganz Besonderes seid. Selbst wenn ihr erst einmal nur nach einem der sieben Prinzipien lebt, wird sich schon etwas ändern. Also legt einfach los und probiert es aus. Der Erfolg wird euch schon überzeugen.

Und, liebe Mädels, Ausreden zählen nicht! Ihr müsst nicht erst fünf Kilo abnehmen, bevor ihr sexy Klamotten tragt – es wäre doch schade um das Dekolleté, wenn der Busen beim Abnehmen schrumpft. Ihr müsst auch nicht erst das ganze Buch auswendig kennen und die Uschi-Prinzipien im Schlaf runterbeten können, um loszulegen. Erinnert euch immer wieder an das eine oder andere Geschichtchen, das ich euch erzählt habe, und legt einfach los. Probiert euch aus, genießt das Leben und wartet nicht auf den richtigen Zeitpunkt; denn den findet man sowieso meist erst im Rückblick heraus.

Das Uschi-Prinzip Nr. 5: »Leg endlich los!«

Statt auf perfekte Umstände zu warten, lege ich schon mal los. Ich habe Mut, Fehler zu machen, und kann über mich lachen, wenn es passiert. Meist passiert es nicht, und die Welt staunt, was ich alles zustande bringe. Ich staune mit und freue mich, dass ich begonnen habe, mich und die Welt zu verändern.

Lass andere für dich arbeiten!

Das sechste Uschi-Prinzip »Lass andere für dich arbeiten« ist das perfekte Prinzip zum Üben. Ich bin immer wieder gerührt und entzückt, wenn Nachwuchs-Uschis mir von ihren Erfolgen erzählen. Ganz aufgeregt rufen sie mich an oder platzen sofort damit heraus, wenn wir uns treffen. Dann erzählen sie mir, wie wundervoll es war, wenn wieder jemand etwas für sie getan hat.

Das sechste Uschi-Prinzip verschafft die schnellsten und sichtbarsten Erfolgserlebnisse. Während wir mit den ersten Prinzipien an unserer eigenen Haltung arbeiten, gehen wir mit dem sechsten Prinzip offensiv in die Öffentlichkeit. Auf einmal sind andere mit im Spiel – deswegen kann man den Erfolg auch ganz direkt spüren.

Falls euch am Anfang der holde Augenaufschlag, die mädchenhafte Stimme und das verzweifelte Seufzen noch etwas schwer fallen, habe ich ein paar Formulierungen gesammelt, die ihr euch auf jeden Fall einprägen solltet: »Hach, ich weiß gar nicht, wie das geht«, »Duuuuu …?«, »Mist, nie bekomme ich das hin …« Allerdings funktioniert es nur, wenn ihr gleichzeitig dem Mann zu verstehen gebt, dass er immens toll ist, wenn er die unangenehme Sache für euch erledigt. Hilfreich sind also Ergänzungen wie: »Du machst das immer so toll!«, »Bei dir sieht das viel fachmännischer aus als bei mir!« oder Ähnliches. Bei vielen Tätigkeiten ist es unabdingbar, dass ihr die gesamte Zeit daneben stehen bleibt, während er etwas für euch erledigt. Jahrelang bin ich diesbezüglich bei meinem Vater verzweifelt, bis ich feststellte, dass meine Computer-Reparier-Freunde auch nicht alleine sein können, während sie an meinem PC rumschrauben. Es ist mir ein absolutes Rätsel, wieso Männer das toll finden, denn wenn ich etwas mache, tue ich das am liebsten konzentriert und ungestört. Aber Männer sind wahrscheinlich Rudeltiere und fühlen sich einsam, wenn niemand neben ihnen steht. Außerdem finden sie es natürlich großartig, bei einer »Heldentat« bewundert zu werden. Während sie also euer Badezimmer renovieren, euer Auto warten oder so, müsst ihr zumindest regelmäßig nach ihnen schauen, den Arbeitsfortschritt loben und sie mit Essen, Trinken, Komplimenten und niederen Hilfstätigkeiten versorgen. Zum Abschluss des Ganzen müsst ihr noch einmal alle vorangegangenen Komplimente wiederholen oder zumindest mit dem Brustton der Überzeugung verkünden, dass er toll ist. Im Vergleich zu meiner Freundin Uschi bin ich da noch eine stümperhafte Anfänger-Uschi, und es fällt mir schwer, in minutenlange Lobeshymnen auszubrechen. Aber das »Du bist toll« kommt mir mittlerweile aufrichtig, überzeugend und vor allen Dingen mehrmals täglich über die Lippen.

Das Uschi-Prinzip Nr. 6: »Lass andere für dich arbeiten!«
Weil ich weiß, dass ich stark und unabhängig bin, glaubte ich früher, ich müsste alles allein im Griff haben. Ein Irrtum! In der Wirtschaft redet man vom Outsourcing – ich rede von Arbeitsteilung. Jeder nach seinen Stärken – jede nach ihren Bedürfnissen. Ich weiß, dass ich anderen eine Freude bereite, wenn sie mir helfen können. Ich bedanke mich mit einem Lächeln und genieße die Wohltaten. Es ist o.k., denn ich habe es verdient.

Probiert es aus, und euer Leben wird leichter. Ihr werdet entzückt sein. Übt zunächst mit den Verehrern. Sie lieben es, euch Gefallen zu tun. Aber vergesst dabei nicht, geheimnisvoll zu bleiben. Lobt sie – aber küsst sie nicht sofort. Zickt ein Kerl herum und weigert sich, euch behilflich zu sein, so wendet euch von ihm ab und schaut euch um. Der Nächste, bitte!

Nach und nach wird euch das sechste Uschi-Prinzip in Fleisch und Blut übergehen. Immer öfter werdet ihr euch dabei ertappen, ganz unwillkürlich zu seufzen oder euch umzuschauen, ob euch jemand behilflich sein kann. Ihr legt euren emanzipierten Ehrgeiz ab, lasst euch helfen und wendet euch den wirklich wichtigen Dingen im Leben zu. Ihr lasst andere für euch arbeiten, denn ihr seid Uschis und werdet zu Königinnen.

Geh niemals ohne Glitzer!

Seien wir doch mal ehrlich: Jedes Mädchen liebt funkelnden Schmuck, hübsche Kleider und wohlriechende Düfte. Tausende von Menschen leben außerordentlich gut von unserem niemals zu stillenden Verlangen. Es ist ganz wundervoll, sich ordentlich aufzurüschen und in dem Bewusstsein, dass man fantastisch aussieht, das Haus zu verlassen. Warum gönnen wir uns dieses Vergnügen nicht jeden Tag?

Allzu schnell holt uns der Alltag ein. Morgens kommen wir nicht aus dem Bett, ziehen schnell irgendetwas an, schminken uns nur so wie jeden Tag und huschen gestresst aus dem Haus. Ist das königlich? Nur die hartnäckigsten Verehrer suchen an solchen Tagen mühsam unser Outfit ab, um sich trotzdem noch ein Kompliment abzuringen. Wir könnten es ihnen und dem Rest der Menschheit doch viel leichter machen! Wir geben uns an jedem Tag unseres Lebens etwas mehr Mühe, tragen immer mal etwas ganz Besonderes und erfreuen uns an den Komplimenten.

Letztlich sind das alles Investitionen. Als Frauen ist es unsere Aufgabe, hübsch auszusehen – dafür zahlt der Mann dann auch das Essen. Welcher Mann fühlt sich nicht gern wie Prinz Albert von Monaco und umgibt sich mit schönen Frauen? Wir müssen nicht alle aussehen wie ein Supermodel, aber glitzern müssen wir. Irgendetwas Besonderes sollte an uns sein und der Rest gekonnt zusammengestellt und raffiniert geschürzt. Unser Gönner wird es uns mit Komplimenten, bewundernden Blicken und einem aufrechtem Gang in Hinblick auf seine Konkurrenten danken. Win-Win.

Das Uschi-Prinzip Nr. 7: »Geh niemals ohne Glitzer!«
Ich liebe es, mich anzuhübschen und genieße es, mit meiner Weiblichkeit zu spielen. Ich weiß, dass ich den ganzen Tand nicht unbedingt brauche, denn ich habe inneren Glitzer. Aber welche Frau liebt es nicht, unsinnige Accessoires zu kaufen?

Letztlich ist das Aufrüschen auch immer eine Art Mini-Verkleidung. In den Momenten, in denen wir an den Uschi-Prinzipien zweifeln, ist es besser, auf Nummer sicher zu gehen und uns zu verkleiden – dann fallen die ungewohnten Verhaltensweisen leichter. Denkt an den Karneval.

Irgendwann werden euch die Uschi-Prinzipien immer mehr in Fleisch und Blut übergegangen sein. Ihr braucht kein Kostümchen mehr und auch kein auffälliges Geschmeide. Wenn ihr die anderen sechs Uschi-Prinzipien wirklich lebt, dann glitzert ihr so sehr von innen, dass ihr selbst nach dem Joggen mit rotem, verschwitztem Gesicht noch wunderschön ausseht. Aber bis dahin hilft es, sich aufzurüschen, sich mit schönen Dingen zu umgeben und wirklich niemals ohne Glitzer aus dem Haus zu gehen. Lebst du aber die Uschi-Prinzipien und hast den »inneren Glitzer«, bist du eine Königin.

18. The End: Uschi ist angekommen

Integriere deine innere Uschi

Na, wie weit seid ihr bisher auf dem Weg zur perfekten Uschi gekommen? Glaubt mir, auch ich bin noch nicht perfekt. Es gibt Tage, da falle ich ständig wieder in alte Verhaltensweisen zurück, und es gibt andere Tage, da fällt mir alles nur so zu, weil ich die perfekte Uschi bin. Aber das macht nichts. Probieren geht über studieren. Und es gilt für euch wie für mich: Wirklich wichtig ist, dass ihr das Uschi-Prinzip immer wieder und immer wieder ausprobiert. Ihr müsst euch verhalten, als wärt ihr bereits eine echte Uschi. Denkt an das erste Uschi-Prinzip.

Das Uschi-Prinzip Nr. 5: »Leg endlich los!«

Legt los. Probiert euch aus. Wartet nicht, bis ihr alt und runzelig seid, denn dann ist es zu spät. Aber achtet darauf, dass ihr den richtigen Zeitpunkt erwischt. Einen Zeitpunkt, zu dem ihr euch wohl fühlt, damit ihr auch mit voller Kraft loslegen könnt.

Mich überzeugten handfeste Beweise. Je mehr ich das Uschi-Prinzip lebte, je mehr Erfolgsgeschichten ich erlebte und von meinen Freundinnen erzählt bekam, umso glaubhafter fand ich das Uschi-Prinzip. Mittlerweile bin ich nicht nur überzeugt, sondern auch ungemein erleichtert, denn ich merke auf einmal, dass es viel leichter ist, als ich im Vorfeld dachte. Ja, ich entdecke sogar oft, dass meine alten Verhaltensweisen viel anstrengender sind als das einfache Leben nach dem Uschi-Prinzip. Ich bin der festen Überzeugung, dass ich, wenn ich noch mehr dieser anstrengenden Glaubenssätze und Verhaltensweisen, die nicht den Uschi-Prinzipien entsprechen, loswerde, dann auch noch einige Kilos, die meine an sich lieblichen Hüften zieren, verlieren werde.

Das Uschi-Prinzip Nr. 2: »Lebe nach dem Lustprinzip!«
Achtet darauf, dass ihr den Spaß bei der ganzen Sache nicht verliert. Klar, es ist toll, endlich eine Uschi zu werden, aber übereilt es nicht. Folgt uns und unseren Ratschlägen – aber in eurem Tempo. Euer Bauch wird euch schon sagen, ob es der richtige Zeitpunkt ist. Macht das, worauf ihr Lust habt – ich bin sicher, ihr habt jetzt schon Lust, Neues zu probieren, weil euch meine Geschichten das Wasser im Munde zusammenlaufen lassen. Viel Spaß dabei!

Je mehr ich die Uschi-Prinzipien ausprobiere und lebe, um so mehr entdecke ich meine »innere Uschi«. Es sind keine künstlichen Verhaltensregeln. In mir schlummerte bereits eine innere Uschi, die nur von ihren alten Glaubenssätzen befreit werden musste. Das ist doch irgendwie logisch. Die Rituale zwischen Männern und Frauen gibt es seit Jahrhunderten oder Jahrtausenden, genauso wie die Paarungsrituale im Tierreich. Die Emanzipation gibt es noch nicht so lange. Ihr wisst, ich bin eine alte Feministin und bin absolut für die Gleichstellung von Männern und Frauen. Aber Männer sind eben anders und Frauen auch. Wenn wir endlich kapieren, dass die alten Rituale möglicherweise einen Sinn ergeben, machen wir uns das Leben um einiges leichter und lustvoller.

Keine Sorge, es ist nicht anstrengend. Es macht Spaß! Irgendwann geht euch das ganze Uschitum in Fleisch und Blut über, und um es in Psychologen-Deutsch zu sagen: Dann habt ihr eure innere Uschi integriert.

Ich liebe mich

Und nun? Wo stehen wir jetzt? War das nicht eigentlich ein Buch, in dem es darum ging, zu lernen wie die Männer ticken? Wolltet ihr es nicht lesen, um an Mr. Right ranzukommen? Habt ihr ihn mittlerweile oder ist er nicht mehr wichtig?

Ich möchte euch ja gar nicht davon abhalten, ihn zu suchen. Irgendwo da draußen ist er. Er wartet nur auf euch. Schließlich habt ihr ihn bestimmt bereits beim Universum bestellt. Ihr müsst ihn nur noch annehmen, wenn er euch dann geliefert wird. Bis dahin vergeudet nicht eure Zeit, sondern verbringt sie mit euren Freundinnen. Studiert die Uschis und probiert aus, wie es sich anfühlt, eine Königin zu sein. Habt Spaß und genießt das Leben.

Irgendwann wird Mr. Right vom Universum geliefert und, schwups, befinden wir uns in einer neuen, aufregenden Lebensphase. Und bis dahin? Bis dahin lieben wir uns selbst, machen Party und sind einfach wahnsinnig beschäftigt. Habt ihr es gemerkt? Ich hatte euch das bisher verschwiegen. Bewusst und heimtückisch. Ich hasse nämlich diese Ratgeber, die immer diesen bescheuerten Tipp geben, dass man sich erst einmal selbst lieben sollte, bevor ein Mann uns liebt. Zu ärgerlich! Keiner dieser Ratgeber verrät uns, wie wir das machen sollen. Wie soll das funktionieren? Sich vor den Spiegel stellen und sagen, wie schön wir sind, oder die Beschwörung jeden Tag hundertmal in ein kleines, feines Büchlein schreiben? Es gibt Leute, die glauben, dass es funktioniert. Bei mir hat es nicht geklappt. Aber ich kann euch noch eine letzte Geschichte zum Thema Selbstliebe erzählen, ich glaube, ihr versteht dann, was ich meine:

Wir Frauen sind ja leider schon etwas bescheuert! Warten stundenlang darauf, dass *er* endlich anruft oder Zeit für uns hat, lassen alles stehen und liegen, wenn *er* sich mit uns treffen möchte. Wir sollten damit aufhören! Wir sollten uns zuerst einmal um uns selbst kümmern! Nur wenn es uns selbst gut geht, wenn wir uns selbst akzeptieren und lieben, wirken wir auch auf andere anziehend. Ich will jetzt keine Frömmigkeit verbreiten, aber tatsächlich steht in der Bibel ein sehr schlauer Satz: »Liebe deinen Nächsten wie dich selbst.« Ja, ja, kennen wir alle, haben wir alle schon oft gehört. Aber haben wir auch schon einmal ernsthaft darüber nachgedacht, was er bedeutet? Wir können jemanden nur so sehr lieben, wie wir uns selbst lieben. Wenn wir uns selbst schlecht behandeln und uns nicht wichtig nehmen, müssen wir uns nicht wundern, wenn andere das genauso tun. Wir strahlen es einfach aus. Also: Zuerst kommt die Liebe zu uns selbst. Dann können wir uns umsehen, ob es nicht noch jemanden gibt, dem wir unsere Zuneigung schenken möchten.

Eine meiner Uschis hatte den schlimmsten Liebeskummer aller Zeiten. Nach fünf Jahren Beziehung wurde sie von heute auf morgen von ihrem Freund verlassen, weil er der Meinung war, sie würde sich in der Beziehung zu ihm nahezu auflösen. Nachdem sie ein halbes Jahr lang vollkommen von der Rolle war, fing sie an nachzudenken. Und stellte fest, dass er Recht hatte: Sie hatte sich überhaupt nicht mehr um ihre eigenen Bedürfnisse gekümmert, nur noch um ihren Freund und ihre Beziehung. Und nachdem er fort war, saß sie Abend für Abend traurig und allein zu Hause und blies Trübsal. Als ihr das endlich aufging, fing sie an, wieder etwas für sich zu tun. Früher war sie dreimal die Woche in ein Fitness-Studio gegangen und hatte dann irgendwann damit aufgehört. Jetzt meldete sie sich wieder an. Außerdem belegte sie einen Italienisch-Kurs (das hatte sie schon immer einmal vorgehabt) und sang einmal pro Woche in einem Pop-Chor. Es war unglaublich, aber sie blühte regelrecht wieder auf und hatte Spaß am Leben. Weil sie Dinge tat, die *ihr* wichtig waren! Weil sie sich selbst gut behandelte!

Ein Jahr später traf sie ihren Ex zufällig auf einer Party, und er war total überrascht, wie sehr sie sich verändert hatte. Sie plauderte fröhlich, erzählte von ihren Hobbys, machte einen selbstbewussten und glücklichen Eindruck. Natürlich versuchte ihr Ex ziemlich bald, sie zu einem Date zu überreden, aber sie wollte nicht. Sie war sich selbst genug und hatte überhaupt nicht das Bedürfnis, sich wieder auf ihre alte Beziehung einzulassen. Verrückt, nur wenige Monate zuvor wäre sie noch dafür gestorben, wenn ihr Ex zu ihr zurückgekommen wäre. Aber sie hatte jetzt begriffen, dass der Mann nicht für ihr Glück verantwortlich war. Es liegt an uns selbst, was wir aus unserem Leben machen, wir können und dürfen nicht erwarten, dass ein Kerl uns alles das gibt, was wir wollen. Und wenn meine Freundin heute auf einen Anruf von irgendeinem Typen wartet, merkt sie es gar nicht mehr: Sie hat einfach viel zu viel mit Dingen zu tun, die ihr Spaß machen! Das ist doch großartig, oder? Also, lasst euch nicht hängen, sondern setzt euch hin und denkt nach: Wozu habe ich Lust? Was macht mich glücklich? Ein Kochkurs? Judo? Will ich in einer Band singen? Möchte ich mit einer Freundin einen Spontantrip übers Wochenende machen? Will ich endlich mal den Segelschein machen? Ein Buch schreiben? Bilder malen? Eine Fremdsprache lernen? Legt los, macht das, worauf ihr Lust habt, und ihr werdet sehen, wie viel ausgeglichener und glücklicher ihr seid!

Es ist prima: Das Uschi-Prinzip hilft dir, dich selbst zu lieben, und es funktioniert für alle Lebensbereiche. Wir begannen mit den Männern. Das Uschi-Prinzip zeigt dir, wie du sie dir angelst, sie erziehst und worauf du verzichten kannst. Sei gespannt, es wird eine Fortsetzung geben: Als Nächstes werden wir dir zeigen, wie du die Arbeitswelt eroberst. Das Uschi-Prinzip steht dir bei. Und zu guter Letzt wirst du eine Königin in allen Lebenslagen. Das Uschi-Prinzip weist dir den Weg.

Ich bin angekommen. Ich finde mich klasse. Zumindest meistens. Ich bin noch keine perfekte Uschi, aber ich arbeite daran. Ich vergesse manchmal, dass ich eine Königin bin, aber immer öfter rebelliere ich, wenn sich jemand mir gegenüber nicht würdig verhält. Wenn ich mal wieder in Versuchung kommen sollte, andere zu beneiden und über mein Leben zu jammern, dann hoffe ich, dass eine meiner Uschis an mir rüttelt, mir den Kopf wäscht und mich einfach an meine eigenen Prinzipien erinnert. Das ist ein Anfang. Es tut gut. Und ich mache weiter, experimentiere und habe Spaß dabei. Weil ich es mir wert bin.

Und ihr? Wie geht es euch jetzt? Ich bin gespannt! Am besten ihr versucht gleich, die Prinzipien in euer Leben zu integrieren. Oder ihr kommt zu meinen Seminaren, besucht unsere Website www.uschi-und-uschi.de oder schreibt mir an meike@uschi-und-uschi.de. Was ihr nicht tun solltet, ist: Nichts tun. Denn nur etwas zu lesen, bringt nichts. Also, legt los, Mädels, und habt Spaß dabei!

Anhang

Bücher sind meine Lehrmeister, meine Inspiration. Die, die ich im Text erwähnt habe, möchte ich euch kurz vorstellen.

Ellen Fein und Sherrie Schneider: Die Kunst, den Mann fürs Leben zu finden, The Rules. München, 1997.
… auch »Die Regeln« genannt, haben wir unzählige Male gelesen. Oftmals fanden wir die Tipps überspannt und haben das Buch in die Ecke gefeuert. Die Ratschläge sind zum Teil haarsträubend und vor allen Dingen alles andere als leicht in die Tat umzusetzen. Aber reumütig holten wir es immer wieder aus der Ecke hervor, nahmen allen Mut zusammen und probierten das, was sie uns rieten – einschließlich der empfohlenen Eieruhr, um Telefonate diskret nach wenigen Minuten zu beenden. Den besten Tipp – gründet eine SHG – nahmen wir zunächst gar nicht ernst, aber ohne unsere Selbsthilfegruppe hätten wir niemals so konsequent die Regeln ausprobiert, umgesetzt und verstanden. The Rules – eine Bibel für Uschis.

John Gray: Männer sind anders. Frauen auch. Männer sind vom Mars. Frauen von der Venus. München, 1998.
Der werte Herr Gray erklärt in diversen Werken die Welt, die Männer und die Frauen. Wenn eine Uschi gerade keinen besten Freund zur Hand hat, der ihr das Verhalten der Männer erklärt, ist es immer lohnenswert, bei Gray nachzuschlagen. Ganz und gar köstlich ist das Bild des Mannes mit dem »Heimwerkermützchen« – ohne diese Erklärung wären wir nicht auf das sechste Uschi-Prinzip gekommen, hätten uns niemals

getraut, zur Uschi zu werden und das Leben dermaßen zu genießen.

Bärbel Mohr: Bestellungen beim Universum. Ein Handbuch zur Wunscherfüllung. Aachen, 2001.
Ich vergesse nie, wie ich Bärbel Mohr in einer Talkshow sitzen sah, wie sie nonchalant vom Universum berichtete, als sei es ein Versandhaus. Sie ruhte so in sich selbst und überzeugte mich und meine skeptischen Eltern zumindest davon, die Bestellerei bei den Parkplätzen zu versuchen. Sieh an, es funktionierte! Manchmal bin ich von spirituellen Sachen genervt, dann wieder freue ich mich daran, wie Bärbel Mohr spirituelle Dinge so bodenständig erklären kann.

Jill Conner Browne: Königin der Königinnen. Der ultimative Survival-Guide für Frauen. München, 2001.
Die Süßkartoffelköniginnen sind nicht ganz so bekannt wie die drei zuerst genannten Werke – zu Unrecht. Ich liebe die Selbstverständlichkeit, mit der die Süßkartoffelköniginnen Ansprüche frech und konsequent ausleben. »Eins zu eins« ist vieles nicht übertragbar, aber sie sind eine herrliche Inspiration für die Uschis. Ich gestehe, die Gedanken beim Tequilatrick bezüglich des Versprechens hätte ich niemals gedacht, ohne das Buch von Jill Conner Browne gelesen zu haben. Dass wir Mädels uns alle Uschi nannten, haben wir allerdings nicht von den Süßkartoffelköniginnen abgeguckt. Erst nachdem wir die halbe Männerwelt verwirrt hatten, weil wir uns alle mit dem Namen »Uschi« anredeten, entdeckten wir das Buch und die gar reizende Idee, dass sich alle Süßkartoffelköniginnen den Namen »Tammy« gaben. Würdige Schwestern!

Ingrid Jenckel, Angela Voß: Böse Männer kommen in jedes Bett. Abenteuer, Verführung, Risiko – Was Frauen fasziniert. München, 2002.

Ich wäre niemals von den »Arschlöchern« geheilt worden, hätte ich nicht dieses Buch gelesen und festgestellt, dass ich nicht die Einzige bin, die dieser Kategorie Männer verfallen ist. Die beiden Autorinnen erklärten mir detailliert, was, wieso und warum Arschlöcher einfach nichts für Königinnen sind. Dieses Buch, in Kombination mit einem Robbie-Williams-Video, ist die perfekte Therapie.

Allan & Barbara Pease: Warum Männer nicht zuhören und Frauen schlecht einparken. Ganz natürliche Erklärungen für eigentlich unerklärliche Schwächen. München, 2000.

Erhellende Erkenntnisse fanden wir auch bei dem Ehepaar Pease. Woher hätten wir sonst gewusst, dass Männer nicht heiraten, weil sie glauben, es könne ihnen ein »Whirlpool voller Supermodels« entgehen?

Susan Page: Ich finde mich toll – warum bin ich noch Single? 10 Strategien, die Ihr Solo-Dasein dauerhaft beenden. München, 2001.

Kanntet ihr »BAMS« vorher noch nicht? Das Konzept der Besser-als-nichts-Männer habe ich von Susan Page. Als ich das Buch zum 25. Geburtstag geschenkt bekommen hatte, war ich wegen des schlimmen Titels wochenlang sauer auf die Schenker. Später entdeckte ich aber, dass es ein wundervolles Buch ist. Es ist mein direkter Schlüssel zu etwas, was ich vorher noch nicht besonders gut konnte: Strategisches Denken.

Katja Kullmann: Generation Ally. Warum es heute so kompliziert ist, eine Frau zu sein. Frankfurt a.M., 2002.
Katja Kullmann beschreibt hinreißend unsere Jugend. Wir Frauen um die 30 finden uns in fast jeder Szene wieder und haben später als Oma von diesem Buch fast mehr als von unserem Poesie- und Fotoalbum. Vielen Dank, dass wir endlich wissen, wer wir sind: Die Generation Ally!

Uschis sind zwar sehr belesen – aber ohne Filme und Serien wären die Herbstabende nur halb so schön. Mädels, ladet eure Freundinnen ein, schmeißt die Videogeräte an, versorgt euch mit Köstlichkeiten, genießt die amüsanten Aufklärungsfilme und diskutiert sie anschließend Szene für Szene durch. Unsere Schul-Filme und Pflicht-Fernseh-Sendungen für Uschis:

Sex and the City
SATC nannten wir Uschis »Schule«. Wir trafen uns mit Mädchen-Naschis und Mädchenbier im Gepäck bei einer von uns, sahen eine Folge gemeinsam und sprach sie anschließend durch, um SHG-mäßig zu verstehen und lernen. Äußerst aufschlussreich, anregend und fatal für unsere Schuhsucht.

Ally McBeal
Bevor es SATC gab, blieb uns nicht anderes übrig, als von Ally zu lernen. Ally ist zwar nicht die Frau, die wir zu unserem Vorbild auserkoren haben, doch fatalerweise erkannten wir viele ihrer Verzweiflungen und irrwitzigen Gedanken bei uns wieder. Das ist wahrscheinlich der Grund, wieso tausende von Frauen Ally McBeal lieben. Lehrreich an Ally ist, sich zu fragen, in welchen

Situationen wir uns wie sie verhalten würden oder eben gerade nicht. Für den königlichen Ausschnitt von Renées Klamotten lohnt sich das Schauen aber auf jeden Fall.

Männerzirkus

Dieser wunderbare Kinofilm mit Ashley Judd und Hugh Jackmann (Roaaaaar, der leckere Australier aus X-Men …), der auf dem gleichnamigen Roman von Laura Zigman basiert (das Buch erschien auch schon einmal unter dem – wie ich finde wesentlich passenderen Titel – »Alte Kuh, neue Kuh«). Es geht um eine junge Frau, die herauszufinden versucht, weshalb Männer Frauen für eine neue Frau (bzw. Kuh) verlassen. Ich werde nie vergessen, wie ich mir diesen Film einmal ansah, als ich selbst gerade ganz furchtbaren Liebeskummer hatte. Da gibt es eine Szene, in der Hugh Jackmann die weinende Ashley Judd tröstet, indem er zu ihr sagt: »Ray wird nicht der letzte Mann sein, den du geliebt hast.« Ach, was tat das gut! Denn ich dachte in diesem Moment: Egal, wie schlecht es mir jetzt im Augenblick geht – ich werde mich wieder verlieben! Das tat unheimlich gut! Also: Absoluter Liebeskummer-Film!

Harry und Sally

Ich glaube kaum, dass einer von euch diesen Film nicht kennt. Mal davon abgesehen, dass er einfach klasse ist, enthält er meiner Meinung nach eine sehr große Weisheit: Wenn Sally von dem Mann erzählt, von dem sie immer dachte, dass er nicht heiraten wollte – bis sie feststellen musste, dass er es sehr wohl wollte. Nur eben leider nicht sie. Ja, das ist leider wahr: Wenn wir uns einreden, dass ein Mann einfach nur zu schüchtern oder zu sonst was ist, um sich um uns zu bemühen, sollten wir uns das immer wieder vor Augen halten: Er ist nicht zu schüchtern – er ist einfach nicht genügend an uns interessiert!

Musik ... Musik ist natürlich immens wichtig, um Gefühle auszuleben, auszudrücken und uns z. B. von so unsinnigen Dingen wie Männern abzulenken. Jede hat da ihren ganz eigenen Geschmack, ich möchte aber nicht darauf verzichten, mich an dieser Stelle noch einmal ganz herzlich bei Georgette Dee zu bedanken, deren Lieder mir schon aus manchem Herzschmerz geholfen haben.

Georgette Dee und Terry Truck (ellis, dee/yellen, truck): Wenn deine Küsse ..., auf : Live aus dem Schillertheater, viellieb records
Dieses Chanson zitierte ich bereits im Buch. Nur eines von vielen wundervollen Liedern. Hört mal rein!

Zuletzt noch ein paar Bücher zum Schmökern – Romane, die Uschi gelesen haben sollte:

Helen Fielding: Schokolade zum Frühstück. Das Tagebuch der Bridget Jones. München, 1999.
Wir lieben Bridget. In so vielem erkennen wir uns wieder – nur das Kalorienzählen, darauf verzichten selbstbewusste Königinnen selbstverständlich. Ein netter Schmöker – ich liebe es, in öffentlichen Verkehrsmitteln beim Lesen zu kichern. Selbsterkenntnis ist ja bekanntlich der beste Weg zur Besserung.

Wiebke Lorenz: Was? Wäre? Wenn? München, 2003.
In Wiebke Lorenz' Buch fand ich sehr konsequent den Gedanken weitergedacht, »was wäre wenn« das Universum manchmal das liefern würde, was eigentlich gar nicht gut für uns ist. Wir haben immer mal bescheuerte Wünsche und wundern uns, wieso das Uni-

versum nicht liefert. Es erinnert uns daran, auf uns selbst zu hören und Männern einen zweiten Blick zu schenken. Eine Wurmkur zur Heilung von angeblichen Traummännern, die lang nicht so gut für uns sind, wie der – eigentlich nahe liegende – treue Verehrer. Lesen, lachen und anschließend einen wachen Blick für das Naheliegende haben.

Tine Wittler: Die Prinzessin und der Horst. Bergisch Gladbach, 2002.
Tine Wittlers Buchumschlag ist einfach zu schön – eigentlich Grund genug, um das Buch zu kaufen. Die Prinzessin inspirierte uns dazu, uns von schlimmen Männern fern zu halten. Seitdem wir keine Horsts mehr in unser Leben lassen, haben wir mehr Zeit für schöne Dinge. Ganz herzzerreißend ist die Beschreibung des Psychos und der Komplikationen, die entstehen, wenn eine Frau nicht die Finger von solchen Männern lässt – lasst euch das Buch eine Warnung sein, damit ihr die direkte Karriere von der Prinzessin zur Uschi macht.

Esther Vilar: Die Mathematik der Nina Gluckstein. München, 1988.
Nina Glucksteins Rechnung geht auf: Sie zeigt dem Mann ihres Lebens nie, wie sehr sie ihn in Wahrheit liebt – und ist sich dadurch immer seiner Liebe gewiss. Vielleicht ein bisschen sehr drastisch, aber das Prinzip »Sei geheimnisvoll!« wird hier perfekt umgesetzt!

Ella Kensington: Mary. Die unbändige, göttliche Lebenslust. Bochum, 2000.
Mary ist ein Wesen aus einer anderen Welt, das auf die Erde kommt, um zu lernen, wie man Probleme hat. Köstlich! Das Buch ist eine einzige Glückspille. Man kann gar nicht mehr anders als glücklich zu sein, wenn man dieses Buch gelesen hat.

Dank

Eine Uschi ist nichts ohne ihre Freundinnen – ihnen gehört mein besonderer Dank! Unzählige Freundinnen und ein paar Freunde haben mich in den letzten Monaten unterstützt. Ich danke euch dafür!

Miriam Wiese ist Uschis Hebamme. Hätte sie nicht das Potenzial in mir und meinen Ideen entdeckt, hätte es dieses Buch und das Unternehmen uschi&uschi niemals gegeben. Ich bedanke mich für die Großzügigkeit und Güte, mit der du dich aus unserem Projekt zurückgezogen hast, nachdem du dem Baby auf die Welt geholfen hast.

Eine Lieblings-Freundin, die Uschi ihren Namen gab und mich durch viele Abenteuer begleitet hat, ist Merle Kettner. Sie ist so anders als ich und fordert mich immer wieder auf, über mich nachzudenken. Ich danke dir, dass wir, trotz unterschiedlicher Lebensentwürfe, ein Stück des Weges gemeinsam gegangen sind, auf dem ich so viel lernen durfte. Wir hatten so viel Spaß dabei!

Meine wichtigste Beraterin und Unterstützerin ist meine liebe Freundin Anke Krahn. Sie hat von Anfang an an mich und das Uschi-Projekt geglaubt und mir in unzähligen Stunden mit Rat und Tat zur Seite gestanden. Ich danke dir dafür, dass du mich immer wieder an meine Werte erinnerst und mir vorlebst, dass ein Leben mit diesen Werten so spannend und trotzdem leicht sein kann.

Dieses Buch wäre ohne mein Lernen bei unzähligen geistigen Vätern und Müttern nicht möglich gewesen. Meine Oma »Onno«, Tilde Kant, lebt mir immer wieder vor, dass Lernen nie aufhört und es das Leben wertvoll macht. Ihre unkonventionelle Art und Weise, mit Gurus umzugehen, hat mir eine ungeheure Leichtigkeit im Umgang mit philosophischen Dingen vermittelt. Mein Onkel Rolf Kant fordert mich manchmal mit arg unbequemen Fragen, aber seiner Unterstützung kann ich mir immer sicher sein. Ich kann mich wirklich glücklich schätzen, gleich zwei Vorbilder in meiner Familie zu haben. Von meinem Professor U.P. Ritter habe ich den wunderbaren Satz: »Ich wusste nicht, was es bedeutet, ich versuchte es und nahm es ernst.« Diese Haltung machte es möglich, dass ich mich auf die Abenteuerreise zur Uschi einließ, daraus lernte und meine Lernerkenntnisse an andere weitergebe. Anne Barry war ein großes Vorbild für mich, Beraterin zu werden und dabei meinen eigenen Stil zu entwickeln. Dr. Wolfgang Looss lehrte mich, dass ich in der Lage bin, Krisen produktiv zu nutzen, und gab mir ungeheuren Lebensmut. Meine Analytikerin Genoveva Schwuchow half mir, mich zu der zu entwickeln, die ich bin, und lehrte mich Reflexion. Vielen Dank allen meinen geistigen Müttern und Vätern!

Dieses Buch wäre nicht auf der Welt, hätten meine wundervollen Agentinnen, Nadja Kossack und Katja Ernst, nicht unermüdlich nach einem Verlag gesucht, der vom Uschi-Prinzip genauso begeistert war wie sie. Mit Droemer Knaur habe ich einen Verlag gefunden, der mich weit über meine kühnsten Erwartungen hinaus unterstützte. Ich bedanke mich vor allen Dingen bei der Verlagsleiterin Beate Kuckertz, meinem reizenden Lektor Daniel Oertel, der wirklich alles möglich machte, dem Marketingleiter Klaus Kluge und allen anderen guten Geistern im Verlag, die dem Uschi-Prinzip auf die Welt halfen.

Vielen Dank an meinen treuen Verehrer Jean-Paul Booms, der meine Gedanken zum ersten Prinzip in die genial-schlichten Worte »Sei eine Königin« fasste. Ich bedanke mich auch ganz herzlich bei meinen Korrekturleserinnen Kathrin Swoboda, Sotiria Lasos und Andrea Jochmann-Döll. Vielen Dank für die vielen, großen und kleinen Anregungen! Ein ganz besonderer Dank geht noch an Monika Cherkaoui, die mir bei einer Aufstellung zeigte, wie ich den Erfolg in mein Leben lasse, und Verena Lenzen, die das wunderschöne Logo entwarf. Zuletzt möchte ich meinen Eltern danken. Sie haben mir einen ausgezeichneten Start ins Leben verschafft: zwei Ausbildungen und gerade Zähne – falls ich mal ins Fernsehen komme. Sie haben mir gezeigt, wie man mit Servietten isst und vieles mehr. Wenn ich mich von einigen Dingen, die ich in meiner Kindheit von euch vermittelt bekam, abgrenze, dann seht es bitte nicht als Angriff, sondern als Zeichen dafür, dass ihr mich zu einer selbstbewussten Frau erzogen habt. Ich danke euch für die Freiheiten, die ihr mir gelassen habt, und dass ihr mir die Liebe zu den Büchern und zur Musik vermittelt habt.

Ich wünsche mir, dass das Uschi-Prinzip für viele Menschen Anregungen liefert und ihnen Freude und Leichtigkeit in ihr Leben bringt. Ich hoffe, dass ich etwas von meinem Erfolg und meiner Zufriedenheit teilen kann und dass ich nie aufhöre zu lernen, um noch die eine oder andere Fortsetzung zu schreiben …